普通高等教育工程造价类专业融媒体新形态系列教材

工程造价管理

主　编　陈胜明　李海凌
副主编　卢永琴　肖光朋
参　编　霍海娥　张　驰　黄　锐　郭丹丹　王　莉
　　　　徐典明　卢立宇　陈思羽　李华东
主　审　熊　伟

机械工业出版社

本书以建设项目为载体、以建设项目全过程为主线，主要从投资人视角全面系统地介绍了工程造价管理相关基础知识，包括施工总承包模式下建设项目全过程各阶段工程造价管理的思路、内容和方法，工程造价信息化及 BIM 技术与工程造价管理等内容。

全书共 7 章，涵盖了工程造价管理的各个阶段。书中介绍了工程造价管理的基本概念与原理，探讨了投资决策阶段、设计阶段、发承包阶段、施工阶段以及竣工阶段工程造价管理的关键要素和方法，介绍了工程造价的信息化管理，反映了行业发展的最新趋势。本书注重理论与实践相结合，各章内容既保持了内在的逻辑连贯性，又紧密贴合实际工程应用，为教师教学和学生学习提供系统的参考。

本书章前有"学习提要"，章后有"思考题"和"二维码形式客观题"（扫码可在线做题，提交后可查看答案），为学生学习和复习提供方便。

本书可作为高等院校工程造价、工程管理、土木工程等专业的教材，还可供建设单位、咨询单位、承包单位从事工程造价管理工作的人员学习与参考。

图书在版编目（CIP）数据

工程造价管理/陈胜明，李海凌主编． -- 北京：机械工业出版社，2025.7． -- （普通高等教育工程造价类专业融媒体新形态系列教材）． -- ISBN 978-7-111-78425-8

Ⅰ．TU723.3

中国国家版本馆 CIP 数据核字第 2025MK8690 号

机械工业出版社（北京市百万庄大街 22 号　邮政编码 100037）
策划编辑：刘　涛　　　　　责任编辑：刘　涛　赵晓峰
责任校对：李小宝　丁梦卓　封面设计：马精明
责任印制：单爱军
北京华宇信诺印刷有限公司印刷
2025 年 7 月第 1 版第 1 次印刷
184mm×260mm・13.75 印张・337 千字
标准书号：ISBN 978-7-111-78425-8
定价：49.00 元

电话服务　　　　　　　　　网络服务
客服电话：010-88361066　　机 工 官 网：www.cmpbook.com
　　　　　010-88379833　　机 工 官 博：weibo.com/cmp1952
　　　　　010-68326294　　金　书　网：www.golden-book.com
封底无防伪标均为盗版　　　机工教育服务网：www.cmpedu.com

前　言

在建设行业日益以价值为导向的发展趋势下，工程造价管理作为核心支撑环节，其重要性日益凸显。工程造价管理不仅直接关系着项目的经济效益，更是推动社会可持续发展的关键力量。因此，一本全面、系统且实用的《工程造价管理》教材，对于培养新时代具备专业素养的工程造价管理人才，具有无法替代的重要价值。

本书的编写工作由一个经验丰富的双师双能型教师团队担任。团队在工程造价管理领域深耕细作30余年，不仅具备扎实的专业理论基础，而且拥有丰富的教学、科研和全过程造价管理的实践经验。这样的团队确保了本书内容的权威性和实用性，为培养新时代的工程造价管理人才提供了强有力的支持。

本书充分融入了工程造价改革的动态前沿信息，并通过思路、内容、方法三个层面，构建了建设项目全过程工程造价的管理体系。在思路层面，引导读者有效衔接建设项目各阶段的造价管理关系，明确各阶段造价管理的目标着力点；在内容层面，引导读者了解各个阶段工程造价管理需要的核心要素，以满足和达到各阶段工程造价管理的需求；在方法层面，指导读者结合造价管理的内容，从造价技术和管理的角度出发，进行有效的造价管理，以确保造价管理的实践效果。

在本书编写过程中，编者特别注重其实用性和可操作性，不仅清晰地梳理了各章节之间及其内容的逻辑关系，而且融入了工程实践做法和丰富的案例分析，使读者能够深刻理解工程造价管理的实际应用。这样的设计旨在帮助读者在实践中掌握工程造价管理的核心技能和方法。同时，鼓励读者在理解基本理论的基础上，进行独立思考和创新实践。

本书由西华大学陈胜明、李海凌担任主编，卢永琴、肖光朋担任副主编，黄锐、郭丹丹、王莉、徐典明、卢立宇、张驰、李华东、霍海娥、陈思羽参编，熊伟教授主审。第1章由黄锐、郭丹丹、王莉编写，第2章由徐典明、卢立宇编写，第3章由卢永琴、陈胜明编写，第4章由张驰、李海凌编写，第5章由李华东、肖光朋编写，第6章由霍海娥编写，第7章由卢永琴、陈思羽编写。本书由陈胜明统稿、李海凌校稿。

在本书的编写过程中，西华大学建筑与土木工程学院教授、四川省造价工程师协会会长陶学明先生提出了很多宝贵意见，在此，深表感谢。

感谢西华大学土木水利专业硕士研究生赵甜，工程造价本科生刘子箭、李文杰、陈志翔、史忠曾、唐楠、蒋欣芯、马媛君进行的认真校核工作。

由于编者水平有限，书中难免有不当之处，恳请读者批评指正！

编　者

目　录

前言
第1章　概论 ……………………………… 1
　学习提要 ………………………………… 1
　1.1　工程造价概述 …………………… 1
　　1.1.1　工程造价的概念 ……………… 1
　　1.1.2　工程造价的构成 ……………… 2
　　1.1.3　工程计价 ……………………… 5
　1.2　工程造价管理概述 ………………… 8
　　1.2.1　工程造价管理的内涵 ………… 8
　　1.2.2　全过程工程造价管理的产生及
　　　　　内涵 ……………………………… 9
　　1.2.3　全过程工程造价管理的主要
　　　　　内容 …………………………… 11
　　1.2.4　全过程工程造价管理的理念 … 11
　　1.2.5　全过程工程造价管理相关的
　　　　　术语 …………………………… 12
　1.3　造价工程师管理制度 ……………… 14
　　1.3.1　造价工程师 …………………… 14
　　1.3.2　造价工程师的素质和职业道德 … 14
　　1.3.3　造价工程师职业资格考试 …… 15
　　1.3.4　造价工程师注册和执业 ……… 15
　1.4　工程造价咨询管理制度 …………… 17
　　1.4.1　工程造价咨询的概念 ………… 17
　　1.4.2　工程造价咨询管理 …………… 17
　1.5　发达国家和地区的工程造价管理 … 18
　　1.5.1　发达国家和中国香港地区的
　　　　　工程造价管理模式 …………… 19
　　1.5.2　发达国家和地区工程造价管理的
　　　　　特点 …………………………… 21
　思考题 …………………………………… 23
　二维码形式客观题 ……………………… 23
第2章　投资决策阶段工程造价的
　　　　管理 …………………………… 24
　学习提要 ………………………………… 24
　2.1　概述 ………………………………… 24
　　2.1.1　工程项目策划 ………………… 24
　　2.1.2　项目投资决策 ………………… 25
　　2.1.3　工程项目策划与项目投资决策
　　　　　之间的关系 …………………… 26
　2.2　工程项目前期策划的内容 ………… 26
　　2.2.1　项目构思 ……………………… 27
　　2.2.2　项目目标设计 ………………… 27
　　2.2.3　项目定义 ……………………… 29
　　2.2.4　项目建议书 …………………… 29
　　2.2.5　项目可行性研究 ……………… 30
　　2.2.6　项目决策与立项 ……………… 31
　2.3　投资估算 …………………………… 32
　　2.3.1　投资估算概述 ………………… 32
　　2.3.2　投资估算的编制 ……………… 33
　　2.3.3　投资估算的审核 ……………… 39
　2.4　建设项目财务评价 ………………… 40
　　2.4.1　财务评价内容 ………………… 40
　　2.4.2　财务评价程序 ………………… 41
　　2.4.3　财务评价指标体系 …………… 41
　　2.4.4　财务评价方法 ………………… 42
　思考题 …………………………………… 51
　二维码形式客观题 ……………………… 51
第3章　设计阶段工程造价的管理 ……… 52
　学习提要 ………………………………… 52
　3.1　概述 ………………………………… 52
　　3.1.1　工程设计及设计阶段 ………… 52
　　3.1.2　设计阶段工程造价管理的意义 … 53
　　3.1.3　设计阶段影响工程造价的因素 … 54
　3.2　设计概算 …………………………… 57
　　3.2.1　设计概算概述 ………………… 57
　　3.2.2　设计概算编制内容 …………… 58
　　3.2.3　设计概算编制方法 …………… 58
　　3.2.4　设计概算的审核 ……………… 64
　3.3　施工图预算 ………………………… 68
　　3.3.1　施工图预算概述 ……………… 68
　　3.3.2　施工图预算编制内容 ………… 69
　　3.3.3　施工图预算编制方法 ………… 69

3.3.4 施工图预算的审查 …… 74
3.4 设计阶段造价管理主要方法 …… 76
　3.4.1 设计方案的评价 …… 76
　3.4.2 限额设计 …… 81
　3.4.3 价值工程原理的运用 …… 83
　3.4.4 设计优选与优化 …… 88
　3.4.5 标准化设计 …… 89
思考题 …… 90
二维码形式客观题 …… 90

第4章　项目发承包阶段工程造价的管理 …… 91
学习提要 …… 91
4.1 概述 …… 91
　4.1.1 建设工程招标投标概述 …… 91
　4.1.2 发承包阶段工程造价管理意义 …… 97
　4.1.3 发承包阶段影响工程造价的因素 …… 98
4.2 施工招标 …… 100
　4.2.1 施工招标策划 …… 100
　4.2.2 施工招标文件的编制与审核 …… 101
　4.2.3 招标工程量清单编制与审核 …… 103
　4.2.4 招标控制价编制与审核 …… 107
4.3 施工投标 …… 110
　4.3.1 施工投标概述 …… 110
　4.3.2 施工投标报价程序 …… 112
　4.3.3 施工投标报价编制 …… 112
4.4 施工评标定标 …… 122
　4.4.1 评标 …… 122
　4.4.2 定标 …… 127
4.5 签约合同价的形成与合同签订 …… 128
　4.5.1 签约合同价的含义 …… 128
　4.5.2 施工合同的签订 …… 129
思考题 …… 133
二维码形式客观题 …… 133

第5章　工程施工阶段工程造价的管理 …… 134
学习提要 …… 134
5.1 概述 …… 134
　5.1.1 施工阶段影响工程造价的因素 …… 134
　5.1.2 施工阶段工程造价管理的内容及措施 …… 135
5.2 资金使用计划 …… 136
　5.2.1 资金使用计划的概念 …… 136
　5.2.2 资金使用计划的编制 …… 136
　5.2.3 资金使用计划的动态管理 …… 138
5.3 施工组织设计审查与优化 …… 139
　5.3.1 施工组织设计审查与优化概述 …… 139
　5.3.2 施工组织设计审查与优化要点 …… 139
5.4 施工现场造价管理 …… 140
　5.4.1 概述 …… 140
　5.4.2 现场收方 …… 140
　5.4.3 隐蔽工程验收 …… 141
　5.4.4 工程变更 …… 141
　5.4.5 工程索赔 …… 144
　5.4.6 现场签证 …… 147
　5.4.7 材料、设备认质认价管理 …… 148
　5.4.8 工程造价会议 …… 149
　5.4.9 工程造价资料管理 …… 149
5.5 合同价款调整 …… 150
　5.5.1 合同价款调整的概念 …… 150
　5.5.2 合同价款调整因素 …… 150
　5.5.3 合同价款调整的方法 …… 151
5.6 合同价款期中结算与支付 …… 159
　5.6.1 工程预付款 …… 160
　5.6.2 安全生产措施费 …… 162
　5.6.3 工程进度款 …… 162
　5.6.4 施工过程结算 …… 165
思考题 …… 166
二维码形式客观题 …… 166

第6章　工程竣工阶段工程造价的管理 …… 167
学习提要 …… 167
6.1 概述 …… 167
　6.1.1 竣工验收的概念 …… 167
　6.1.2 竣工验收的条件和内容 …… 168
　6.1.3 竣工验收与工程造价的关系 …… 170
6.2 竣工结算 …… 170
　6.2.1 竣工结算概述 …… 170
　6.2.2 竣工结算的审查 …… 172
　6.2.3 竣工结算价款与支付 …… 175
　6.2.4 竣工结算价与签约合同价偏差分析 …… 176
6.3 竣工决算 …… 177
　6.3.1 竣工决算的概念 …… 177
　6.3.2 竣工决算的内容 …… 177

6.3.3 竣工决算与设计概算偏差分析 … 179
6.4 竣工结算与竣工决算的联系与区别 … 181
　6.4.1 竣工结算与竣工决算的联系 …… 181
　6.4.2 竣工结算与竣工决算的区别 …… 181
6.5 工程质量保修与质量保证金 ………… 183
　6.5.1 工程质量保修 …………………… 183
　6.5.2 质量保证金 ……………………… 186
6.6 工程最终结清 ………………………… 187
　6.6.1 工程最终结清的概念 …………… 187
　6.6.2 工程最终结清的程序 …………… 187
　6.6.3 最终结清款的费用组成 ………… 188
思考题 ……………………………………… 190
二维码形式客观题 ………………………… 190

第7章 工程造价信息化管理 …… 191
学习提要 …………………………………… 191
7.1 工程造价信息 ………………………… 191
　7.1.1 概述 ……………………………… 191
　7.1.2 工程造价指标 …………………… 192
　7.1.3 工程造价指数 …………………… 193
7.2 工程造价信息化管理概述 …………… 195
　7.2.1 工程造价信息化管理的概念和现状 …………………………… 195
　7.2.2 工程造价信息化管理的内涵、主要内容和发展方向 ………… 196
7.3 BIM技术与工程造价管理 …………… 201
　7.3.1 概述 ……………………………… 201
　7.3.2 BIM技术在工程造价管理中的运用 …………………………… 206
思考题 ……………………………………… 211

参考文献 …………………………… 212

第1章 概 论

学习提要

工程造价和工程造价管理的相关基础知识对于实施工程造价管理工作非常重要。本章首先通过对工程造价的概念、工程造价的构成、工程计价等基础内容的介绍，为后续各个阶段的工程造价管理知识的学习打下坚实基础。同时结合《住房和城乡建设部办公厅关于印发工程造价改革工作方案的通知》（建办标〔2020〕38号）对清单计价方式的发展趋势进行了简要介绍。其次，介绍了工程造价管理内涵、全过程工程造价管理等方面的知识内容。最后通过对造价工程师管理制度、工程造价咨询管理制度及发达国家和地区的工程造价管理的介绍，深化对造价咨询行业及工程造价管理大环境的认识。

1.1 工程造价概述

实施工程造价管理，首先要对工程造价的概念、构成以及工程计价的相关内容有充分的认识和理解。

1.1.1 工程造价的概念

1. 工程造价的定义

按照《工程造价术语标准》（GB/T 50875—2013）的定义，工程造价是指工程项目在建设期预计或实际支出的建设费用。

工程造价就是工程的建造价格，也就是建设工程产品的价格。这里所说的工程泛指一切建设工程，其范围和内涵具有很大的不确定性；这里所说的造价，即建造价格，站在投资者的角度，有"工程投资"的含义，站在承包人的角度，有"工程价格"的含义。

2. 工程造价的内涵

工程造价是指工程项目从投资决策开始到竣工投产所需的建设费用，它既可以是建设费用中的某个组成部分，如建筑安装工程费，也可以是所有建设费用的总和，如建设投资和建设期利息之和。工程造价按照工程项目所指范围的不同，可以是一个建设项目的造价，一个或多个单项工程或单位工程的造价，以及一个或多个分部分项工程的造价。

工程造价在工程建设期的不同阶段有不同的具体称谓，如在投资决策阶段为投资估算，在设计阶段为设计概算、施工图预算，在招投标阶段为招标控制价、投标报价、签约合同价,在施工阶段为过程结算,在竣工阶段为竣工结算和竣工决算等。根据工程造价在不同阶段的称谓及工程交易的时间节点可见,工程造价在合同价形成之前都是一种预期的价格,在合同价形成之后则成为实际费用。

对于建设工程投资者来说,他们关注的是项目投资,是"购买"项目要付出的价格;对于承包商、供应商和规划、设计等机构来说,他们关注的是出售商品和劳务的价格总和。两者既统一又有区别。从管理性质看,第一种含义属于投资管理范畴,第二种含义属于价格管理范畴。从管理目标看,投资者关注的是降低工程造价,以最小的投入获取最大的经济效益;承包商关注的是利润和成本,他们追求较高的工程造价。

当业主提出降低工程造价时,是站在投资者的角度充当市场需求者的角色(需求主体,买方);当承包商提出提高工程造价,提高利润率,并获得更多的实际利润时,是要实现一个市场供给主体的管理目标(供给主体,卖方)。

1.1.2 工程造价的构成

根据工程造价的内涵,工程造价的构成应从不同的角度去研究和确定。

1. 建设项目工程造价的构成

由于不同专业类别的工程项目在总投资与工程造价构成上有所不同,本章主要以各类建筑工程为对象介绍其总投资和工程造价构成。

建设项目总投资是指为完成工程项目建设并达到使用要求或生产条件,在建设期内预计或实际投入的全部费用的总和。生产性建设项目总投资包括建设投资、建设期利息和流动资金三部分;非生产性建设项目总投资包括建设投资、建设期利息两部分。其中建设投资和建设期利息之和对应固定资产投资。固定资产投资与建设项目的工程造价在数量上相等,所以建设项目工程造价就是建设项目的固定资产投资。

工程造价的基本构成包括用于购买工程项目所含各种设备的费用、用于建筑施工和安装施工所需的费用、用于委托工程勘察设计应支付的费用、用于购置土地的费用、用于建设单位自身进行项目筹建和项目管理所花费的费用等。

工程造价的主要构成部分是建设投资,建设投资是指为了工程项目建设,在建设期内投入且形成现金流出的全部费用。按照国家相关规定,建设投资包括以下三部分费用:

(1)工程费用 它是指建设期内直接用于工程建造、设备购置及其安装的建设投资,包括建筑安装工程费和设备及工器具购置费。

(2)工程建设其他费用 它是指在建设期内发生的与土地使用权的取得、整个项目建设以及未来生产经营有关构成的建设投资,但是不包括在工程费用中的费用。

(3)预备费 它是指在建设期内为各种不可预见因素的变化而预先安排(预留)的可能增加的一笔费用,包括基本预备费和价差预备费。

我国现行建设项目总投资构成如图1-1所示。

2. 建筑安装工程费用项目组成

建筑安装工程费用也称为建筑安装工程造价。按照住房和城乡建设部、财政部发布的《建筑安装工程费用项目组成》(建标〔2013〕44号)和财政部、国家税务总局发布的《关于全面推开营业税改征增值税试点的通知》(财税〔2016〕36号)以及住房城乡建设部发布的《关于做好建筑业营改增建设工程计价依据调整准备工作的通知》(建办标〔2016〕4

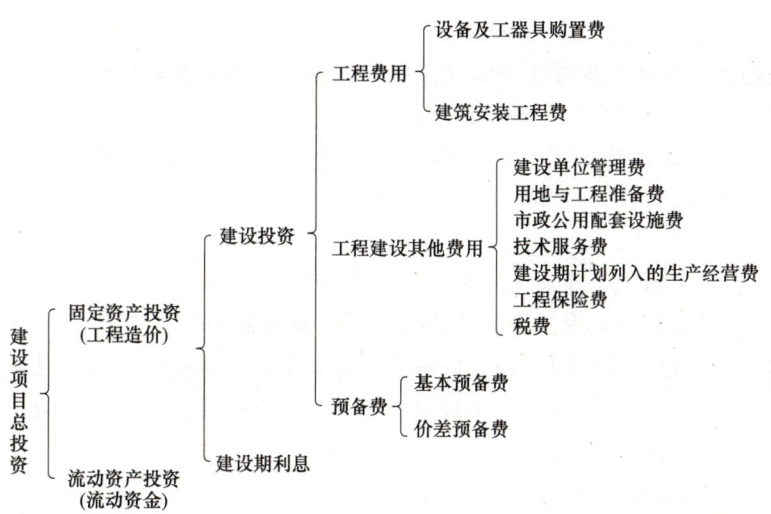

图 1-1 我国现行建设项目总投资构成

号）等文件规定，建筑安装工程费用项目组成如下：

（1）建筑安装工程费用按照费用构成要素划分　建筑安装工程费用按照费用构成要素划分，其费用由人工费、材料费及工程设备费、施工机具使用费、企业管理费、利润、规费和税金组成。其具体组成如图 1-2 所示。

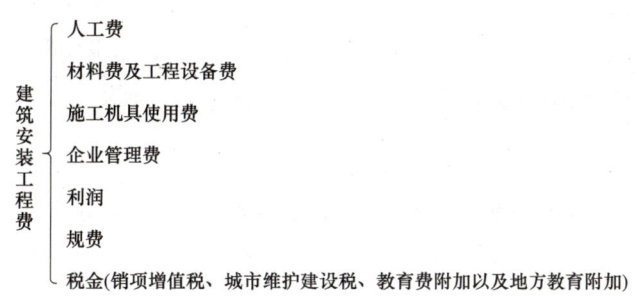

图 1-2 我国现行建筑安装工程费用组成（按费用构成要素划分）

1）人工费。它是指支付给直接从事建筑安装工程施工作业的生产工人和附属生产单位工人的各项费用。内容包括计时工资或计件工资、奖金、津贴和补贴、加班加点工资、特殊情况下支付的工资等。

2）材料费及工程设备费。它是指施工过程中耗费的原材料、辅助材料、构配件、零件、半成品或成品、工程设备的费用。内容包括材料原价、运杂费、运输损耗费、采购及保管费等。

工程设备是指构成或计划构成永久工程一部分的机电设备、金属结构设备、仪器装置及其他类似的设备和装置。

3）施工机具使用费。它是指施工作业所发生的施工机械、仪器仪表使用费或其租赁费。

施工机械使用费以施工机械台班耗用量乘以施工机械台班单价表示，施工机械台班单价应由折旧费、大修理费、经常修理费、安拆费及场外运费、人工费、燃料动力费、税费七项费用组成。

仪器仪表使用费是指工程施工所需使用的仪器仪表的摊销及维修费用。

4）企业管理费。它是指施工单位为组织施工生产和经营管理所发生的费用。内容包括管理人员工资、办公费、差旅交通费、固定资产使用费、工具用具使用费、劳动保险和职工福利费、劳动保护费、检验试验费、工会经费、职工教育经费、财产保险费、财务费、税金、其他等。

5）利润。它是指施工企业完成所承包工程所获得的盈利。

6）规费。它是指按照国家法律、法规规定，由省级政府和省级有关权力部门规定必须缴纳或计取的费用。包括社会保险费、住房公积金、工程排污费等。其中社会保险费由养老保险费、失业保险费、医疗保险费、生育保险费、工伤保险费五项费用组成。

7）税金。它是指国家规定的应计入建筑安装工程造价内的销项增值税、城市维护建设税、教育费附加以及地方教育附加等。

（2）建筑安装工程费用按照费用形成顺序划分　建筑安装工程费用按照费用形成顺序划分，其费用由分部分项工程费、措施项目费、其他项目费、规费和税金组成。其具体组成内容如图1-3所示。

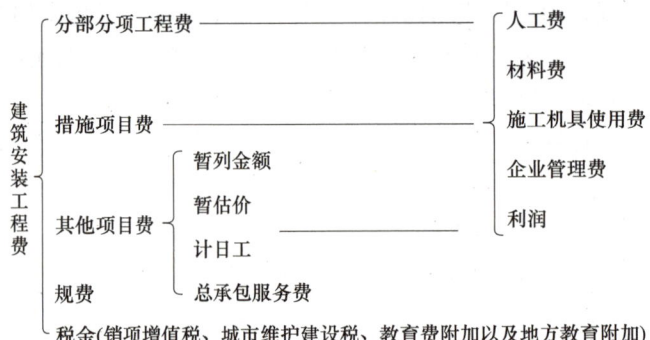

图1-3　我国现行建筑安装工程费用组成（按费用形成顺序划分）

1）分部分项工程费。它是指各专业工程的分部分项工程应予列支的各项费用。

专业工程是指按现行国家计量规范划分的房屋建筑与装饰工程、仿古建筑工程、通用安装工程、市政工程、园林绿化工程、矿山工程、构筑物工程、城市轨道交通工程、爆破工程等各类工程。

分部分项工程是指按现行国家计量规范对各专业工程划分的项目。如房屋建筑与装饰工程划分的土石方工程、地基处理与桩基工程、砌筑工程、钢筋及钢筋混凝土工程等。

各类专业工程的分部分项工程划分见现行国家或行业计量规范。

2）措施项目费。它是指为完成建设工程施工，发生于该工程施工前和施工过程中的技术、生活、安全、环境保护等方面的费用。内容包括安全文明施工费、夜间施工增加费、二次搬运费、冬雨季施工增加费、已完工程及设备保护费、工程定位复测费、特殊地区施工增加费、大型机械设备进出场及安拆费、脚手架工程费等。其中安全文明施工费包括环境保护费、文明施工费、安全施工费、临时设施费等。

措施项目及其包含的内容详见各类专业工程的现行国家或行业计量规范。

3）其他项目费。它是指工程量清单计价中，除分部分项工程费、措施项目费之外的其他工程费用，包括暂列金额、暂估价、计日工、总承包服务费等费用。

上述分部分项工程费、措施项目费、其他项目费均包含人工费、材料费、施工机具使用费、企业管理费和利润等费用。

4）规费、税金。按照费用形成顺序划分的建筑安装工程费用项目组成中的规费和税金，其定义和包含内容与按照费用组成要素划分的建筑安装工程费用项目组成中的规费和税金完全一样，这里不再重复叙述。

1.1.3 工程计价

1. 概念

工程计价是工程造价管理的重要组成部分。工程计价是指按照法律法规和标准等规定的程序、方法和依据，对工程造价及其构成内容进行的预测和确定，即对工程造价及其构成内容，按照法律法规和标准（可以是国家标准、地方标准、企业标准）等规定的程序、方法，依据相应的工程计价依据、设计文件等工程技术资料进行的预测或确定的行为。工程计价的概念应该从以下三个方面进行理解：

1）工程计价是全过程的。在投资决策阶段，一般指投资估算的编制；在设计阶段，一般指设计概算和施工图预算的编制；在招投标阶段，一般指招标控制价、投标报价的编制及签约合同价的形成和确定；在施工阶段，一般指工程结算的编制和确定；在竣工验收阶段，一般指竣工决算的编制和确定等。

2）工程计价是全方位的。工程计价是建设项目参与各方都应共同面对的工作，包括承发包双方、政府、社会（行业协会、咨询单位、造价管理机构）等各方。各参与方以不同角色参与到工程造价的计价工作中。

3）工程计价包含预测和确定两种类型的计价活动。实际上，工程计价既包括建设项目签约前对工程造价进行的预测，还包括签约后依据合同对工程造价进行调整和确认的计价活动。也就是说，在签约合同价形成之前的计价活动都是对工程造价的预测，签约合同价形成及以后的计价活动都是对工程造价的调整和确定。

2. 工程计价的原理

（1）建设项目分部组合计价原理　当建设项目图纸的设计深度足够时，对其工程计价可采用分部组合计价，其基本原理可以通过公式表达如下：

$$建筑安装工程造价 = \sum 分项工程工程量(单位工程基本构造要素工程量) \times \\ 工程单价(全费用单价) \quad (1-1)$$

或者

$$建筑安装工程造价 = \sum 分项工程工程量(单位工程基本构造要素工程量) \times \\ 工程单价(非全费用单价) + 其他费用(规费和税金) \quad (1-2)$$

从上述公式中可看出，采用工程分部组合原理计价时，涉及单位工程基本构造要素划分、工程计量、工程单价三个环节。

1）分项工程项目（单位工程基本构造要素）划分。每个建设项目由于业主对其功能要求不同，都需要单独进行设计和单独进行施工，不可能批量生产，更不可能按照整个项目确定价格。由于建设项目体积庞大，只能将整个项目进行分解，划分为可以按照有关技术经济参数测算其价格的基本构造要素,该基本构造要素就是分项工程。任何一个建设项目都可以从建设项目划分到最基本的构成要素分项工程,这也是工程计价的基本思路。

每个最基本的构造要素,都可以用适当的计量单位对其工程量进行测定或计算,然后结合当时当地的单价(全费用单价或者非全费用单价),计算出基本构造要素即分项工程的费用。将若干个基本构造要素即若干分项工程的费用汇总后,采用特殊的计价程序和计价方法,按照费用形成顺序进行费用计算和组合汇总,就可计算出建筑安装工程造价。

因此,工程计价的基本原理在于项目的分解与组合。分解的目的是便于分项工程工程量的计算和单价的确定,组合的目的是计算分部工程费用、其他费用和单位工程造价、单项工程造价、建设项目造价,从而最终计算出项目建筑安装工程总造价。

2)工程计量。工程计量工作包括建设项目的划分和工程量的计算。

建设项目的划分,即单位工程基本构造要素的确定。编制工程概算预算时,主要是按工程定额进行项目的划分;编制工程量清单时主要是按照工程量清单计量范围规定的清单项目进行划分。

工程量的计算是指按照建设项目的划分和工程计算规则,就施工图设计文件和施工组织设计对分项工程实物量进行计算。工程实物量是计价的基础,不同的计价方式应使用不同的计价依据,不同的计价依据应采用不同的计算规则。如使用清单计价时,各专业工程工程量清单中的工程量是按照清单计量规范附录中规定的计算规则进行计算而得出的结果。

3)工程单价。工程单价是指完成单位工程基本构造要素的工程量所需要的基本费用。工程单价包括工料单价和综合单价,应根据不同的计价方式采用不同的工程单价。

①工料单价也称直接工程费单价,包括人工费、材料费、施工机具使用费,通过各种人工消耗量、各种材料消耗量、各类机械台班消耗量与其相应不包含增值税可抵扣进项税额的单价的乘积计算确定。即

$$工料单价 = \sum(人材机消耗量 \times 人材机单价) \quad (1-3)$$

②综合单价包括人工费、材料费、施工机具使用费,还包括企业管理费、利润和风险因素。综合单价根据国家、地区、行业定额或企业定额消耗量和相应生产要素的不包括增值可抵扣进项税额的单价的乘积计算确定。

(2)建设项目类比估算计价原理 当建设项目前期设计深度不足或者项目资料不齐全时,就无法采用分部组合计价,这种情况下可以采用类比估算计价。

1)利用大数据对拟建项目造价进行类比估算。利用大数据,分析筛选以往类似项目的有关造价历史资料,以类似项目的工程信息资料及相关经济指标值为基础,通过工程造价大数据云平台,测算拟建项目的造价指标,对当前建设项目造价进行估算。

2)利用函数关系对拟建项目的成本进行类比估算。根据微观经济学原理,建立产出和消耗的产出函数关系,通过假设一定的产出结果值,可反演消耗参数值,从而得到人力、材料和机械消耗量与房屋建筑规模大小的关系。

3)利用单位成本估算法进行类比估算。这个方法的关键是设计方案已确定,建设项目可分解。对每个组成部分进行工程量估算,然后用估算的工程量乘以估算单价,就能计算出建设项目总的估算造价。

4)利用混合成本分配估算法进行类比估算。虽然可利用函数关系得到拟建项目的产出和消耗值,但由于设计方案深度不够,难以建立逐一对应的关系,因此通常需要用成本分配

方法按比例分配建设单位管理费、土地征用费、勘察设计费等。

3. 工程计价依据

（1）工程计价依据的概念　工程计价依据是指与工程计价内容、计价方法和价格标准相关的工程计量计价标准、工程计价定额及工程造价信息等。在工程计价活动中，还应包括工程建设法规、招标文件、合同文件、工程建设标准、技术资料等其他计价依据。

（2）工程计价依据体系

1）工程造价管理标准。工程造价管理标准泛指除以法律、法规进行管理和规范的内容外，应以国家标准、行业标准进行规范的工程管理和工程造价咨询行为、质量的有关技术内容。工程造价管理标准按照管理性质可划分为：基础标准、管理规范、操作规程、质量管理标准、信息管理规范等。

①基础标准。包括《工程造价术语标准》（GB/T 50875）、《建设工程计价设备材料划分标准》（GB/T 50531）等。

②管理规范。包括由国家质量监督检验检疫总局、住建部等发布的相关国家规范，如《建设工程工程量清单计价标准》（GB/T 50500）、《房屋建筑与装饰工程工程量计算标准》（GB/T 50854）等九册系列计量标准、《建筑工程建筑面积计算标准》（GB/T 50353）、《建设工程造价咨询规范》（GB/T 51095）、《建设工程造价鉴定规范》（GB/T 51262）等与工程造价相关的国家规范。

③操作规程。主要包括我国工程造价管理协会陆续发布的有关工程造价各类成果文件的编审操作规程，如《建设项目投资估算编审规程》（CECA/GC-1）、《建设项目设计概算编审规程》（CECA/GC-2）、《建设项目工程结算编审规程》（CECA/GC-3）、《建设项目全过程造价咨询规程》（CECA/GC-4）、《建设项目施工图预算编审规程》（CECA/GC-5）、《建设工程招标控制价编审规程》（CECA/GC-6）、《建设工程造价鉴定规程》（CECA/GC-8）、《建设项目工程竣工决算编审规程》（CECA/GC-9）等。

④质量管理标准。主要包括《建设工程造价咨询成果文件质量标准》（CECA/GC-7）等。

⑤信息管理规范。主要包括《建设工程人工材料设备机械数据标准》（GB/T 50851）和《建设工程造价指标指数分类与测算标准》（GB/T 51290）等。

2）工程定额。工程定额类依据指由国家建设行政主管部门、各行业主管部门、各省市自治区主管部门颁发的各种定额，包括各类消耗量定额、计价定额和其他定额。

3）工程计价信息。工程计价信息是指工程造价管理机构发布的建设工程人工、材料、工程设备、施工机具的价格信息，以及各类工程的造价指数、指标等。

4. 工程量清单计价

（1）工程量清单计价的概念　工程量清单计价是自2003年起在全国推行的一种计价方式，其实质是突出自由市场形成工程交易价格的本质，在招标人提供统一工程量清单的基础上，各投标人自主报价，由招标人择优选择形成最终的签约合同价格。在这种计价方式下，合同价格更能体现出市场交易的真实水平，并且能够更加合理地对合同履行过程中可能出现的各种风险进行合理分配，提高发承包双方的履约效率。目前，清单计价方式仅适用于施工招投标阶段及履约阶段。在这种情况下，工程量清单计价的最终费用由分部分项工程费用、措施项目费用、其他项目费用、规费、税金五部分费用组成。

（2）工程量清单计价方式的发展趋势　自2003年推行工程量清单计价以来，我国工程计价方式迈入了定额计价和清单计价双轨制时代。虽然定额计价方式为工程造价的发展做出了非常大的贡献，但是其一系列局限性还是非常明显的。《住房和城乡建设部办公厅关于印发工程造价改革工作方案的通知》（建办标〔2020〕38号）文中明确指出："加快转变政府职能，优化概算定额、估算指标编制发布和动态管理，取消最高投标限价按定额计价的规定，逐步停止发布预算定额"；根据《住房和城乡建设部关于进一步推进工程造价管理改革的指导意见》（建标〔2014〕142号）的要求，清单计价方式应满足"完善工程项目划分，建立多层级工程量清单，形成以清单计价规范和各专（行）业工程量计算规范配套使用的清单规范体系，满足不同设计深度、不同复杂程度、不同承包方式及不同管理需求下的工程计价的需要"的原则；中国建设工程造价管理协会于2022年又发布了《建设项目工程总承包计价规范》（T/CCEAS 001—2002）、《房屋工程总承包工程量计算规范》（T/CCEA S002—2022）等三个专业的工程量计算规范。这一系列规范的实施说明清单计价方式已经覆盖了建设项目的全过程，以满足在不同阶段工程发承包和招投标的计价工作需要。

2024年11月26日，住房和城乡建设部发布了《建设工程工程量清单计价标准》（GB/T 50500—2024），自2025年9月1日起实施，《建设工程工程量清单计价规范》（GB 50500—2013）同时废止。

1.2　工程造价管理概述

1.2.1　工程造价管理的内涵

1. 工程造价管理

工程造价管理是指综合运用管理学、经济学和工程技术等方面的知识与技能，对工程造价进行预测、计划、控制、核算、分析和评价等的过程。工程造价管理既涵盖宏观层次的工程投资费用管理，也涵盖微观层次的工程价格管理。

（1）建设工程投资费用管理　建设工程投资费用管理属于投资管理范畴。管理，是为了实现一定目标而进行的计划、组织、协调、控制等系统的活动。建设工程投资管理，是为了达到预期的效果对建设工程的投资行为进行计划、组织、协调与控制。这种含义的管理侧重于投资费用的管理，而不是侧重于工程建设技术方面的管理。建设工程投资费用管理的含义是指为了实现投资的预期目标，在拟定的规划、设计方案的条件下，预测、计算、确定和监控工程造价及其变动的系统活动。这一含义既涵盖了微观的项目投资费用的管理，也涵盖了宏观的投资费用的管理。

（2）工程价格管理　工程价格管理属于价格管理范畴。在社会主义市场经济条件下，价格管理分为两个层次。在微观层次上，工程价格管理是指生产企业在掌握市场价格信息的基础上，为实现管理目标而进行的成本控制、计价、定价和竞价的系统活动。它反映了微观主体按支配价格运动的经济规律，对商品价格进行能动的计划、预测、监控和调整，并接受价格对生产的调节。在宏观层次上，工程价格管理是指政府根据社会经济发展的要求，利用法律手段、经济手段和行政手段对价格进行管理和调控，以及通过市场管理规范市场主体价格行为的系统活动。

工程建设关系国计民生，同时政府投资公共项目今后仍然会占相当份额，所以国家对工程造价的管理不仅承担一般商品价格的调控职能，而且在政府投资项目上也承担着微观主体的管理职能。这种双重角色的双重管理职能是工程造价管理的一大特色。区分两种管理职能，进而制定不同的管理目标，采用不同的管理方法，是建设工程造价管理的本质所在。

2. 建设工程全面造价管理

按照国际造价工程联合会（International Cost Engineering Council，ICEC）给出的定义，全面造价管理（Total Cost Management，TCM）是指有效地利用专业知识与技术，对资源、成本、盈利和风险进行筹划和控制。建设工程全面造价管理包括全寿命周期造价管理、全过程造价管理、全要素造价管理和全方位造价管理。

（1）全寿命周期造价管理　建设工程全寿命周期造价管理是指对建设工程的建造成本与建成后的日常使用成本之和进行的综合管理。它包括建设前期、建设期、使用期及拆除期各个阶段的成本。由于在实际管理过程中，在工程建设及使用的不同阶段，工程造价存在诸多不确定性，使得全寿命周期造价管理工作比较困难。因此，全寿命周期造价管理主要作为一种实现建设工程全寿命周期造价最小化的指导思想，指导建设工程的投资决策及设计方案的选择。

（2）全过程造价管理　全过程造价管理是指覆盖建设工程策划、决策及建设实施各个阶段的造价管理。它包括前期决策阶段的项目策划、投资估算、项目经济评价、项目融资方案分析；设计阶段的限额设计、方案比选、概预算编制；招标投标阶段的标段划分、发承包模式及合同形式的选择、招标控制价的编制；施工阶段的工程计量与结算、工程变更控制、索赔管理；竣工验收阶段的结算与决算等。

（3）全要素造价管理　由于影响建设工程造价的因素有很多，因此，控制建设工程造价不仅仅是控制建设工程本身的建造成本，还应同时考虑工期成本、质量成本、安全与环境成本的控制，从而实现工程成本、工期、质量、安全、环境的集成管理。全要素造价管理的核心是按照优先性的原则，协调和平衡工期、质量、安全、环保与成本之间的对立统一关系。

（4）全方位造价管理　建设工程造价管理不仅是业主或承包单位的任务，还应该是政府建设主管部门、行业协会、建设单位、设计单位、施工单位以及有关咨询机构的共同任务。尽管各方的地位、利益、角度等有所不同，但必须建立完善的协同工作机制，才能实现建设工程造价的有效控制。

1.2.2　全过程工程造价管理的产生及内涵

1. 全过程工程造价管理的产生

自20世纪80年代中期开始，业界就有人先后提出了对建设工程项目进行全过程造价管理的思想。特别是在1988年，当时的国家计划委员会印发了《关于控制建设工程造价的若干规定》（计标〔1988〕30号）的通知，在该通知中提出了"建设工程造价的合理确定和有效控制是工程建设管理中的重要组成部分。控制工程造价的目的不仅仅在于控制项目投资不超过批准的造价限额，更积极的意义在于合理使用人力、物力、财力，以取得最大的投资效益"。这是国内对于建设工程项目造价管理必须以投资效益最大化作为指导思想的较早描述，它确定了我国提出的全过程工程造价管理理论的根本指导思想。同时，该通知还提出了

"为有效地控制工程造价，必须建立健全投资主管单位、建设、设计、施工等各有关单位的全过程造价控制责任制"。这是我国关于全过程工程造价管理具体方法的最早文件。进入 20 世纪 90 年代以后，我国建设工程造价管理界对这一管理理论进行了更加深入的研究，并提出了很多新的观点。

1997 年，我国建设工程造价管理协会明确了有关工程造价管理的目标和管理方针："建设工程造价管理要达到的目标，一是造价本身要合理，二是实际造价不超概算。为此要从建设工程的前期开始工作，采取'全过程、全方位'的管理方针。"其中，"造价本身要合理"是指在工程造价确定方面努力实现科学合理；"实际造价不超概算"是指要开展科学的工程造价控制；而从"建设工程的前期工作开始，采取'全过程、全方位'的管理方针"。其核心是采取全过程造价管理。

2. 全过程工程造价管理的内涵

（1）全过程的概念　全过程工程造价管理强调建设项目是一个过程，这个过程贯穿项目决策、设计、发承包、工程施工、竣工验收的整个建设期。整个建设期中的每个阶段都需要开展建设项目的造价管理工作。工程项目全过程的造价可以被分解为各个阶段的造价。同时，各个阶段又都是一系列具体活动造价的总和，是由构成各个阶段的各项具体活动消耗和所占用的资源的费用形成的。所以，各个阶段的造价又可以分解为各项具体活动的造价。

（2）多主体的参与和投资效益最大化　全过程造价管理范式的根本指导思想是通过这种管理方法，使得项目的投资效益实现最大化以及合理地使用项目的人力、物力和财力，以降低工程造价。全过程造价管理的根本方法是指由整个项目建设全过程中的各有关单位共同分工合作去承担建设工程项目全过程的造价控制工作。全过程造价管理要求项目全体相关利益主体在全过程中参与，这些相关利益主体构成了一个利益团队，他们必须共同合作，并分别负责整个建设项目全过程中各项活动造价的确定与控制责任。

（3）基于活动的造价确定方法　全过程造价管理中的建设工程项目造价的确定是一种基于活动的造价确定方法，这种方法是指将一个建设工程项目的工作分解为项目活动清单，然后使用工程测量方法确定每项活动所消耗的资源，最终根据这些资源的市场价格信息确定一个建设项目的造价。这种方法按照基于活动的造价确定方法去估算和确定建设工程造价。

（4）基于活动的造价控制方法　全过程造价管理中的建设项目造价控制是一种基于活动的造价控制方法，这种方法强调建设工程项目的造价控制必须从项目的各项活动及其活动方法的控制入手，通过减少和消除不必要的活动去减少资源消耗，从而实现降低和控制建设项目造价的目的。这种方法按照基于活动的管理方法降低和消除项目的无效和低效活动，从而减少资源消耗与占用，并最终实现对建设项目造价的控制。

全过程造价管理可以简单理解为，从投资决策至竣工验收的全过程均存在工程造价的确定、控制工作，全过程工程造价管理是对于工程项目整个实现过程的全面造价管理。

全过程造价管理也可以深入理解为，一个工程项目的全过程造价是由各个分过程和子过程的造价构成的，而这些分过程或子过程的造价又是由许多具体活动的造价构成的。因此，工程项目全过程的造价管理必须是基于活动与过程的，必须按照工程项目过程与活动的组成与分解规律去实现对于项目全过程的造价管理。

全过程造价管理是一种基于活动和过程的造价管理方法，而不是传统的基于资源和部门的造价管理方法。由于具体活动、活动过程以及活动方法和手段的不同，导致项目消耗和占用资源的数量不同和造价的差别，因此具体活动和活动过程是形成造价的根本原因，而资源的消耗和占用只是项目活动的结果。要科学地控制工程造价，就必须从分析项目的具体活动和活动过程入手，通过对这些具体活动造价的科学管理，降低和控制各项具体活动占用与消耗的资源，从而实现对于工程项目各个阶段的全面造价管理。

1.2.3 全过程工程造价管理的主要内容

全过程工程造价管理强调建设项目是一个过程，这个过程贯穿项目决策、设计、发承包、工程施工、竣工验收的整个建设期。建设期中的每个阶段都有相应的工程造价管理内容。

（1）投资决策阶段　投资决策阶段工程造价管理的主要内容是工程项目策划、项目可行性研究、项目投资估算编制与审核、项目财务评价等。该阶段造价管理的主要目的是为投资决策的项目创造更多的增值效益和提升投资效益。经审批后的可行性研究报告是工程项目投资决策的主要依据。可行性研究报告中的投资估算，将作为该项目初步设计管控手段和设计概算的目标造价。

（2）设计阶段　设计阶段工程造价管理的主要内容是在限额设计、设计方案优选、设计优化、标准化设计等技术和经济手段的基础上，编制与审核设计概算、施工图预算。经有关部门批准的设计概算将作为控制拟建工程项目投资额度的最高限额，其中的单位工程费用将作为施工图设计管控的手段和施工图预算的目标造价。经审核后的施工图预算将作为招投标管控的重要依据，同时也是确定相应工程招标控制价的目标造价。

（3）工程发承包阶段　工程发承包阶段工程造价管理的主要内容是工程项目招标策划编制与审核、招标文件编制与审核、招标工程量清单编制与审核、招标控制价编制与审核、投标报价的编制与审核、工程项目投标报价的评审等，直至确定签约合同价。签约合同价将作为合同管控的手段和竣工结算的目标造价。

（4）合同履约阶段　合同履约阶段包括工程施工和工程竣工验收交付使用两大阶段。合同履约阶段工程造价管理的主要内容是工程计量与价款支付、过程结算、工程变更与索赔、竣工结算编制与审核、工程质量保修金的扣留与返还、工程项目竣工决算等。

全过程工程造价管理应坚持以下原则：用投资估算控制初步设计和初步设计概算；用设计概算控制技术设计和修正概算；用概算或者修正概算控制施工图设计和预算；用施工图预算控制招投标及最高投标限价；用最高投标限价控制中标价及签约合同价；用签约合同价控制竣工结算；用设计概算控制竣工决算。每个作为控制上限的造价形式都是不同阶段的目标造价，不得随意突破。因此，必须对工程造价全过程管理的内容足够重视。

1.2.4 全过程工程造价管理的理念

1. 以决策和设计阶段为重点

工程造价控制应贯穿建设项目的全过程，但是各个阶段的工作对造价的影响程度是不同的。影响工程造价最大的阶段是投资决策和设计阶段，在项目做出投资决策后，控制工程造价的关键就在于设计阶段。有资料显示，至初步设计结束，影响工程造价的程度从95%下降到75%；至技术设计结束，影响工程造价的程度从75%下降到35%；施工图设计阶段，影响工程造价的程度从35%下降到10%；而至施工开始，通过技术组织措施节约工程造价的可能性只有5%至10%。

因此，设计单位和设计人员必须树立经济核算的观念，严格按照设计任务书规定的投资估算，做好多方案的技术经济比较。工程经济人员在设计过程中应及时对工程造价进行分析对比，能动地影响设计，以保证有效地控制造价。同时要积极推行限额设计，在保证工程功能要求的前提下，按各专业分配的造价限额进行设计，保证估算、概算起层层控制作用。

2. 以主动控制为主，主动控制与被动控制相结合

长期以来，建设管理人员把控制理解为进行目标值与实际值的比较。当两者有偏差时，分析产生偏差的原因，确定下个阶段的对策。这种传统的控制方法只能发现偏差，不能预防发生偏差，是被动控制。自20世纪70年代开始，人们将系统论和控制论研究成果应用于项目管理，把控制立足于事先主动地采取决策措施，尽可能减少以至避免目标值与实际值发生偏离。这是主动的、积极的控制方法，被称为主动控制。这意味着工程造价管理人员不能"死算账"，而应能进行科学管理，不仅要真实反映投资估算、设计概预算，更重要的是要能动地影响投资决策、设计和施工，主动地控制工程造价。

3. 技术与经济相结合

控制工程造价应从组织、技术、经济、合同等多方面采取措施。

从组织上采取措施，就要做到专人负责，明确分工；在技术上要进行多方案选择，力求先进可行、符合国情；在经济上要动态比较投资的计划值和实际值，严格审核各项支出。

工程建设要把技术与经济有机地结合起来，通过技术比较、经济分析和效果评价，正确处理技术先进与经济合理之间的对立统一关系，力求做到在技术先进条件下的经济合理，在经济合理的基础上的技术先进，把控制工程造价的思想真正地渗透到可行性研究、项目评价、设计和施工的全过程中。

4. 全过程一体化管理

全过程一体化管理强调事前（决策设计）、事中（招投标及施工）、事后（结算和决算）一体化管理，合理使用人力、物力、财力，以取得最大的投资效益。建设工程项目的造价控制必须从项目的各项活动及其活动方法的控制入手，通过减少和消除不必要的活动减少资源消耗，从而实现降低和控制建设工程项目造价的目的。

5. 动态的、全方位的、全过程的管理

全过程造价管理范式中的造价控制是按照基于活动的项目成本控制方法进行的。这种方法的核心指导思想是，任何项目成本的节约都是由项目资源消耗和占用的减少带来的，而项目资源消耗和占用的减少只有通过项目减少或消除项目的无效或低效活动才能做到。所以只有减少或消除项目无效或低效活动以及改善项目低效活动，才能有效地控制和降低建设工程项目的造价。这种造价控制的技术方法就是国际上基于活动（或过程）的项目造价控制方法。我国现有的项目控制方法在不确定性成本控制、项目变更总体控制、项目多要素变动的集成管理和项目活动方法的改进与完善等方面都存在一些缺陷，需要改进和完善。

1.2.5 全过程工程造价管理相关的术语

1. 目标造价

目标造价是指通过一定的程序、方法，在本阶段对其后阶段工程造价管控所预测和提出的造价目标上限，包括其总额及其构成。目标造价并不是一成不变的，随着建设项目的持续推进，目标造价在各个阶段会愈来愈清晰、准确。

目标造价是各个阶段工程造价管理的指标上限，是造价测算和目标管理方法相结合的产物，是对后续各个阶段造价管理工作的检查、预警以及考核的主要依据。

2. 合约规划

合约规划是指根据分解后的目标及其造价，对各级目标中包括合同类型、合同单价、合同金额、工程计量方式、计价方式、付款方式等内容进行规划设计，用以指导工程在整个建设期中的各类招标、合同签订和造价的动态控制管理。

合约规划是在目标造价确定后，对项目全过程范围内所发生的所有合同范围及金额进行预估，以预估合同的方式对目标造价进行分解，即将目标造价控制科目中的金额分解为具体的合同，它是实现目标造价控制的基线。不同的发包模式和发包阶段决定了合约规划完成的最晚时间。也就是说，合约规划工作应在发包开始之前完成。

3. 投资估算

投资估算是指以方案设计或者可行性研究文件为依据，按照规定的程序、方法和依据，对拟建项目所需投资及其构成进行预测和估计。它是决策阶段之后开始的工程总承包发包和设计概算的目标造价。

4. 设计概算

设计概算是指以初步设计为依据，按照规定的程序、方法和依据，对建设项目总投资及其构成进行概略计算。经批准的设计概算是在初步设计之后进行的工程总承包发包和施工图预算的目标造价，也是项目竣工决算的目标造价。

5. 施工图预算

施工图预算是指以施工图设计文件为依据，按照规定的程序、方法和依据，在工程施工前对工程项目的工程费用进行预测与计算。施工图预算是施工总承包发包和该阶段编制的招标控制价的目标造价。

6. 招标控制价

招标控制价是指招标人根据国家或省级建设行政主管部门颁发的有关计价依据和办法，依据拟订的招标文件和招标工程量清单，结合工程具体情况发布的招标工程的最高投标限价。目前清单计价下的招标控制价是控制投标报价的目标造价。

7. 投标报价

投标报价是指投标人投标时响应招标文件要求所报出的，在已标价工程量清单中标明的总价。

8. 签约合同价

签约合同价是指发承包双方在合同中约定的工程造价，包括分部分项工程费、措施项目费、其他项目费、规费和税金的合同总金额。目前清单计价下的签约合同价是工程竣工结算价的目标造价。

9. 工程结算

工程结算是指发承包双方根据国家有关法律、法规规定和合同约定，对合同工程实施中、终止时、已完成的工程项目进行的合同价款计算、调整和确认。

10. 竣工结算

竣工结算是指发承包双方根据国家有关法律、法规规定和合同约定，在承包人完成合同约定的全部工作后，对最终工程价款的调整和确认。

11. 竣工决算

竣工决算是指以实物数量和货币形式，对工程建设项目建设期的总投资、投资效果、新增资产价值及财务状况进行综合测算和分析。

1.3 造价工程师管理制度

《注册造价工程师管理办法》于 2006 年 12 月 25 日由建设部发布（建设部令第 150 号），根据 2016 年 9 月 13 日住房和城乡建设部令第 32 号第一次修正，根据 2020 年 2 月 19 日住房和城乡建设部令第 50 号第二次修正。我国实行造价工程师注册执业管理制度。国务院住房和城乡建设主管部门对全国注册造价工程师的注册、执业活动实施统一监督管理，负责实施全国一级注册造价工程师的注册，并负责建立全国统一的注册造价工程师注册信息管理平台；国务院有关专业部门按照国务院规定的职责分工，对本行业注册造价工程师的执业活动实施监督管理。

省、自治区、直辖市人民政府住房和城乡建设主管部门对本行政区域内注册造价工程师的注册、执业活动实施监督管理，并实施本行政区域二级注册造价工程师的注册。工程造价行业组织应当加强造价工程师自律管理，鼓励注册造价工程师加入工程造价行业组织。

1.3.1 造价工程师

注册造价工程师是指通过土木建筑工程或者安装工程专业造价工程师职业资格考试，取得造价工程师职业资格证书或者通过资格认定、资格互认，并按照本办法注册后，从事工程造价活动的专业人员。注册造价工程师分为一级注册造价工程师和二级注册造价工程师。

1.3.2 造价工程师的素质和职业道德

造价工程师的职业道德又称职业操守，通常是指在职业活动中所遵守的行为规范的总称，是专业人士必须遵从的道德标准和行业规范。

为提高造价工程师整体素质和职业道德水准，维护和提高造价咨询行业的良好信誉，促进行业健康持续发展，中国建设工程造价管理协会制定和颁布《造价工程师职业道德行为准则》，具体要求如下：

1）遵守国家法律、法规和政策，执行行业自律性规定，珍惜职业声誉，自觉维护国家和社会公共利益。

2）遵守"诚信、公正、敬业、进取"的原则，以高质量的服务和优秀的业绩，赢得社会和客户对造价工程师职业的尊重。

3）勤奋工作，独立、客观、公正、正确地出具工程造价成果文件，使客户满意。

4）诚实守信，尽职尽责，不得有欺诈、伪造、作假等行为。

5）尊重同行，公平竞争，搞好同行之间的关系，不得采取不正当的手段损害、侵犯同行的权益。

6）廉洁自律，不得索取、收受委托合同约定以外的礼金和其他财物，不得利用职务之便谋取其他不正当的利益。

7）造价工程师与委托方有利害关系的应当主动回避；同时，委托方也有权要求其回避。

8）对客户的技术和商务秘密负有保密义务。

9）接受国家和行业自律组织对其职业道德行为的监督检查。

1.3.3 造价工程师职业资格考试

一级造价工程师职业资格考试全国统一大纲、统一命题、统一组织。

二级造价工程师职业资格考试全国统一大纲，各省、自治区、直辖市自主命题并组织实施。

1. 报考条件

凡中华人民共和国公民，工程造价或相关专业大专及以上毕业，从事工程造价业务工作一定年限后，均可申请参加造价工程师职业资格考试。

2. 考试科目

造价工程师职业资格考试分为四个科目：《建设工程造价管理》《建设工程计价》《建设工程技术与计量》（土建或安装专业）和《建设工程造价案例分析》。参加全部考试科目的人员，必须在连续两个考试年度通过全部科目。

3. 证书取得

一级造价工程师职业资格考试合格者，由各省、自治区、直辖市人力资源社会保障行政主管部门颁发中华人民共和国一级造价工程师职业资格证书。该证书由人力资源社会保障部统一印制，住房和城乡建设部、交通运输部、水利部按专业类别分别与人力资源社会保障部用印，在全国范围内有效；二级造价工程师职业资格考试合格者，由各省、自治区、直辖市人力资源社会保障行政主管部门颁发中华人民共和国二级造价工程师职业资格证书。该证书由各省、自治区、直辖市住房城乡建设、交通运输、水利行政主管部门按专业类别分别与人力资源社会保障行政主管部门用印，原则上在所在行政区域内有效。各地可根据实际情况制定跨区域认可办法。

1.3.4 造价工程师注册和执业

1. 注册

注册造价工程师的注册条件为

1）取得职业资格。

2）受聘于一个工程造价咨询企业或者工程建设领域的建设、勘察设计、施工、招标代理、工程监理、工程造价管理等单位。

3）无不予注册的情形。

注册造价工程师实行注册执业管理制度。取得职业资格的人员，经过注册方能以注册造价工程师的名义执业。申请初始注册的，应当提交下列材料：

1）初始注册申请表。

2）职业资格证书和身份证件。

3）与聘用单位签订的劳动合同。

4）取得职业资格证书的人员，自职业资格证书签发之日起 1 年后申请初始注册的，应当提供当年的继续教育合格证明。

5）外国人应当提供外国人就业许可证书。

申请延续注册的，应当提交下列材料：

1）延续注册申请表。

2）注册证书。

3）申请延续注册时，造价工程师本人和单位应对其前一个注册的工作业绩进行承诺，并由注册机关调查核实。

4）与聘用单位签订的劳动合同。

5）继续教育合格证明。

申请变更注册的，应当提交下列材料：

1）变更注册申请表。

2）注册证书。

3）与新聘用单位签订的劳动合同。

有下列情形之一的，不予注册：

1）不具有完全民事行为能力的。

2）申请在两个或者两个以上单位注册的。

3）未达到造价工程师继续教育合格标准的。

4）前一个注册期内工作业绩达不到规定标准或未办理暂停执业手续而脱离工程造价业务岗位的。

5）受刑事处罚，刑事处罚尚未执行完毕的。

6）因工程造价业务活动受到刑事处罚，自刑事处罚执行完毕之日起至申请注册之日止不满 5 年的。

7）因前项规定以外原因受到刑事处罚，自处罚决定之日起至申请注册之日止不满 3 年的。

8）被吊销注册证书，自被处罚决定之日起至申请注册之日止不满 3 年的。

9）以欺骗、贿赂等不正当手段获准注册被撤销，自被撤销注册之日起至申请注册之日止不满 3 年的。

10）法律、法规规定不予注册的其他情形。

2. 执业

一级注册造价工程师执业范围包括建设项目全过程的工程造价管理与工程造价咨询等，具体工作内容如下：

1）项目建议书、可行性研究投资估算与审核，项目评价造价分析。

2）建设工程设计概算、施工预算编制和审核。

3）建设工程招标投标文件工程量和造价的编制与审核。

4）建设工程合同价款、结算价款、竣工决算价款的编制与管理。

5）建设工程审计、仲裁、诉讼、保险中的造价鉴定，工程造价纠纷调解。

6）建设工程计价依据、造价指标的编制与管理。

7）与工程造价管理有关的其他事项。

二级注册造价工程师协助一级注册造价工程师开展相关工作，并可以独立开展以下工作：

1）建设工程工料分析、计划、组织与成本管理，施工图预算、设计概算编制。
2）建设工程量清单、最高投标限价、投标报价编制。
3）建设工程合同价款、结算价款和竣工决算价款的编制。

1.4 工程造价咨询管理制度

《工程造价咨询企业管理办法》于 2006 年 3 月 22 日由建设部发布（建设部令第 149 号），根据 2015 年 5 月 4 日住房和城乡建设部令第 24 号第一次修正，根据 2016 年 9 月 13 日住房和城乡建设部令第 32 号第二次修正，根据 2020 年 2 月 19 日住房和城乡建设部令第 50 号第三次修正。为了加强对工程造价咨询企业的管理，提高工程造价咨询工作质量，维护建设市场秩序和社会公共利益，根据《中华人民共和国行政许可法》《国务院对确需保留的行政审批项目设定行政许可的决定》，制定工程造价咨询企业管理办法。

1.4.1 工程造价咨询的概念

工程造价咨询是指面向社会接受委托，承担建设工程项目的可行性研究、投资估算、经济评价，工程概算、预算、结算、竣工决算，工程招标标底或预算控制价、投标报价的编制和审核，对工程造价进行监控以及提供有关工程造价信息资料等的业务工作。

工程造价咨询企业是指接受委托，对建设项目投资、工程造价的确定与控制提供专业咨询服务的企业。工程造价咨询企业可以为政府部门、建设单位、施工单位、设计单位提供相关专业技术服务，这种以造价咨询业务为核心的服务有时是单项或分阶段的，有时覆盖工程建设全过程。

1.4.2 工程造价咨询管理

1. 咨询资质

按照国发〔2021〕7 号文件要求，自 2021 年 7 月 1 日起，住房和城乡建设主管部门停止工程造价咨询企业资质审批，工程造价咨询企业按照其营业执照经营范围开展业务，行政机关、企事业单位、行业组织不得要求企业提供工程造价咨询企业资质证明。2021 年 6 月 3 日起，住房和城乡建设主管部门不再办理工程造价咨询企业资质延续手续，到期需延续的企业，有效期自动延续至 2021 年 6 月 30 日。

取消工程造价咨询资质，符合弱化企业资质、强化个人执业能力的改革方向。取消工程造价咨询资质的本质是解决建筑业发展条块的分割和碎片化问题，只有解决这些问题，才能实现产业化。取消工程造价咨询资质后，工程造价咨询企业的数量将急剧增加，这将加剧行业竞争，逐步淘汰一批企业，使优秀企业和优秀个人在行业中脱颖而出。资质的取消必将导致咨询企业数量剧增，进而会增加监管难度。对此，住房和城乡建设部已于 2021 年 6 月发布了《住房和城乡建设部办公厅关于取消工程造价咨询企业资质审批加强事中事后监管的通知》。通知中明确取消工程造价咨询资质后，应通过健全企业信息管理制度、推进信用体系建设、构建协同监管新格局、提升工程造价咨询服务能力、加强事中事后监管等措施促进行业健康发展。

2. 业务范围

1）建设项目建议书及可行性研究投资估算、项目经济评价报告的编制和审核。

2）建设项目概预算的编制与审核，并配合设计方案比选、优化设计、限额设计等工作进行工程造价分析与控制。

3）建设项目合同价款的确定（包括招标工程工程量清单和标底、投标报价的编制和审核）；合同价款的签订与调整（包括工程变更、工程洽商和索赔费用的计算）及工程款支付，工程结算及竣工结（决）算报告的编制与审核等。

4）工程造价经济纠纷的鉴定和仲裁的咨询。

5）提供工程造价信息服务等。

工程造价咨询企业可以对建设项目的组织实施进行全过程或者若干阶段的管理和服务，具体以咨询合同约定为准。

3. 咨询合同及其履行

工程造价咨询企业在承接各类建设项目的工程造价咨询业务时，应当与委托人订立书面工程造价咨询合同。工程造价咨询企业与委托人可以参照《建设工程造价咨询合同》（示范文本）订立合同。

《建设工程造价咨询合同》（示范文本）由三部分组成，即协议书、通用条件和专用条件。协议书主要用来明确合同当事人和约定合同当事人的基本合同权利义务。通用条件包括下列内容：

1）词语定义、语言、解释顺序适用法律。

2）委托人的义务。

3）咨询人的义务。

4）违约责任。

5）支付。

6）合同变更、解除与终止。

7）争议解决。

8）其他。

专用条件是对通用条件原则性约定的细化、完善、补充或修改。合同当事人可通过协商、谈判确定专用条件。

工程造价咨询企业从事工程造价咨询业务，应履行相关合同或约定并按照合同或者约定出具工程造价成果文件。工程造价成果文件应当由工程造价咨询企业加盖有效企业名称、资质等级证书编号的执业印章，并由执行咨询业务的注册造价工程师签字、加盖个人执业印章。

1.5 发达国家和地区的工程造价管理

在发达国家和地区，政府对建筑工程造价管理主要遵循间接管理、重点控制的原则，即对私人投资项目采用间接管理手段，重点控制政府投资项目。确定工程造价的两个基本要素是"量"和"价"。其工程造价计价并未设置统一的标准,而是依据具体情况编制,但政府定期向社会发布工程造价资料信息,以便对政府工程项目的估算进行参考。这些发达国家和地区的造价管理比较重视依据环境工作的进程以及价格等变化来快速调整造价控制标准和控制方法,但在不同国家和地区又有不同的特点。

1.5.1 发达国家和中国香港地区的工程造价管理模式

当今,国际工程造价管理有几种主要模式,主要包括:英国,美国,日本,以及继承了英国模式,又结合自身特点而形成独特工程造价管理模式的国家和地区,如新加坡,马来西亚,以及中国香港地区。下面将着重介绍英国、美国、法国、日本和中国香港地区等发达国家和地区的工程造价管理。

1. 英国工程造价管理

英国是世界上最早出现工程造价咨询行业并成立相关行业协会的国家,英国的工程造价管理至今已有近 400 年的历史。在世界近代工程造价管理的发展史上,作为早期世界强国的英国,由于其工程造价管理发展较早且其联邦成员范围和地区分布较广,时至今日,其工程造价管理模式在世界范围内仍具有较强的影响力。目前,英国的工程造价行业协会负责管理工程造价专业人士、编制工程造价计量标准、发布相关造价信息及造价指标。

英国工程造价咨询公司被称为工料测量师行,造价工程师被称为工料测量师(Quantity Surveyor),主要任务是将工程成本控制在既定的预算之内。随着建筑工程规模的扩大和日趋复杂,有时工料测量师会被任命为项目经理,控制工程进度及成本预算,并协调建筑师、工程师、总承包商和分包商的工作。工料测量师的职责一般包括:

1)初步的成本建议:对一个或多个初步设计方案做成本估算,并就方案中的材料及施工方法做出成本比较来编制成本计划。

2)成本计划:在设计期间,如果业主改变设计方案,工料测量师要估算所涉及的成本。经常性监控设计方案是为了尽早发现超支的风险,并迅速采取修正措施。

3)承包方法:为某个特定项目推荐最佳的合同格式及采购方法。

4)招标:编制招标文件,包括工程量表。通过工程量表把图纸、进度和规范说明转化为详细的工程数量,发给每个投标人,使之能在与竞争对手完全相同的基础上计算其投标价格。

5)选择承包商:向业主推荐投标人入选名单。

6)施工工作的估价:对进行中的工作进行估价,提交已确认的期中支付建议书,并为业主编制财务报表,竣工时做最终成本核算。

英国工料测量师行的经营内容较为广泛,涉及建设工程全寿命周期造价各个领域的全过程管理,主要包括:项目策划咨询、可行性研究、成本计划和控制、市场行情的趋势预测;招投标活动及施工合同管理;建筑采购、招标文件的编制;投标书的分析与评价,标后谈判,合同文件准备;工程实施阶段的成本控制,财务报表,洽商变更;竣工工程的估价、决算,合同索赔的保护;成本重新估计;对承包商破产或被并购后的应对措施;应急合同的财务管理,后期物业管理等。

在英国,政府投资工程和私人投资工程分别采用不同的工程造价管理方法。其中,政府投资工程从确定投资和控制工程项目规模及计价的需求出发,各部门均需制订并经财政部门认可的各种建设标准和造价指标，这些标准和指标均作为各部门向国家申报投资、控制规划设计、确定工程项目规模和投资的基础，也是审批立项、确定规模和造价限额的依据。其工程造价业务要求必须委托给相应的工程造价咨询机构进行管理，包括计划、采购、建设咨询、实施和维护。对从工程项目立项到竣工各个环节的工程造价控制都较为严格，遵循政府统一发布的价格指数，通过市场竞争形成工程造价。对于私人投资工程，政府通过相关的法律、法规对此类工程项目的经营活动进行一定的规范和引导，只要在国家法律允许的范围内，政府一般不予干预。此外，社会上还有许多政府所属代理机构及社会团体组织，如英国皇家特许测量师学会（Royal Institution of Chartered Surveyors，RICS）等协助政府部门进行行业管理，主要对咨询单位进行业务指导和从业人员管理。

2. 美国工程造价管理

美国没有类似英国专门的工料测量师专业，工料测量这一职能由具有不同专业头衔和技能的人员来执行，常称为成本咨询师（Cost Consultant）或造价工程师（Cost Engineer）。美国的建筑师（经常雇用成本咨询师）负责建筑物初始预算的编制和施工成本的规划，编制规范和合同文件，并在施工过程中监控工程费用。在设计阶段，有关成本的咨询可能来自以下三方面：

1）机构内部雇用有承包经验的估算师，专门从事成本控制的建筑师或受过工程教育并在成本方面有专长的造价工程师作为其成本咨询师。

2）专业的成本咨询和估算机构。这些专业公司大多数都具备建筑工程成本与工期控制的专业知识。在美国通常认为成本与施工时间密不可分，业主也敏锐地认识到了时间的资本价值。

3）主包商和专业分包商愿意向建筑师提供造价资料，希望由此获得中标机会。较小的建筑师公司经常使用此种方式，承包商也希望获得业务上更多的机会，因此这种方法行之有效。

美国的建设工程主要分为政府投资和私人投资两大类，其中，私人投资工程占整个建筑业投资总额的 60%~70%。联邦政府和地方政府没有统一的工程造价计价依据和标准，一般根据积累的工程造价资料，并参考各工程咨询公司有关造价的资料，对各自管辖的政府工程制订相应的计价标准作为工程费用估算的依据，通过定期发布工程造价指南进行宏观调控与干预。有关工程造价工程量的计算规则、指标、费用标准等，一般是由各专业协会、大型工程咨询公司制订的。各地的工程咨询机构根据本地区的具体特点来制定单位建筑面积的消耗量和基价，作为所管辖项目造价估算的标准。

3. 法国工程造价管理

与英国传统的工料测量师作为独立的专业人员提供咨询服务不同，法国由研究局编制工程量表、估价并提供成本建议，但提供的单价和服务因地区而异。在里昂和 Rhone-Alpes 及其周围地区，由专业人员从事与英国的工料测量师非常相似的工作。他们被称为工料估算师或核算师，可能被建筑师、工程师或承包商雇用。当工料估算师（metreur *）（*代表是法语，以下同）被工程师雇用时，其帮助工程师进行投标书的比较并编制成本估算和规范。当为承包商工作时，工料估算师按图纸测算工程量，协助进行估算，在现场为每月估价和分包商结账而测量工程，并协助编制最终账目，也可以协助进行工程协调工作。工料核算师（verficateur），代表工程师等检查由承包商的工料估算师进行的工作。但从 20 世纪 70 年代开始，出现了经济师这一称谓，它是工料估算师或核算师角色的演变，其作用与英国的工料测量师区别不大。

4. 日本工程造价管理

工程积算制度是日本工程造价管理所采用的主要模式。工程造价咨询行业由日本政府建设主管部门和日本建筑积算协会统一进行业务管理和行业指导。其中，政府建设主管部门负责制定发布工程造价政策、相关法律法规、管理办法，对工程造价咨询业的发展进行宏观调控。

工程造价咨询公司被称为工程积算所，主要由建筑积算师组成。日本的工程积算所一般对委托方提供以工程造价管理为核心的全方位、全过程的工程咨询服务，其主要业务范围包括：工程项目的可行性研究、投资估算、工程量计算、单价调查、工程造价细算、标底价编制与审核、招标代理、合同谈判、变更成本积算、工程造价后期控制与评估等。工程造价人员称为建筑测量师（Building Surveyors），负责工程成本管理。日本建筑测量师学会已加入太平洋工料测量师协会（PAQS），其他的协会成员有澳大利亚工料测量师学会（AlQS）、新西兰工料测量师学会（NZIQS）、中国香港测量师学会（HKIS）和新加坡测量师和估价师学会（SISV）。PAQS的主要的服务范围：推进工程造价管理的研究；工程量计算标准的编制、建筑成本等相关信息的收集、整理与发布；专业人员的业务培训及个人执业资格准入制度的制定与具体执行等。

5. 中国香港地区工程造价管理

中国香港地区的政府工程标价均为可浮动价格，投标价中只考虑当时价格水平，同时对浮动费实行单列。当市场价格浮动超过一定限度后，允许对政府工程标价进行调整。人工费差价以每月政府统计处颁布的工资标准和建造商汇总公布的平均指数计算，材料价差则按政府统计处每月公布的材料价格指数计算，主要含砂、石、钢筋、水泥、石灰和砖六种材料价格。而中国香港地区的私人工程则一般采用固定价格形式，投标者必须对施工过程中的价格变动进行预计，在投标价中把价格浮动因素考虑在内。

在中国香港地区，工程造价信息的发布往往采取价格指数的形式。工程造价指数分为两类，即成本指数和价格指数，分别依据建造成本和建造价格的变化趋势编制。建造成本主要包括工料等费用支出，建造价格中除建造成本还有承包商赚取的利润。从香港地区的工程造价管理体系可以看出，其工程定价方式是一种发挥市场主动性的计价方式，基本上只有统一的工程量计算规则，而没有统一的消耗量指标，真正地实现了市场价格。甲方根据图纸计算工程量，乙方根据自己的施工技术水平和管理水平报单价，这种模式直接反映了企业的施工技术和管理水平，属于完全竞争的工程造价管理市场模式。

1.5.2 发达国家和地区工程造价管理的特点

发达国家和地区的工程造价管理特点主要体现在以下几个方面：

1. 政府的间接调控

发达国家一般按投资来源不同，将项目划分为政府投资项目和私人投资项目。政府对不同类别的项目实行不同力度和深度的管理，重点是控制政府投资工程。如英国对政府投资工程采取集中管理的办法，按政府制定的有关面积标准、造价指标，在核定的投资范围内进行方案设计、施工设计，实施目标控制。美国对政府投资工程则采用两种方式：一是由政府设专门机构对工程进行直接管理。美国各地方政府都设有相应的管理机构,如纽约市政府的综合开发部、华盛顿政府的综合开发局等都是代表各级政府专门负责管理建设工程的机构。二是通过公开招标委托承包商进行管理。美国法律规定,所有的政府投资工程都要进行公开招标,特定情况下(涉及国防、军事机密等)可邀请招标和议标,但对项目的审批权限、技术标准(规范)、价格、指数都需明确规定,确保项目资金不突破审批的金额。

发达国家对私人投资工程只进行政策引导和信息指导,而不干预其具体实施过程,体现政府对造价的宏观管理和间接调控。如美国政府有一套完整的项目或产品目录,明确规定了私人投资者的投资领域,并采取经济杠杆,通过价格、税收、利率、信息指导、城市规划等引导和约束私人投资方向和区域分布。政府通过定期发布信息资料,使私人投资者了解市场状况,尽可能使投资项目符合经济发展的需要。

2. 有章可循的计价依据

费用标准、工程量计算规则、经验数据等是发达国家和地区计算和控制工程造价的主要依据。例如,英国皇家测量师学会(RICS)组织制定的《建筑工程工程量计算规则》(SMM)作为工程量计算规则,是参与工程建设各方共同遵守的计量、计价的基本规则,在英国及英联邦国家被广泛应用与借鉴。此外,还有英国土木工程学会(ICE)编制的适用于大型或复杂工程项目的《土木工程工程量计算规则》(CESMM)。

3. 多渠道的工程造价信息

发达国家和地区十分重视对各方面造价信息的及时收集、筛选、整理以及加工工作。作为建筑产品估价和结算的重要依据,造价信息是建筑市场价格变化的指示灯。从某种角度讲,及时、准确地捕捉建筑市场价格信息是业主和承包商保持竞争优势和取得盈利的关键因素之一。如在美国,建筑造价指数一般由咨询机构和新闻媒介来编制,在多种造价信息来源中,工程新闻记录(Engineering News Record,ENR)造价指标是比较重要的一种。

4. 造价工程师的动态估价

在英国,测量师行的估价大体上按比较法和系数法进行,经过长期的估价实践,他们拥有极为丰富的工程造价实例资料,甚至建立了工程造价数据库。在美国,工程造价的估算主要由设计部门或专业估价公司来承担,造价工程师(Cost Engineer)在具体编制工程造价估算时,除了考虑工程项目本身的特征因素(如项目拟采用的独特工艺和新技术、项目管理方式、现有场地条件以及资源获得的难易程度等)外,一般还会对项目进行较为详细的风险分析,以确定适度的预备费。造价工程师通过掌握不同的预备费率来调节造价估算的总体水平。

5. 通用的合同文本

合同在工程造价管理中有着重要的地位,有些国家执行通用的合同文本。在英国,其建设工程合同制度已有几百年的历史,有着丰富的内容和庞大的体系。澳大利亚、新加坡和中国香港地区的建设工程合同制度都始于英国,著名的FIDIC(国际咨询工程师联合会)合同文件也以英国的合同文件作为母本。美国建筑师学会(AIA)的合同条件体系更为庞大,分为A、B、C、D、E、F、G系列。AIA系列合同条件的核心是"通用条件",即采用不同的计价方式时,只需选用不同的"协议书格式"与"通用条件"相结合。AIA系列合同条件主要有总价、成本补偿及最高限定价格等计价方式。

6. 重视实施过程中的造价管控

发达国家和地区对工程造价的管控是以市场为中心的动态控制。造价工程师能对造价计划执行中所出现的问题及时分析研究，及时采取纠正措施。这种强调项目实施过程中的造价管理做法体现了造价控制的动态性，并且重视造价管理所具有的随环境、工作的进行以及价格等变化而调整造价控制标准和控制方法的动态特征。比如在美国，造价工程师非常重视工程项目具体实施过程中的造价管控，对项目实施中工程预算执行情况进行检查和分析的工作做得十分细致。

思 考 题

1. 如何理解工程造价的内涵？
2. 建设项目工程造价是如何构成的？
3. 如何理解工程计价原理？
4. 全面造价管理包括的内容有哪些？
5. 全过程工程造价管理的内容有哪些？
6. 全过程造价管理的理念有哪些？

二维码形式客观题

扫描二维码可在线做题，提交后可查看答案。

第1章 客观题

第 2 章
投资决策阶段工程造价的管理

学习提要

投资决策阶段是决定项目成败的关键阶段，是进行项目价值管理的首要阶段。本章介绍工程项目策划及项目投资决策的含义、投资决策管理、投资决策阶段工程造价管理的意义，工程项目前期策划的内容，投资估算的概念、作用及编制方法与审核要点，着重介绍了项目财务评价的概念、财务评价的内容、财务评价的程序、财务评价指标体系、财务评价的方法等。

2.1 概述

投资决策阶段工程造价管理的主要方法是可行性研究，可行性研究中的结论是建设项目投资决策非常重要的依据。而可行性研究是对方案目标完成程度的论证。在可行性研究之前必须进行工程项目策划，以工程项目策划确定的项目目标作为可行性研究的尺度，同时确定一些总体方案作为研究对象。

2.1.1 工程项目策划

1. 工程项目策划的概念

工程项目策划是指将建设意图转换为定义明确、系统清晰、目标具体且具有策略性运作思路的高智力系统活动。工程项目策划以工程项目管理理论为指导，不仅服务于工程建设全过程，还是工程造价管理的重要基础，其根本目的是建设项目决策和实施增值，它不仅决定一个项目的投资是否合理，还决定一个项目的成败。

2. 工程项目策划的分类

（1）按照建设程序的顺序划分　按照建设程序的顺序划分，工程项目策划可以划分为项目前期策划和项目实施阶段的策划两种。项目前期策划是指项目决策阶段所进行的总体策划，该策划从工程项目构思到项目批准正式立项为止，主要任务是提出项目的构思，进行项目的定义和定位，全面构思一个待建工程项目；工程项目实施策划旨在将体现建设意图的工程项目构思变成有实现可能性和可操作性的行动方案，提出带有谋略性和指导性的设想。

（2）按照策划的范围划分　按照策划的范围划分，工程项目策划可以分为总体策划和局部策划两种。工程项目总体策划一般是指在项目立项决策过程中所进行的全面策划；而工程项目局部策划可以是对全面策划任务进行分解后的一个单项性或专业性问题的策划。局部策划既可以在工程项目前期策划阶段进行，也可以在工程项目实施过程中进行。根据策划工作对象和性质的不同，两者的策划内容、依据、深度和要求也不一样。

2.1.2　项目投资决策

1. 投资决策的含义

建设工程项目投资决策是选择和决定投资行动方案的过程，是指建设工程项目投资者按照自己的意图和目的，在调查、分析和研究的基础上，对投资规模、投资方向、投资结构、投资分配以及投资项目的选择和布局等方面进行分析研究，在一定约束条件下，对拟建项目的必要性和可行性进行技术经济论证，对不同建设方案进行技术经济分析、比较及做出判断和决定的过程。

项目投资决策是投资付诸行动的前提和准则。正确的项目投资来源于正确的项目投资决策。项目决策的正确与否是确定与控制工程造价的前提，它关系工程造价的高低及投资效果的好坏，并直接影响项目建设的成败。

2. 项目投资决策管理

根据项目投资来源不同，项目可以分为政府投资项目和非政府投资项目两类。由于投资主体的不同，决策者也应不同。

（1）政府投资项目决策管理　国务院发布的《政府投资条例》已于2019年7月1日起施行。《政府投资条例》明确规定，政府投资项目是指政府采取直接投资方式、资本金注入方式投资的项目，项目单位应当编制项目建议书、可行性研究报告、初步设计，按照政府投资管理权限和规定的程序，报投资主管部门或者其他有关部门审批。投资主管部门或者其他有关部门应当根据国民经济和社会发展规划、相关领域专项规划、产业政策等，从项目建议书、可行性研究报告、初步设计等方面对政府投资项目进行审查，做出是否批准的决定。项目单位应当加强政府投资项目的前期工作，保证前期工作的深度达到规定的要求，并对项目建议书、可行性研究报告、初步设计以及依法应当出具的其他文件的真实性负责。

（2）非政府投资项目决策管理　非政府投资项目（企业投资项目）决策是指企业根据自身总体发展战略和规划、自身资源条件、在市场竞争中的地位以及项目产品所处生命周期中的阶段等因素，以获得经济效益、社会效益和提升持续发展能力为目标，做出是否投资建设项目的决定。非政府投资项目原则上应由企业依法依规自主决策投资，同时按照有关规定满足登记备案或政府核准要求。非政府投资的项目（企业投资建设）实行核准制（《政府核准的投资项目目录》中的项目）和登记备案制（《政府核准的投资项目目录》以外的项目）。对于非政府投资项目，虽然政府不再审批项目建议书和项目可行性研究报告，但是并不意味着企业不需要编制可行性研究报告，可行性研究报告仍然是企业投资项目投资决策非常重要的依据。

政府投资项目审批通过，非政府投资项目核准或者登记备案完成，也就意味着建设项目决策结束和立项完成，建设项目就可以按照投资决策依据进行后续阶段的各项工作。

3. 投资决策阶段工程造价管理的意义

（1）建设项目投资决策的正确性是工程造价合理性的前提　①建设项目决策正确，意味着对项目建设做出科学的决断，优选出最佳投资行动方案以达到资源的合理配置，这样才能合理地估算工程造价，并且在实施最优投资方案过程中有效地控制工程造价。在工程造价控制中，正确的决策是正确确定建设项目计划投资金额的关键。②建设项目决策失误，主要体现在对不该建设的项目进行投资建设，或者项目建设地点的选择错误，或者投资方案的确定不合理等。决策失误会直接带来不必要的资金投入和人力、物力及财力的浪费，甚至造成不可弥补的损失。在这种情况下进行工程造价的计价与控制已经毫无意义了。因此，要保证工程造价的合理性，就要事先保证建设项目决策的正确性，避免决策失误。

（2）建设项目投资决策的内容是决定工程造价的基础　决策阶段是项目建设全过程的起始阶段。决策阶段的工程造价对全过程的工程造价起着宏观控制的作用，相对于建设项目的其他后续工作来说，投资决策阶段控制造价，对建设项目经济效果好坏的影响最大。决策阶段各项技术经济分析与判断对该建设项目的工程造价有重大影响，特别是建设标准的确定、建设地点的选择、技术工艺的评选、生产设备的选用等，都直接关系工程造价的高低。决策阶段对于以后控制初步设计概算、施工图预算以及实现投资者预期的投资效果都有着重大的影响。

（3）建设项目决策的深度影响投资估算的精确度，也影响工程造价的控制效果　投资决策是一个由浅入深、不断深化的过程，决策深度不同，投资估算的精度不同。如在投资计划和项目建议书阶段，投资估算的误差率在±30%左右；而在详细可行性研究阶段，误差率在±10%以内。在项目建设的各个阶段，通过工程造价管理形成相应的投资估算、设计概算、施工图预算、签约合同价、结算价和竣工决算价，各造价之间存在着前者控制后者、后者补充前者的相互作用关系。因此，只有加强项目投资决策的深度，采用科学的估算方法和可靠的数据资料，合理计算投资估算，才能保证其他阶段的造价被控制在合理范围内，避免"三超"现象的发生，继而实现投资目标。

2.1.3　工程项目策划与项目投资决策之间的关系

一般来说，工程项目投资决策建立在项目可行性研究基础上，项目可行性研究中的财务评价和国民经济评价的结论是建设项目的重要决策依据。而这两种评价的前提是建设方案本身及其赖以生存和发展的社会经济环境和市场，而建设方案的产生，并不是由投资主体的主观愿望和某种意图的简单构想就能完成的，它必须通过对项目的构思、定位、系统构成、目标测定及管理运作等方面进行具体策划，才能使方案建立在可运作的基础上。

2.2　工程项目前期策划的内容

项目的前期策划是项目的孕育阶段，对项目的整个生命期，甚至对整个上层系统都有决定性的影响。所以项目管理者，特别是上层管理者（决策者）对这个阶段的工作应有足够的重视。工程项目前期策划主要包括项目构思、项目目标设计、项目定义、项目建议书、可行性研究、项目决策与立项等主要内容。

2.2.1 项目构思

1. 构思的产生

项目构思是指对策划整体的抽象描述，是一个策划成功的关键。一个成功的策划是一种概念性策划，是指在企业的系统目标的指向下，从现实和经验中得出项目策划的系列前提和假设，在此基础上形成项目的大致策划轮廓，对这些策划轮廓进行论证和选择，从而形成项目的构思。

工程项目构思的起因可能有：
1）通过市场研究发现新的投资机会、有利的投资地点和投资领域。
2）上层系统运行存在问题或困难。
3）上层战略或计划的分解，如国家、地区、城市的发展计划。
4）项目业务，如建筑承包公司的项目业务。
5）通过生产要素的合理组合，产生项目机会。

2. 构思的选择

项目构思是对项目机会的捕捉。人们对项目机会必须有敏锐的感觉。项目构思是丰富多彩的，有时甚至是"异想天开"的，必须做出选择，淘汰那些明显不现实或没有实用价值的构思。由于资源的限制，即使是有一定可实现性和实用价值的构思，也不可能都转化成项目，必须在许多项目机会中优选。

由于构思产生于对上层系统的直观了解，而且仅仅是一种比较朦胧的概念，因此对它很难进行系统的定量评价和筛选，一般只能从如下几个方面来把握：

1）上层系统问题和需求的现实性，即上层系统的问题和需要是实质性的，而不是表象性的，预计通过采用项目手段可以顺利地解决这些问题。
2）考虑环境的制约和充分利用资源，利用外部条件。
3）充分发挥已有长处，运用竞争优势，或在项目中达到合作各方竞争优势的最优组合。

综合考虑构思、环境、能力之间的平衡，以求达到主观和客观的最佳组合。经过认真研究之后，如果觉得某个项目的建设是可行的、有利的，经过主管部门的认可，则项目的构思转化为目标建议，可提出做进一步的研究，进行项目的目标设计。

2.2.2 项目目标设计

1. 项目目标的管理

目标是对预期结果的描述。要想取得项目的成功，必须有明确的目标。工程项目采用严格的目标管理方法，这主要体现在如下几个方面：

1）在项目实施前就必须确定明确的目标，精心论证、详细设计、优化计划。不允许在项目实施中仍存在目标的不确定性和对目标进行过多的修改。
2）在项目的目标系统设计中应首先设立项目总目标，再采用系统方法将总目标分解成子目标和可执行目标。
3）将项目目标落实到各责任人，将目标管理同职能管理高度结合起来，使目标与组织任务、组织结构相联系，建立由上而下、由整体到部分的目标控制体系，并加强对责任人的业绩评价，鼓励人们竭尽全力圆满完成任务。

4）将项目目标落实到项目的各阶段。项目目标作为可行性研究的尺度，经过论证和批准后作为项目技术设计和计划、实施控制的依据，最后又作为项目后评价的标准，使计划和控制工作十分有效。

5）在现代项目中人们强调全寿命期集中管理，它的重点在于项目的一体化，在于以项目全寿命期为对象建立项目的目标系统，再将其分解到各个阶段，进而保证项目在全寿命期中的目标、组织、过程、责任体系的连续性和完整性。

2. 项目目标设计过程

（1）情况分析　情况分析是指在项目构思的基础上对环境和上层系统状况进行调查、分析、评价，是目标设计的基础和前导工作。情况分析首先要做大量的环境调查，掌握大量的资料，包括如下内容：

1）对拟建工程所提供的服务或产品的市场现状和趋向的分析。

2）上层系统的组织形式，企业的发展战略、状况及能力，上层系统运行存在的问题。

3）企业所有者或业主的状况。

4）能够为项目提供合作的各个方面，如合资者、合作者、供应商、承包商的状况，上层系统中的其他子系统及其他项目的情况。

5）自然环境及其制约因素。

6）社会的经济、技术、文化环境，特别是市场问题的分析。

7）政治环境和法律环境，如与投资、项目的实施过程及运行过程相关的法律和法规等。

（2）问题定义　问题定义是目标设计的诊断阶段，从问题的定义中确定项目的任务。问题定义的基本步骤为：

1）对上层系统的问题进行罗列、结构化，即弄清楚上层系统有几个大问题，一个大问题又可能由几个小问题构成。

2）对原因进行分析，将症状与背景、起因联系在一起，采用因果关系分析法。

3）分析这些问题将来发展的可能性和对上层系统的影响。有些问题会随着时间的推移逐渐减轻或消除，相反有的却会逐渐严重。

（3）提出目标　确定目标因素指标应注意以下几点：

1）真实反映上层系统的问题和需要，应基于情况分析和问题的定义之上。

2）切合实际，实事求是，既不好大喜功，又不保守，一般经过努力能实现。

3）目标因素指标的提出、评价和结构化并不是在项目初期就可以办到的。

4）目标因素的指标要有一定的可变性和弹性，应考虑环境的不确定性和风险因素、有利的和不利的条件，应保持一定的变动范围。

5）项目的目标因素必须重视时间限定。这个问题通常需要分三个层次来考虑：①通常工程的设计水准是针对项目对象的使用期的。②基于市场研究基础上提出的产品方案有它的生命期。③项目的建设期，即项目从投资决策开始到竣工投产所需的时间。

6）项目的目标是指通过对问题的解决而最佳地满足上层系统各方面对项目的需要，所以许多目标因素是由与项目相关的各个方面提出来的。

(4) 目标系统建立　项目目标设计的结果是一个目标系统，是由工程项目的各级目标按照一定的从属关系和关联关系构成的目标体系。项目目标系统至少有如下三个层次：

1) 系统目标。系统目标包括：①功能目标；②技术目标；③经济目标；④社会目标；⑤生态目标。

2) 子目标。子目标通常由系统目标导出或分解得到，或是自我成立的目标因素，或是对子系统目标的补充，或是边界条件对系统目标的约束。它仅适用于项目某一方面，对某一个子系统的限制。

3) 可执行目标。可执行目标是指子目标可再分解为可执行的目标。

2.2.3　项目定义

1. 项目定义概念

项目定义是指以书面的形式描述项目目标系统，并初步提出完成方式。它是将原直觉的项目构思和期望引导到经过分析、选择得到的有根据的项目建议，是项目目标设计的里程碑。

2. 主要内容

1) 提出问题，说明问题的范围和问题的定义。

2) 说明解决这些问题对上层系统的影响和意义。

3) 项目构成和定界，说明项目与上层系统其他方面的界面，确定对项目有重大影响的环境因素。

4) 系统目标和最重要的子目标，近期、中期、远期目标，对近期目标应定量说明。

5) 边界条件，如市场分析、所需资源和必要的辅助措施、风险因素。

6) 提出可能的解决方案和实施过程的总体建议，包括方针或总体策略、组织安排和实施时间总安排。

7) 经济性说明，如投资总额、财务安排、预期效益、价格水准、运营费用等。

2.2.4　项目建议书

1. 概念

项目建议书是工程项目建设程序的最初环节，是有关地区、部门、企事业单位或投资人根据国民经济和社会发展的长远规划、行业规划和地区规划的要求，经过周密细致的调查研究、市场预测、资源条件及技术条件分析后，提出建设某一项目的建议文件。

项目建议书是鉴别项目投资方向，对拟建项目总体轮廓的一个设想，着重从宏观上对项目建设的必要性做出分析衡量，并初步分析项目建设的可能性，向决策者提出建议并推荐项目。

2. 内容

项目建议书是对项目目标系统和项目定义的说明和细化，同时作为后续的可行性研究、技术设计和计划的根据，将目标转变成具体的、实在的项目任务。项目建议书一般包括如下内容：

1) 总论。

2) 项目建设的必要性。

3) 功能定位与需求分析。

4）场馆现状及改扩建内容。
5）项目实施方案。
6）组织机构与人员配置。
7）项目实施进度规划。
8）投资估算与资金筹措。
9）结论与建议。

2.2.5　项目可行性研究

1. 概念

可行性研究是指在建设项目拟建之前，运用多种科学手段综合论证建设项目在技术上是否先进、实用，在财务上是否盈利，做出环境影响、社会效益和经济效益的分析和评价，以及建设项目抗风险能力等的结论，从而确定建设项目是否可行及选择最佳实施方案等结论性意见，为投资决策提供科学的依据。

在建设项目投资决策之前，通过项目的可行性研究，使项目的投资决策工作建立在科学性、可靠性的基础之上，从而实现项目投资决策科学化，减少和避免投资决策的失误，提高项目投资的经济效益。

可行性研究是对前述工作的细化、具体化，是从市场、技术、生产、法律（以及政策）、经济、财力等方面进行的全面策划和论证。

2. 内容

可行性研究的主要内容最后编制成可行性研究报告，可行性研究报告是可行性研究的主要成果文件，一切可行性研究的内容都体现在可行性研究报告中。下面以工业建设项目为例，说明可行性研究报告包括的主要内容。

（1）总论　主要说明项目提出的背景、项目概况、问题和建议。

（2）市场预测　主要内容包括市场现状分析、产品供需预测、竞争力预测和市场风险分析。

（3）资源条件分析　主要内容包括资源可利用量、资源品质情况、资源储存条件和资源开发价值。

（4）建设规模与产品方案　主要内容包括建设规模与产品方案构成、建设规模与产品方案的比选、推荐的建设规模与产品方案，以及技术改造项目与原有设施利用情况。

（5）厂址选择　主要内容包括厂址现状、厂址方案比选、推荐的厂址方案以及技术改造项目现有厂址的利用情况。

（6）技术方案、设备方案和工程方案　主要内容包括技术方案选择、主要设备方案选择、工程方案选择和技术改造项目改造前后的比较。

（7）原材料和燃料及动力供应　主要内容包括主要原材料供应方案、燃料供应方案和动力供应方案。

（8）总图、运输与公用辅助工程　主要内容包括总图布置方案、场内运输方案、公用工程与辅助工程方案，以及技术改造项目、现有公用辅助设施利用情况。

（9）节能措施　主要内容包括节能措施和能耗指标分析。

（10）节水措施　主要内容包括节水措施和水耗指标分析。

（11）环境影响评价　主要内容包括环境条件调查、影响环境因素分析、环境保护措施。

（12）劳动、安全、卫生与消防　主要内容包括危险因素与危害程度分析、安全防范措施、卫生保健措施和消防设施。

（13）组织机构与人力资源配置　主要内容包括组织机构设置及其适应性分析、人力资源配置、员工培训。

（14）项目进度计划　主要内容包括项目在实施时期各个阶段的各个工作环节的统一规划、综合平衡后做出的合理而又切实可行的时间安排。

（15）投资估算　主要内容包括建设投资估算、流动资金估算和投资估算表。

（16）融资方案　主要内容包括融资组织形式、资本金筹措、债务资金筹措和融资方案分析。

（17）财务评价　主要内容包括财务评价基础数据与参数选取、销售收入与成本费用估算、财务评价报表、盈利能力分析、偿债能力分析、不确定性分析、财务评价结论。

（18）国民经济评价　主要内容包括影子价格及评价参数选取、效益费用范围与数值调整、国民经济评价报表、国民经济评价结论。

（19）社会评价　主要内容包括项目对社会的影响分析、项目所在地互适性分析、社会风险分析和社会评价结论。

（20）风险分析　主要内容包括项目主要风险识别、风险程度分析和防范风险对策。

（21）研究结论与建议　主要内容包括推荐方案总体描述、推荐方案优缺点描述、主要对比方案以及结论与建议。

2.2.6　项目决策与立项

1. 项目决策

工程项目前期策划，是在构思多方案的基础上，通过方案比选为决策提供依据。项目可行性研究是工程项目决策分析中的重要工作，是在前述工作的基础上，通过对项目有关资料、数据的调查研究，对项目的技术、经济、工程、环境等进行最终论证和分析预测，从而提出项目是否值得投资和如何进行建设的可行性意见，为项目决策审批提供全面的依据。项目可行性研究报告一旦审批通过，其中的方案就是基于决策的最终方案，而该方案是基于总图和收益视角前提下进行的，后续设计是在此基础上的工作延续。最终决策方案的投资估算就是整个项目最宏观的目标总造价。从项目投资性质和控制投资角度出发，可将该目标总造价进行分解并进行合约规划，以指导各个发包方式下的招投标或者各个专业的招投标及合同签订。因此，在工程项目策划与决策的整个过程中，都离不开造价管理的支持。

2. 项目立项

项目决策工作完成后，建设单位根据工程所在地政府相关职能部门的要求准备立项资料并上报相关主管职能部门，相关职能部门按照流程完成立项审核和进行批复。建设单位获取批复意见后，一方面表示该项目立项工作已经完成，另一方面表示可以进行后续相关工作。

2.3 投资估算

2.3.1 投资估算概述

1. 投资估算的概念

投资估算是指在建设项目决策阶段，以方案设计或可行性研究文件为依据，按照规定的程序、方法和依据，对拟建项目所需总投资及其构成进行的预测和估计。

投资估算是决策阶段的主要工作成果之一，是工程造价在决策阶段的表现形式。投资估算的准确与否不仅影响可行性研究阶段工作的质量和财务评价结果，而且直接关系下一阶段设计概算和施工图预算的编制，以及建设项目的资金筹措方案。因此，全面准确地估算建设项目的工程造价，是可行性研究乃至整个投资决策阶段工程造价管理的主要任务。

2. 投资估算的作用

投资估算在项目建设过程中的作用有以下几点：

1）项目建议书阶段的投资估算，是项目主管部门审批项目建议书的依据之一，也是确定建设规模的参考依据。

2）项目可行性研究阶段的投资估算，是项目投资决策的重要依据，也是研究、分析、计算项目投资经济效果的重要条件。

3）投资估算是设计阶段造价控制的依据，也是限额设计的依据，即建设项目投资的最高限额，该限额不得随意突破，是控制和指导设计的尺度。

4）投资估算可作为项目资金筹措及制订建设贷款计划的依据，建设单位可根据批准的建设项目投资估算额，进行资金筹措和向银行申请贷款。

5）投资估算是核算建设项目固定资产投资需要额和编制固定资产投资计划的重要依据。

6）投资估算是建设项目设计招标、优选设计单位和设计方案的重要依据。

3. 投资估算的阶段及精度要求

在我国，项目投资估算是在初步设计之前进行的一项工作，在做初步设计之前，根据需要可邀请设计单位或咨询单位参加编制项目规划和项目建议书，并可委托设计单位或咨询单位承担项目的初步可行性研究，同时应根据项目的技术经济指标和项目条件编制和估算精准度不同的投资估算额。我国的建设项目投资估算分为以下几个阶段：

（1）项目规划阶段的投资估算　建设项目规划阶段是指按照国民经济发展规划、地区和行业发展规划的要求，编制一个建设项目的建设规划。此阶段是按项目的要求和内容，粗略地估算建设项目所需要的投资额，其对投资估算精度的要求为允许大于±30%。

（2）项目建议书阶段的投资估算　在项目建议书阶段，是按项目建议书的产品方案、项目建设规模、建设地点等，估算项目所需的投资额，其对投资估算精度的要求为控制在±30%以内。

（3）初步可行性研究阶段的投资估算　在初步可行性研究阶段，是在掌握了更详细、更深入的资料条件下，估算项目所需的投资额，其对投资估算精度的要求为控制在±20%以内。此阶段投资估算的意义是确定是否进行详细可行性研究。

（4）详细可行性研究阶段的投资估算　详细可行性研究阶段的投资估算经审查批准后，即为工程设计任务书中规定的项目投资限额，并可据此列入项目年度基本建设计划，其对投资估算精度的要求为控制在±10%以内。

2.3.2　投资估算的编制

1. 投资估算的编制依据

投资估算的编制依据是指在编制投资估算时所遵循的计量规则、市场价格、费用标准及工程计价有关参数、效率值等基础资料，主要包含以下几类：

1）国家、行业和地方政府的有关法律、法规或规定，政府有关部门、金融机构等发布的价格指数、利率、汇率、税率等有关参数。

2）行业部门、项目所在地工程造价管理机构或行业协会等编制的投资估算指标、概算指标（定额）、工程建设其他费用定额（规定）、综合单价、价格指数和有关造价文件等。

3）类似项目的各种技术经济指标和参数。

4）建设项目所在地同期的人工、材料、机械市场价格，建筑、工艺及附属设备的市场价格和有关费用。

5）与建设项目相关的工程地质资料、设计文件、图纸或有关设计专业提供的主要工程量和主要设备清单等。

6）委托单位提供的其他技术经济资料。

2. 投资估算的内容及费用构成

（1）投资估算的文件组成　根据《建设项目投资估算编审规程》（CECA/GC1—2015）的规定，投资估算文件一般由封面、签署页、编制说明、投资估算分析、总投资估算表、单项工程估算表、主要技术经济指标等内容组成。

1）投资估算编制说明。投资估算编制说明一般包含：工程概况，编制范围，编制方法，编制依据，主要技术经济指标，有关参数，效率值的选定，特殊问题的说明（如新技术、新材料、新设备、新工艺），对投资限额和投资分解的说明，对方案比选的估算和经济指标说明等。

2）投资估算分析。投资估算分析一般包含：工程投资比例分析，建筑工程费、设备购置费、安装工程费、工程建设其他费用、预备费占建设项目总投资比例分析，引进设备费用占全部设备费用的比例分析，影响投资的主要因素分析，与类似工程项目的比较等。

3）总投资估算。总投资估算包括汇总单项工程估算、工程建设其他费用、计算预备费和建设期利息等。

4）单项工程估算。单项工程估算包括按建设项目划分的各个单项工程分别计算组成工程费用的建筑工程费、设备购置费及安装工程费。

5）工程建设其他费用估算。工程建设其他费用估算应按预期将要发生的工程建设其他费用各类、逐项详细估算其费用金额。

6）主要技术经济指标。根据项目特点，计算并分析整个建设项目、各单项工程和主要单位工程的主要技术经济指标。

（2）建设项目投资估算的费用构成　根据《建设项目投资估算编审规程》（CECA/GC1—2015）的规定，建设项目总投资由建设投资、建设期利息、流动资金组成。建设期利息包括银行借款、其他债务资金利息以及其他融资利息；建设投资由建设项目的工程费用、工程建设其他费用、预备费用组成。其中，工程费用包括建筑工程费用、设备购置费及安装工程费。预备费包括基本预备费和价差预备费。

3. 投资估算的编制方法

根据投资估算的费用构成分类，投资估算主要包括静态投资、动态投资和流动资金三部分，影响投资估算精度的因素主要包括价格变化、现场施工条件、项目特征的变化等。

（1）静态投资部分的估算

1）单位生产能力估算法。依据调查的统计资料，利用相近规模的单位生产能力投资乘以建设规模，即得拟建项目投资。其计算公式为

$$C_2 = (C_1/Q_1)Q_2 f \tag{2-1}$$

式中 C_1——已建类似项目的静态投资额；

C_2——拟建项目静态投资额；

Q_1——已建类似项目的生产能力；

Q_2——拟建项目的生产能力；

f——不同时期、不同地点的定额、单价、费用变更等的综合调整系数。

单位生产能力估算法估算结果精确度较差，误差率可达到±30%。要注意拟建项目的生产能力和类似项目的可比性，否则误差很大。这种方法一般只适用于与已建项目在规模和时间上相近的拟建项目，虽然计算十分简便迅速，但要求估价人员掌握足够的典型工程的历史数据，而且这些数据均应与单位生产能力的造价有关，一般两者间的生产能力比值为 0.2~2，且应考虑地区性、配套性及时间性。

【例 2-1】 某地 2019 年拟建一座工厂，年生产某种产品 100 万吨。据调查，该地区 2017 年建设年生产同类产品 50 万吨，工厂的投资额为 87000 万元。拟建工厂的工程条件与 2017 年已建项目类似。若综合调整系数为 1.2，试估算该项目的静态投资额。

解：拟建项目的建设投资为

$$C_2 = (C_1/Q_1)Q_2 f = [(87000/50) \times 100 \times 1.2] \text{万元}$$
$$= 208800 \text{万元}$$

2）生产能力指数法。又称指数估算法，它是指根据已建成的类似项目生产能力和投资额来粗略估算同类但生产能力不同的拟建项目静态投资额的方法，是对单位生产能力估算法的改进。其计算公式为

$$C_2 = C_1 \left(\frac{Q_2}{Q_1}\right)^x f \tag{2-2}$$

式中 x——生产能力指数，正常情况下，$0 \leq x \leq 1$。

其他符号含义同单位生产能力估算法公式。

在不同生产率水平和不同性质的项目中，x 的取值是不同的。若已建类似项目规模和拟建项目规模的比值为 0.5~2 时，x 的取值近似为 1；若已建类似项目规模与拟建项目规模的比值为 2~50，且拟建项目生产规模的扩大仅靠增大设备规模来达到时，则 x 的取值为 0.6~0.7；若拟建项目生产规模靠增加相同规格设备的数量达到时，x 的取值为 0.8~0.9。

这种方法工程造价与规模呈非线性关系，且单位造价随规模的增大而减小。这种方法不需要详细的工程设计资料，只需知道工艺流程及规模，其误差可控制在±20%以内，主要应用于设计深度不足，拟建建设项目与类似建设项目的规模不同，设计定型并系列化，行业内相关指数和系数等基础资料完备的情况。

另外，生产能力指数法的关键是确定生产能力指数，一般应结合行业特点，并应有可靠的例证。生产能力指数法与单位生产能力估算法相比精确度略高，一般拟建项目与已建类似项目生产能力比值不宜大于50，在10倍内效果较好，否则误差就会增大。

【例2-2】 某工业园区2018年拟建一年产50万吨石化产品的项目。据调查，该地区2016年建设的年产30万吨相同产品的已建项目的投资额为12000万元，生产能力指数为0.7，假设2016年至2018年工程造价平均每年递增5%。试采用生产能力指数法估算该项目的静态投资额为多少？

解：拟建项目的静态投资 $C_2 = C_1(Q_2/Q_1)^x f$

$= [12000 \times (50/30)^{0.7} \times (1+5\%)^2]$ 万元

$= (12000 \times 1.43 \times 1.1025)$ 万元

$= 18919$ 万元

3）系数估算法。也称为因子估算法，是以拟建项目的主体工程费或主要设备费为基数，以其他辅助配套工程费占主体工程费或主要设备购置费的百分比为系数估算项目总投资的方法。这种方法简单可行，但是精准度较低，一般用于项目建议书阶段。系数估算法种类很多，在我国常用的方法有设备系数法和主体专业系数法，朗格系数法是世行项目投资估算常用的方法。

①设备系数法。它是指以拟建项目的主体工程费或设备购置费为基数，根据已建成的同类项目的建筑安装工程费和其他工程费等与设备价值的百分比，求出拟建项目建筑安装工程费和其他工程费，进而求出项目的静态投资的方法，其计算公式如下：

$$C = E(1 + f_1 P_1 + f_2 P_2 + f_3 P_3 + \cdots) + I \tag{2-3}$$

式中　　　　C——拟建项目的静态投资额；

E——拟建项目的主体工程费或主要设备购置费；

P_1、P_2、$P_3 \cdots$——已建类似项目的辅助配套工程费占主体工程费或主要设备购置费的比例；

f_1、f_2、$f_3 \cdots$——由于时间、地点因素引起的定额、价格、费用标准等变化的综合调整系数；

I——根据具体情况计算的拟建项目各项其他费用。

②主体专业系数法。它是指以拟建项目中投资比重较大，并与生产能力直接相关的工艺设备投资为基数，根据已建同类项目的有关统计资料，计算出拟建项目各专业工程与工艺设备投资的百分比，据以求出拟建项目各专业投资，然后求和得出拟建项目的静态投资的方法，其计算公式如下：

$$C = E(1 + f_1 P'_1 + f_2 P'_2 + f_3 P'_3 + \cdots) + I \tag{2-4}$$

式中　　P'_1、P'_2、$P'_3 \cdots$——已建项目中各专业工程费用与工艺设备投资的比重。

其他符号含义同设备系数法公式。

③朗格系数法。它是指以设备购置费为基数,乘以适当系数来推算建设项目的静态投资的方法。该方法的基本原理是将项目建设中的总成本费用中的直接成本和间接成本分别计算,再合为项目的静态投资,其计算公式如下:

$$C = E(1 + \sum K_i)K_c \tag{2-5}$$

式中　C——总建设费用;

　　　E——主要设备费;

　　　K_i——管线、仪表、建筑等项目费用的估算系数;

　　　K_c——管理费、合同费、应急费等间接费用的估算系数。

总建设费用与设备费用之比为朗格系数 K_L,即

$$K_L = (1 + \sum K_i)K_c \tag{2-6}$$

式中　K_i——管线、仪表、建筑物等项目费用的估算系数;

　　　K_c——管理费、合同费、应急费等间接费用的总估算系数。

【例 2-3】　某地 2019 年拟建一个机械工厂,建设项目设计方案采用的主要设备的设备费用为 1500 万元,根据同类型项目的工程结算资料分析,得知其他专业工程的费用系数为 $K_{管线}=0.2$,$K_{电气}=0.15$,$K_{仪表}=0.2$,$K_{建筑}=0.5$,管理费、应急费等间接费用在内的总估算系数 $K_c=1.25$。试估算该工厂的静态投资额。

解:$C = E(1 + K_{管线} + K_{电气} + K_{仪表} + K_{建筑})K_c$

　　　$= [1500 \times (1 + 0.2 + 0.15 + 0.2 + 0.5) \times 1.25]$ 万元

　　　$= 3843.75$ 万元

应用朗格系数法进行工程项目或装置估价的精准度仍不是很高,误差率一般为 10%~15%。由于朗格系数以设备费为基础,而设备费在石油、石化、化工工程中所占比重约为 45%~55%,几乎占一半左右,同时一项工程中每台设备所含的管道、电气、仪表、建筑等都有一定的规律,因此只要对不同类型工程的朗格系数法掌握准确,估算精准度仍可较高。

4)比例估算法。它是指根据已知的同类建设项目主要设备购置费占整个建设项目的投资比例,先逐项估算出拟建项目主要设备购置费,再按比例估算拟建项目的静态投资的方法,计算方法如下:

$$I = \frac{1}{K}\sum_{i=1}^{n} Q_i P_i \tag{2-7}$$

式中　I——拟建项目的静态投资额;

　　　K——建设项目主要设备购置费占拟建项目投资的比例;

　　　n——设备种类数;

　　　Q_i——第 i 种设备的数量;

　　　P_i——第 i 种设备的单价(到厂价格)。

5)指标估算法。它是指依据投资估算指标,对各单位工程费用或单项工程费用进行估算,进而估算建设项目总投资的方法,主要包括对建筑工程费、设备及工器具购置费、安装

工程费、工程建设其他费用和基本预备费等的估算。

a. 建筑工程费的估算。建筑工程费的估算一般采用以下三种估算法：①单位建筑工程投资估算法（单位长度、单位面积、单位容积和单位功能价格法）；②单位实物工程量投资估算法；③概算指标投资估算法。

估算法①②适合有适当估算指标或类似工程造价资料时使用，估算法③需要较为详细的工程资料，工作量较大。

单位建筑工程投资估算法公式如下：

$$建筑工程费 = 单位长度建筑工程费指标 \times 建筑工程长度$$
$$建筑工程费 = 单位面积建筑工程费指标 \times 建筑工程面积$$
$$建筑工程费 = 单位容积建筑工程费指标 \times 建筑工程容积$$
$$建筑工程费 = 功能单位建筑工程费指标 \times 建筑工程功能总量$$

单位实物工程量投资估算法公式如下：

$$建筑工程费 = 单位实物工程量建筑工程费指标 \times 实物工程总量$$

概算指标投资估算法公式如下：

$$建筑工程费 = \sum 分部分项实物工程量 \times 概算指标$$

b. 设备及工器具购置费估算。设备购置费一般根据项目主要设备表及价格、费用资料编制，工器具购置费一般按设备购置费的一定比例计取。对于价值高的设备应按单台（套）估算购置费，价值较小的设备可按类估算，国内设备和进口设备应分别估算，具体介绍见第1章。

c. 安装工程费估算。安装工程费通常按行业或专门机构发布的安装工程定额、取费标准和指标估算投资。具体可按设备安装费率、每吨设备安装费或单位安装实物工程量的费用估算，即

①对工艺设备安装费的估算：

$$安装工程费 = 设备原价 \times 设备安装费率(\%)$$
$$安装工程费 = 设备吨重 \times 单位重量(吨)安装费指标$$

②对工艺金属结构、工艺管道的估算：

$$安装工程费 = 重量(体积、面积)总量 \times 单位重量(m^3、m^2)安装费指标$$

③对配电、自控仪表安装工程的估算（先计算材料费，再根据占比反算）：

$$材料费 = 设备原价 \times 材料费占设备费百分比$$
$$材料安装费 = 材料费 \times 材料安装费率(\%)$$

d. 工程建设其他费用的估算。一般应结合拟建项目的具体情况，有合同或协议明确的费用按合同或协议计算；无合同或协议明确的费用，根据国家和各行业部门、建设项目所在地地方政府的有关工程建设其他费用定额（规定）和计算办法估算。

e. 基本预备费的估算。一般以建设项目的工程费用（工程费用一般是指建筑安装工程费用和设备及工器具购置费）和工程建设其他费用之和为基础，乘以基本预备费率进行计算，计算方法如下：

$$基本预备费 = (工程费用 + 工程建设其他费用) \times 基本预备费费率(\%)$$

基本预备费率的大小应根据建设项目的设计阶段和具体的设计深度，以及在估算中所采用的各项估算指标与设计内容的贴近度、项目所属行业主管部门的具体规定确定。

在应用指标估算法时，应根据不同地区、建设年代、条件等进行调整。因为地区、年代不同，人工、材料与设备的价格均有差异，调整方法可以以人工、主要材料消耗量或"工程量"为计算依据，也可以按不同的建设项目的"万元工料消耗定额"确定不同的系数。在有关部门颁布定额或人工、材料价差系数（物价指数）时，可以据其调整。

使用估算指标法进行投资估算绝不能生搬硬套，必须对工艺流程、定额、价格及费用标准进行分析，经过实事求是地调整与换算后，才能提高其精确度。

【例2-4】 某公司拟修建一办公及配套项目，该项目设计由办公主楼、商业裙楼、地下室、总平绿化四个单项工程组成，各单项工程建设规模及单价详见表2-1，另外工程建设其他费用为600万元，预备费为5%，试计算该项目的工程费用及建设投资概算。

表2-1 单项工程建设规模及单价

单项工程	单位	建设规模	单价（元/m²）
办公主楼	m²	10735	1950
商业裙楼	m²	7102	2120
地下室	m²	2317	2800
总平绿化	m²	5829	450

解：工程费用=（10735×1950+7102×2120+2317×2800+5829×450）万元=4510.01万元

建设投资=[（4510.01+600）×(1+5%)]万元=5365.51万元

（2）动态投资部分的估算 动态投资部分主要包括价差预备费和建设期利息。价差预备费是指为在建设期内利率、汇率或价格等因素的变化而预留的可能增加的费用，是站在投资人的角度对项目全过程可能增加费用的计算；动态部分的估算应以基准年静态投资的资金使用计划为基础来计算，而不是以编制年的静态投资为基础计算。

1）价差预备费。一般根据国家规定的投资综合价格指数，按估算年份价格水平的投资额为基数，采用复利方法计算，包括：人工、设备、材料、施工机具的价差费，建筑安装工程费及工程建设其他费用调整，利率、汇率调整等增加的费用，计算方法如下：

$$PF = \sum_{t=1}^{n} I_t [(1+f)^m (1+f)^{0.5} (1+f)^{t-1} - 1] \tag{2-8}$$

式中　PF——价差预备费；

　　　n——建设期年份数；

　　　I_t——建设期中第t年的投资计划额，包括工程费用、工程建设其他费用及基本预备费，即第t年的静态投资计划额；

　　　f——年涨价率，若政府部门有规定的按规定执行，没有规定的由可行性研究人员预测；

　　　m——建设前期年限（从编制估算到开工建设，单位：年）。

2）建设期利息。当贷款分年均衡发放时，建设期利息的计算可按当年借款在年中支用考虑，即当年贷款按半年计息，上年贷款按全年计息，计算方法如下：

$$q_j = \left(P_{j-1} + \frac{1}{2}A_j\right)i \tag{2-9}$$

式中 q_j——建设期第 j 年应计利息；

P_{j-1}——建设期第（$j-1$）年年末累计贷款本金与利息之和；

A_j——建设期第 j 年贷款金额；

i——年利率。

（3）流动资金的估算 流动资金是指生产经营性项目投产后，为进行正常生产经营，用于购买原材料、燃料，支付工资及其他经营性费用等所需的周转资金。项目建议书阶段的流动资金估算可按照分项详细估算法、扩大指标估算法进行估算。可行性研究阶段的流动资金估算应按照分项详细估算法进行。本节只介绍分项详细估算法。

流动资金的显著特点是在生产过程中不断周转，其周转额的大小与生产规模及周转速度直接相关。分项详细估算法是指根据项目的流动资产和流动负债，估算项目所占用流动资金的方法。其中，流动资产的构成要素一般包括存货、库存现金、应收账款和预付账款；流动负债的构成要素一般包括应付账款和预收账款，计算方法如下：

$$流动资金 = 流动资产 - 流动负债 \tag{2-10}$$

$$流动资产 = 应收账款 + 预付账款 + 存货 + 库存现金 \tag{2-11}$$

$$流动负债 = 应付账款 + 预收账款 \tag{2-12}$$

（4）投资估算表 投资估算表见表 2-2。

表 2-2 投资估算表

序号	工程或费用名称	建筑工程费（万元）	设备购置费（万元）	安装工程费（万元）	其他费用（万元）	合计（万元）	比例（%）
1	工程费用						
1.1	主体工程						
1.2	辅助工程						
1.3	公用工程						
2	工程建设其他费用						
3	预备费						
3.1	基本预备费						
3.2	涨价预备费						
4	建设期利息						
5	流动资金						
6	投资估算合计						

2.3.3 投资估算的审核

为了保证建设项目投资估算的准确性和质量，必须加强对项目投资估算的审核工作。项目投资估算的审核部门和单位在审核投资估算时，应注意审核以下几点：

1. 编制依据的时效性、准确性

投资估算依据的数据资料有很多，如有关定额、指标、标准和有关规定，以及已建同类项目的投资、设备和材料价格等。依据这些资料要注意它们的时效性、准确性，必要时要进行调整。

2. 投资估算方法的科学性、适用性

投资估算方法有多种，每种方法都有各自的适用条件和范围，并具有不同的精确度。选用的投资估算方法要与项目的客观条件相适应，不能超出该方法的适用范围。

3. 投资估算编制程序的合理性

投资估算有严格的编制程序，审核投资估算时，需审核其编制是否满足《建设项目投资估算编审规程》要求，投资估算是否经过评审，是否进行了优化，是否得到了批复。

4. 费用项目、费用数额的真实性

审核费用项目与规划要求、实际情况是否相符，是否有漏项或重项，估算的费用项目是否符合国家规定。审核是否采用了新技术、新材料以及现行标准和规范比已运行项目的要求提高所需增加的投资额，考虑额度是否合适。

2.4 建设项目财务评价

项目经济上是否合理、技术上是否可行，是否达到预期目标，项目投资决策依据是否充分，这些都需要通过项目评价提供依据支撑。项目评价是可行性研究中必不可少的重要工作内容。项目评价包含经济评价和社会评价。项目经济评价分为财务评价和国民经济评价。一般性项目的经济评价无特定需求时，仅需进行财务评价，因此，本节仅介绍财务评价内容。

财务评价又称为财务分析，是指根据国家现行财税制度和价格体系，分析、计算项目直接发生的财务效益和费用，编制财务报表，计算评价指标，考察项目盈利能力、清偿能力，以及外汇平衡等财务状况，据以判别项目的财务可行性。

财务评价是建设项目经济评价中的微观层次，它主要从微观投资主体的角度分析项目可以给投资主体带来的效益及投资风险。作为市场经济微观主体的企业进行投资时，一般都会进行项目财务评价。

2.4.1 财务评价内容

财务评价应在项目财务效益与费用估算的基础上进行。对于经营性项目，财务分析应通过编制财务分析报表，计算财务指标，分析项目的盈利能力、偿债能力和财务生存能力，判断项目的财务可接受性，明确项目对财务主体及投资者的价值贡献，为项目决策提供依据。对于非经营性项目，财务分析应主要分析项目的财务生存能力。

（1）盈利能力分析　盈利能力分析是指通过静态和动态指标测算项目的财务盈利能力和盈利水平。其主要分析指标包括财务内部收益率、财务净现值、资本金财务内部收益率、静态投资回收期、总投资收益率和资本金净利润率等，可根据拟订方案的特点及经济效果分析的目的和要求等选用。

（2）偿债能力分析　偿债能力分析是指分析和判定财务主体的偿债能力，考察项目的财务状况和按期偿还债务的能力，直接关系企业面临的财务风险和企业的财务信用程度。其主要分析指标包括借款偿还期、利息备付率、偿债备付率、流动比率、速动比率和资产负债率等。

（3）财务生存能力分析　财务生存能力分析是指在财务分析辅助报表和利润与利润分

配表的基础上编制财务计划现金流量表，通过考察项目计算期内的投资、融资和经营活动所产生的各项现金流入和现金流出，计算净现金流量和累计盈余资金，分析项目是否有足够的净现金流量维持正常运营，以实现财务可持续性。

2.4.2 财务评价程序

项目财务评价是在项目市场研究、生产条件及技术研究的基础上进行的，它主要利用有关基础数据，通过编制财务报表，计算分析相关经济评价指标，做出评价结论。其程序大致包括以下几个步骤。

1. 收集、整理、计算有关财务数据资料

根据项目市场研究和技术研究的结果、现行价格体系及财税制度进行财务预测，获得项目投资估算、销售收入、生产成本、利润、税金及项目计算期等一系列财务基础数据，并将所获得的数据编制成辅助财务报表。

2. 编制基本财务报表

根据上述财务基础数据及辅助报表，分别编制反映项目财务盈利能力、偿债能力、财务生存能力等指标的现金流量表、利润与利润分配表、财务计划现金流量表、资产负债表和借款还本付息表等主要财务基本报表，并对这些报表进行分析评估。

3. 财务评价指标的计算与评价

根据财务基本报表计算各财务评价指标，并分别与对应的评价标准或基准值进行对比，对项目的各项财务状况做出评价，得出结论。

4. 不确定性分析

通过盈亏平衡分析、敏感性分析、概率分析等不确定性分析方法，分析项目可能面临的风险及项目在不确定情况下的抗风险能力，得出项目在不确定性情况下的财务评价结论或建议。

5. 做出财务评价的最终结论

由上述确定性分析和不确定性分析的结果，对项目的财务可行性做出最终结论。

2.4.3 财务评价指标体系

投资方案的财务评价指标不是唯一的，根据不同的评价深度要求和可获得资料的多少以及项目本身所处的条件不同，可选用不同的评价指标。结合是否考虑资金的时间价值，可将财务评价指标分为静态评价指标和动态评价指标，如表2-3所示。

表2-3 财务评价指标体系

评价内容	基本报表	财务评价指标	
		静态评价指标	动态评价指标
盈利能力分析	项目投资现金流量表	项目投资静态投资回收期	财务内部收益率 财务净现值 项目投资动态投资回收期
	资本金现金流量表	资本金静态投资回收期	财务内部收益率 财务净现值 资本金动态投资回收期

（续）

评价内容	基本报表	财务评价指标	
		静态评价指标	动态评价指标
盈利能力分析	投资各方现金流量表		投资各方财务内部收益率
	利润及利润分配表	投资利润率 投资利税率 资本金利润率	
偿债能力分析	资产负债表 利润及利润分配表 借款还本付息计划表	资产负债率 偿债备付率 利息备付率 流动比率 速动比率 借款偿还期	
财务生存能力分析	财务计划现金流量表	累计盈余资金	

2.4.4 财务评价方法

建设项目财务评价的基本方法包括确定性评价方法和不确定性评价方法，对于同一个投资方案而言，必须同时进行确定性评价和不确定性评价。

1. 确定性评价方法

（1）财务盈利能力分析 财务盈利能力分析是指分析和测算项目计算期的盈利能力和盈利水平。主要包括财务净现值分析、财务内部收益率分析、投资回收期分析和总投资收益率（ROI）、资本金利润率（ROE）。

1）财务净现值（FNPV）分析。净现值分析是指根据项目投资现金流量表计算的项目投资净现值，按照一个给定的标准折现率或行业基准折现率，将项目计算期内各年财务净现金流量折现到建设初（项目计算期第 1 年年初）的现值之和。它是考察项目在计算期内盈利能力的主要动态评价指标。其表达式为

$$FNPV = \sum_{i=1}^{n} (CI - CO)_t (1 + i_c)^{-t} \tag{2-13}$$

式中　FNPV——财务净现值；
　　　CI——现金流入；
　　　CO——现金流出；
　　　$(CI-CO)_t$——第 t 年的净现金流量；
　　　n——项目计算期；
　　　i_c——基准折现率。

项目财务净现值大于或等于零时，表明项目在计算期内的盈利能力大于或等于基准收益率或折现率水平。因此当 FNPV≥0 时，则项目在财务上可以考虑被接受。

【例 2-5】某项目建设期为 2 年，建设期内每年年初投资 400 万元，运营期每年年末净收益为 150 万元。若基准收益率为 12%，运营期为 18 年，残值为零，并已知（P/A，12%，18）= 7.2497，试计算该项目的财务净现值。

解：该项目现金流量图见图2-1：

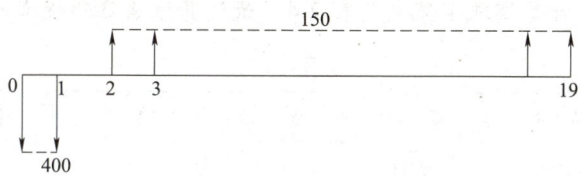

图2-1 项目现金流量图

$$\text{FNPV} = -400 - 400 \times (P/F, 12\%, 1) + 150 \times (P/A, 12\%, 18) \times (P/F, 12\%, 2)$$
$$= 109.77 \text{ 万元}$$

2）财务内部收益率（FIRR）分析。财务内部收益率是使项目整个计算期内的盈利能力大于或等于零时的折现率，也就是使财务净现值等于零的折现率。它反映项目所占用资金的盈利率，是考察项目盈利能力的主要动态评价指标。其表达式为

$$\sum_{i=1}^{n}(\text{CI}-\text{CO})_t(1+\text{FIRR})^{-t}=0 \tag{2-14}$$

式中　FIRR——财务内部收益率；

（CI-CO）$_t$——第 t 年的净现金流量。

内部收益率可根据现金流量表中折现现金流用插值法进行求解。插值法计算财务内部收益率的计算公式为

$$\text{FIRR}=i_1+\frac{\text{FNPV}_1}{\text{FNPV}_1-\text{FNPV}_2}(i_2-i_1) \tag{2-15}$$

基于项目投资现金流量表计算的全部投资所得税前或所得税后的财务内部收益率，反映项目在设定的计算期内全部投资的盈利能力。将求出的项目投资财务内部收益率与行业的基准收益率或设定的折现率（i_c）比较，当 FIRR>i_c 时，则认为从项目投资角度，项目的盈利能力已满足最低要求，在财务上可以考虑被接受。

3）投资回收期分析。投资回收期按照是否考虑资金时间价值可以分为静态投资回收期和动态投资回收期。

①静态投资回收期（P_t）。静态投资回收期是指以项目的净收益抵偿全部投资所需的时间。它是考察项目在财务上的投资回收能力的重要指标。投资回收期以年表示，一般从建设年算起，其公式为

$$\sum_{i=1}^{P_t}(\text{CI}-\text{CO})_t=0 \tag{2-16}$$

可以根据全部投资的现金流量表，分别计算出所得税前或所得税后的全部投资回收期，计算公式为

$$P_t=（累计净现金流量开始出现正值的年份数-1）+\frac{上一年累计净现金流量的绝对值}{当年的净现金流量}$$

将求出的投资回收期与行业的基准投资回收期（P_c）比较，当 P_t<P_c 时，表明项目投资能在规定的时间内收回，则项目在财务上可以考虑被接受。

【例 2-6】 某项目计算期现金流量见表 2-4，试计算该项目的投资回收期。

表 2-4　某项目计算期现金流量

名称	第 0 年	第 1 年	第 2 年	第 3 年	第 4 年	第 5 年
净现金流量	-1000	-500	600	800	800	800

解：该项目累计净现金流量见表 2-5：

表 2-5　某项目累计净现金流量

名称	第 0 年	第 1 年	第 2 年	第 3 年	第 4 年	第 5 年
净现金流量	-1000	-500	600	800	800	800
累计净现金流量	-1000	-1500	-900	-100	700	1500

则该项目投资回收期 = (4-1+100/800) 年 = 3.125 年。

②动态投资回收期（P_t'）。动态投资回收期是指在考虑了资金时间价值的情况下，以项目每年的净收益回收项目全部投资所需的时间。其公式为

$$\sum_{t=0}^{P_t'}(CI-CO)_t(1+i_c)^{-t}=0 \tag{2-17}$$

4）总投资收益率（ROI）。总投资收益率是指项目达到设计能力后正常年份的年平均息前利润或运营期内年平均息前利润（EBIT）与项目总投资（TI）的比率，其公式为

$$ROI=\frac{EBIT}{TI}\times 100\% \tag{2-18}$$

式中　EBIT——正常年份的年平均息前利润或运营期内年平均息前利润；

TI——项目总投资（包括建设投资、建设期贷款利息和全部流动资金）。

总投资收益率高于同行业的收益率参考值，表明该项目盈利能力满足要求。

5）资本金利润率（ROE）。资本金利润率是指项目达到设计能力后正常年份的年净利润或运营期内年平均净利润（NP）与项目资本金（EC）的比率，其公式为

$$ROE=\frac{NP}{EC}\times 100\% \tag{2-19}$$

式中　NP——正常年份的年净利润或运营期内年平均净利润；

EC——项目资本金。

资本金利润率高于同行业的净利润率参考值，表明该项目盈利能力满足要求。

【例 2-7】 某全国性地产公司 2019 年在某市获拍了一块商业项目土地，总建筑面积 30 万 m²，项目拟建业态为综合性商业、办公建筑，公司在该项目投入的资本金为 8 亿元，其投资测算数据见表 2-6。根据某知名地产咨询公司的研究报告，2018 年度全国房地产行业平均投资收益率为 7.5%，净利润率为 9%。该项目开发建设周期为 4 年，试计算该项目总投资收益率和资本金利润率，并判断该项目的投资可行性。

表 2-6　某项目投资测算数据

序号	项目内容	建筑面积/m²	金额（万元）	单方金额/(元/m²)	备注
1	销售收入	300000	309401	10313	
2	项目总投资	300000	234821	7827	
2.1	土地成本	300000	44412	1480	
2.2	直接成本	300000	135261	4509	
2.3	费用成本	300000	20049	668	其中贷款利息5756万元
2.4	税金	300000	35099	1170	
3	所得税前利润	300000	74580	2486	
4	所得税	300000	18645	621	按利润25%计算
5	净利润	300000	55935	1864	
6	净利润率		23.82%		

解：(1) 计算总投资收益率（ROI）

项目总投资 = 项目土地成本 + 直接成本 + 费用成本 + 税金
= (44412 + 135261 + 20049 + 35099) 万元 = 234821 万元

年平均息税前利润 = (净利润 + 所得税 + 建设期贷款利息) ÷ 开发建设周期
= (55935 + 18645 + 5756) 万元 ÷ 4
= 20083.98 万元

总投资收益率 = 20083.98 ÷ 234821 = 8.55%

(2) 计算资本金利润率（ROE）

项目资本金 = 80000 万元

年平均净利润 = 55935 万元 ÷ 4 = 13983.75 万元

资本金利润率 = 13983.75 ÷ 80000 = 17.48%

该项目总投资收益率 8.55% > 7.5%，资本金利润率 17.48% > 9%，均高于行业平均收益率和利润率，具有较好的投资收益能力，故该项目投资可行。

(2) 财务偿债能力分析

1) 利息备付率（ICR）。利息备付率是指在借款偿还期的息税前利润（EBIT）与应付利息（PI）的比值。它从付息资金来源的充裕性角度反映投资方案偿付债务利息的保障程度，计算公式为

$$\mathrm{ICR} = \frac{\mathrm{EBIT}}{\mathrm{PI}} \times 100\% \tag{2-20}$$

利息备付率应分年计算，利息备付率越高，表明利息偿付的保障程度越高。

利息备付率应大于 1，并结合债权人的要求确定。

2) 偿债备付率（DSCR）。偿债备付率是指在借款偿还期内，用于计算还本付息的资金（EDITDA$-T_{AX}$）与应偿还本息额（PD）的比值，它表示可用于还本付息的资金偿还借款本息的保障程度。其计算公式为

$$DSCR = \frac{EBITDA - T_{AX}}{PD} \qquad (2\text{-}21)$$

式中　EBITDA——息税前利润加折旧和摊销；

　　　T_{AX}——企业所得税。

偿债备付率应分年计算。偿债备付率越高，表明可用于还本付息的资金的保障程度越高。

偿债备付率应大于1，并结合债权人的要求确定。

3）资产负债率。根据资产负债表可计算资产负债率，以分析项目的偿债能力。资产负债率是负债总额与资产总额之比，是反映项目各年面临的财务风险程度及偿债能力的指标。其计算公式为

$$资产负债率 = \frac{负债总额}{资产总额} \times 100\% \qquad (2\text{-}22)$$

适度的资产负债率表明企业经营安全、稳健，具有较强的筹资能力，也表明企业和债权人的风险较小。

除此之外，还有借款偿还期、流动比率、速动比率等与财务偿债能力相关的指标，在这里就不再一一介绍。

2. 不确定性评价方法

不确定性评价分析是指研究和分析当影响项目经济效果的各项主要因素发生变化时，拟实施项目的经济效果会发生什么样的变化。常用的不确定性分析的方法有盈亏平衡分析和敏感性分析。

（1）项目盈亏平衡分析　盈亏平衡分析是指通过盈亏平衡点的计算来考察项目成本与收益之间平衡关系的一种科学方法。

盈亏平衡点（BEP）的表达形式有多种，可以用绝对值来表示，如以实物产销量、单位产品售价、单位产品的可变成本等表示；也可以用相对值表示，如以生产能力利用率表示。其中以产销量和生产能力利用率表示的盈亏平衡点应用最为广泛。盈亏平衡点一般采用公式计算，也可利用盈亏平衡图求得。

1）产销量（工程量）盈亏平衡分析的方法。当企业生产项目的销售收入等于总成本费用，利润为0时，即可导出以产销量表示的盈亏平衡点$BEP(Q)$，其计算方式如下：

$$BEP(Q) = \frac{C_F}{P - C_U - T_U} \qquad (2\text{-}23)$$

式中　$BEP(Q)$——盈亏平衡点的产销量；

　　　C_F——固定成本；

　　　C_U——单位产品变动成本；

　　　P——单位产品销售价格；

　　　T_U——单位产品营业税金及附加。

固定成本是指在技术方案一定的产量范围内不受产品产量影响的成本，即不随产品产量的增减发生变化的各项成本费用，如土地费、工资（不含计件工资）及福利费、折旧费、修理费、无形资产及其他资产摊销费、长期借款利息等。

可变成本是随技术方案产品产量的增减而呈正比例变化的各项成本，如原材料费、燃料

费、动力费、包装费和计件工资等。

【例2-8】 某房地产开发公司开发一个住宅小区,已知该项目的固定成本费用为30000万元,住宅平均销售价格为12000元/m²,单位产品可变成本为9000元/m²,税金及附加按销售价格的9%计算。该公司计划获利3000万元,试求盈亏平衡点的开发面积。

解:$BEP(Q) = C_F/(P - C_U - T_U)$
$= [300000000/(12000 - 9000 - 12000 \times 9\%)]m^2$
$= 156250 m^2$

计算结果表明,当项目开发面积小于156250m²时,项目亏损;当项目开发面积大于156250m²时,项目盈利。

2) 生产能力利用率盈亏平衡分析的方法。生产能力利用率表示的盈亏平衡分析点BEP(%)是指盈亏平衡点产销量占技术方案正常产销量的比重。所谓正常产销量,是指正常市场和正常开工情况下的技术方案的产销数量。一般用设计生产能力表示正常产销量。

$$BEP(\%) = BEP(Q)/Q_d \times 100\% \tag{2-24}$$

式中 Q_d——正常产销量或设计生产能力。

进行项目评价时,生产能力利用率表示的盈亏平衡点常常根据正常年份的产品产销量、变动成本、固定成本、产品价格和营业税金及附加等数据来计算,即

$$BEP(\%) = C_F/(S_n - C_v - T) \times 100\% \tag{2-25}$$

式中 BEP(%)——盈亏平衡点时的生产能力利用率;
S_n——年营业收入;
C_v——年可变成本;
T——年营业税金及附加。

通过式(2-24)可得,$BEP(Q) = BEP(\%) \times Q_d$,即产销量(工程量)的盈亏平衡点等于生产能力利用率表示的盈亏平衡点乘以设计生产能力。

【例2-9】 数据同例2-8,根据规划指标,该房地产项目设计建筑总面积为25万m²,试计算生产能力利用率表示的盈亏平衡点。

解:$BEP(\%) = BEP(Q)/Q_d \times 100\%$
$= 156250/250000 \times 100\%$
$= 62.5\%$

计算结果表明,当项目生产能力利用率(即销售率)小于62.50%时,项目亏损;当生产能力利用率大于62.50%时,项目盈利。

盈亏平衡点反映了项目对市场变化的适应能力和抗风险能力。盈亏平衡点越低,达到此点的盈亏平衡产销量就越少,项目投产后盈利的可能性就越大,适应市场变化的能力就越强,抗风险能力也越强。

盈亏平衡分析虽然能够从市场适应性方面说明项目风险的大小,但并不能揭示产生项目风险的根源。因此,还需要采用其他方法来帮助达到这个目标。

（2）敏感性分析　敏感性分析是指在项目确定性分析的基础上，通过进一步分析，预测项目主要不确定因素的变化对项目财务评价的影响，从中找出敏感性因素，确定评价指标对该因素的敏感性程度和项目对其变化的承受能力。敏感性分析有单因素敏感性分析和多因素敏感性分析两种。单因素敏感性分析是指对单一不确定因素变化对项目经济效果的影响进行分析，多因素敏感性分析是指假设两个或两个以上互相独立的不确定因素同时变化时，分析这些变化因素对经济效果评价的影响程度和敏感程度。

单因素敏感性分析一般按以下步骤进行：

1）确定分析指标。项目的各种经济指标，如财务净现值、财务内部投资回收期、静态投资回收期等都可以作为敏感性分析的指标。分析指标的确定与分析的目标和任务有关，一般根据项目的特点、实际需求情况和指标的重要程度来选择。

2）选择需要分析的不确定性因素。影响项目评价的不确定性因素有很多，但事实上没有必要对所有的不确定性因素进行敏感性分析，而只需选择一些主要的影响因素。在选择需要分析的不确定性因素时主要考虑以下两条原则：一是预计这些因素在可能的变动范围内对经济效果评价指标的影响较大；二是对在不确定性经济效果分析中采用该因素的数据准确性把握不大。

对于一般技术方案来说，通常从以下几方面来选择敏感性分析中的影响因素：

①从收益方面来看，主要包括产销量与销售价格、汇率。

②从费用方面来看，包括成本、建设投资、流动资金占用、贴现率等。

③从时间方面来看，包括项目建设期、生产期，生产期又包括投产期和正常生产期。

3）分析每个不确定因素的波动程度及其对分析指标可能带来的增减变化情况。

首先，对所选定的不确定因素，应根据实际情况设置这些因素的变动幅度，其他因素固定不变。不确定因素可以按照一定的变化幅度（如±5，±10%，±15%，±20%）改变数值。

其次，计算不确定因素每次变动对项目经济评价指标的影响。

对每个因素的每次变动，均重复以上计算，然后把因素变动及相应指标变动结果用敏感性分析表和敏感性分析图的形式表示出来，以便于测定敏感性因素。

4）确定敏感性因素。敏感性分析的目的在于寻求敏感性因素，可以通过敏感度系数和临界点来判断。

①敏感度系数（SAF）。敏感度系数表示项目经济评价指标对不确定因素的敏感程度。计算公式为

$$SAF = \frac{\Delta A/A}{\Delta F/F} \qquad (2-26)$$

式中　SAF——敏感度系数；

$\Delta F/F$——不确定因素 F 的变化率；

$\Delta A/A$——不确定因素 F 发生 ΔF 变化时，评价指标 A 的相应变化率。

通过计算敏感度系数来判别敏感性因素是一种相对测定法，即根据不同因素相对变化对项目经济评价指标影响的大小，可以得到各个因素的敏感度程度排序。

SAF>0 表示评价指标与不确定因素同方向变化；SAF<0 表示评价指标与不确定因素反方向变化。

|SAF|越大，表明评价指标 A 对不确定因素 F 越敏感；反之，则越不敏感。据此可以找

出哪些因素是关键因素。

敏感度系数反映了各不确定性因素变动率与评价指标变动率之间的比例，但不能直接显示变化后的评价指标的值。为了弥补这种不足，有时需要编制敏感性分析表，列示各因素变动率及相应评价指标值，如表 2-7 所示。

表 2-7　单因素变化对评价指标的影响　　　　　　　　　（单位：万元）

变化幅度项目	-20%	-10%	0	+10%	+20%	平均+1%	平均-1%
投资额							
产品价格							
经营成本							
……							

敏感性分析表的缺点是不能连续表示变量之间的关系，为此人们设计了敏感性分析图，如图 2-2 所示。图中横轴代表各不确定因素变化幅度，纵轴代表评价指标。根据原来的评价指标值和不确定因素变动后的评价指标值画出直线。这条直线反映不确定因素发生不同幅度变化时所对应的评价指标值。直线的斜率反映项目经济评价指标对该不确定因素的敏感程度，斜率越大，敏感度越高。一张图可以反映多个不确定因素的敏感性分析结果。

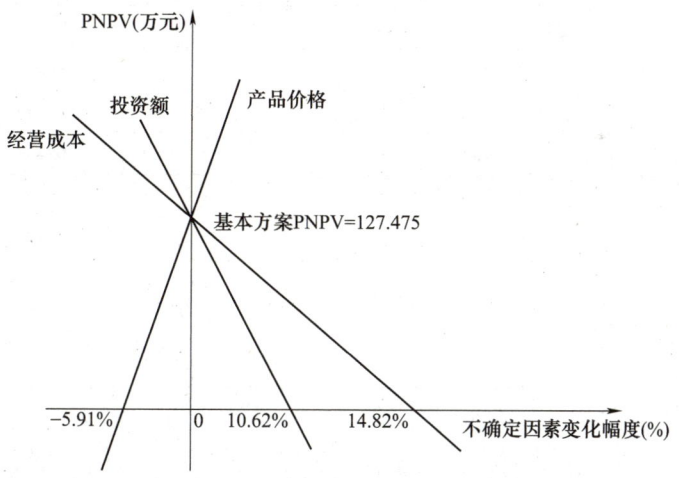

图 2-2　单因素敏感性分析图

②临界点。临界点是指技术方案允许不确定因素向不利方向变化的极限值。超过极限值，技术方案的经济效果将不可行。例如当产品价格下降到某个值时，财务内部收益率刚好等于基准收益率，此点称为产品价格下降的临界点。

在实践中常常把敏感度系数和临界点两种方法结合起来确定敏感性因素。

5）选择方案。如果进行敏感性分析的目的是对不同的技术方案进行选择，一般应选择敏感度小、承受风险能力强、可靠性大的技术方案。

单因素敏感性分析虽然对于技术方案分析是一种简便易行且具有实际价值的方法，但它以假定其他因素不变为前提，这种假定条件在实际经济活动中是很难实现的，因为各种因素的变动都具有相关性。所以，在分析多种因素同时变化对项目经济效果的影响时，应使用多因素敏感性分析，但多因素敏感性分析比单因素敏感性分析复杂得多。

综上所述，敏感性分析在一定程度上对不确定因素的变动对项目经济效果的影响做出了定量的描述，有助于搞清技术方案对不利因素的不利变动所能容许的风险程度，有助于鉴别敏感性因素，从而及早降低对无足轻重的变动因素的注意力，把进一步深入调查研究的重点集中在敏感性因素上，或者针对敏感性因素制定管理和应变对策，以达到尽量减少风险，增加决策可靠性的目的。但敏感性分析也有其局限性，它主要依靠分析人员的主观经验来分析判断，难免存在片面性。在项目计算期内，各个不确定性因素发生变动的概率不相同，这意味着发生风险的大小不同。而敏感性分析在分析某个因素变动时，并不能说明不确定因素发生变动的可能性是大还是小。对于此类问题，还要借助概率分析等方法，在这里就不再叙述。

【例2-10】 某房地产开发公司开发一个住宅小区项目，成本、收入和利润测算见表2-8，试用敏感性分析表分别分析成本、销售价格变化对利润的影响，并找出对利润最敏感的因素。

表2-8 某项目成本、收入和利润测算表

序号	项目内容	金额（万元）
1	销售收入	319401
2	项目总成本	226810
3	税金	25139
4	所得税前利润	67452
5	所得税	16863
6	净利润	50589

解：（1）以项目销售价格作为敏感性因素进行项目敏感性分析（见表2-9）。

表2-9 项目敏感性分析（以销售价格作为敏感性因素）

经济效益评价指标	变动因素	销售价格变化幅度				
		-20%	-10%	0%	10%	20%
	销售收入	255521	287461	319401	351341	383281
净利润（万元）		5361	27975	50589	73202	95816
净利润变化幅度		-89.40%	-44.70%	0.00%	44.70%	89.40%

（2）以项目成本作为敏感性因素进行项目敏感性分析（见表2-10）。

表2-10 项目敏感性分析（以项目成本作为敏感性因素）

经济效益评价指标	变动因素	成本变化幅度				
		-20%	-10%	0%	10%	20%
	成本	181448	204129	226810	249491	272172
净利润（万元）		84610	67599	50589	33578	16567
净利润变化幅度		67.25%	33.62%	0.00%	-33.62%	-67.25%

由以上两张表可以看出，销售价格较成本对利润的影响更为敏感；所以项目的开发不仅可以通过降低成本来提升利润，还可以通过增强产品竞争力、提升销售价格来提升利润，进而实现项目利益最大化。

思 考 题

1. 投资决策阶段进行工程造价管理的意义是什么？
2. 投资决策阶段影响工程造价的因素有哪些？
3. 投资决策的含义是什么？
4. 项目构思策划的主要内容有哪些？
5. 投资估算的概念是什么？
6. 审核投资估算的要点有哪些？
7. 项目财务评价的指标有哪些？

二维码形式客观题

扫描二维码可在线做题，提交后可查看答案。

第2章 客观题

第 3 章
设计阶段工程造价的管理

学习提要

工程设计是具体实现技术与经济对立统一的过程。拟建项目一经决策确定后，设计就成了工程建设和控制工程造价的关键。本章首先介绍工程设计的阶段划分及设计阶段影响工程造价的因素，然后分别对初步设计和施工图设计对应的设计概算和施工图预算进行编制内容、编制方法、造价审查的详细阐述，同时结合《住房和城乡建设部办公厅关于印发工程造价改革工作方案的通知》（建办标〔2020〕38 号）对施工图预算的编制影响进行简要分析，最后重点介绍设计阶段造价管理的几个主要方法。

3.1 概述

工程造价的管理贯穿项目建设全过程，设计阶段的造价管理是项目全过程造价管理的重要阶段。根据设计文件编制阶段和内容深度的不同，设计阶段应编制相应的造价文件，即设计概算和施工图预算，简称概预算。概预算编制是后续招投标工作和工程承发包合同签订的先决环节，其深度与准确性对后续工程造价控制产生很大的影响。

3.1.1 工程设计及设计阶段

工程设计是指人们运用科技知识和方法，有目标地创造工程产品的构思和计划的过程，是对拟建项目所需的技术、经济、资源、环境等条件进行综合分析、论证，编制建设工程设计文件的活动。根据国家有关文件规定，一般工业项目设计可按初步设计和施工图设计两个阶段进行，称为"两阶段设计"；对于技术上复杂，在设计时有一定难度的工程，根据项目相关管理部门的意见和要求，可以按初步设计、技术设计和施工图设计三个阶段进行，称为"三阶段设计"。小型工程建设项目，技术上较简单的，经项目相关管理部门同意可以简化为施工图设计一阶段进行。民用建筑工程一般可分为方案设计、初步设计和施工图设计三个阶段。对于技术要求简单的民用建筑，经相关部门同意，其设计委托合同中如有不做初步设计的约定，可在方案设计审批后直接进入施工图设计。不论如何，设计总周期都应控制在决策阶段项目策划中相应的时间进度范围内，否则会影响后续招投标工作及工程施工工作，导致整个项目建设期增加，从而最终影响项目投资收益。

工程设计阶段的主要任务，就是设计人员和工程造价人员紧密协作，将技术与经济相结合，在投资估算限额内实现项目功能。不同设计阶段对工程造价的影响程度不同，随着阶段性设计工作的逐步推进，工程项目构成状况一步步明确，可以优化的空间越来越小，对工程造价影响程度逐步下降。在建设项目设计的各阶段中，初步设计阶段对投资的影响约为95%，技术设计阶段对投资的影响约为75%，施工图设计准备阶段对投资的影响约为10%。由此可见，设计阶段对造价控制的潜力非常大。因此，造价人员应主动参与到工程项目方案选取和设计工作中，积极地影响工程造价，而不是被动地"算账"。工程造价人员需要密切配合设计人员，协助其处理好项目技术先进性与经济合理性之间的关系，通过推行限额设计和标准化设计等，在采用多方案技术经济分析的基础上，优化设计方案，真正从设计源头上把住工程造价关，充分发挥造价人员的主观能动性，把造价人员对设计阶段造价的"事后控制"变为"主动控制"和"事中控制"，彻底改变工程造价控制的被动局面。在初步设计阶段，按照可行性研究报告及投资估算进行多方案的技术经济比较，确定初步设计方案；根据初步设计图和说明书及概算定额编制初步设计总概算；概算一经批准，即为控制拟建项目工程造价的最高限额。在技术设计阶段，根据技术设计图和说明书及概算定额编制初步设计修正总概算。这一阶段往往是针对技术比较复杂、工程比较大的项目而设立的。在施工图设计阶段，按照审批的初步设计内容、范围和概算造价进行技术经济评价与分析，确定施工图设计方案；根据施工图和说明书及预算定额编制施工图预算，用以核实施工图阶段造价是否超过批准的初步设计概算。

3.1.2 设计阶段工程造价管理的意义

工程设计是具体实现技术与经济对立统一的过程。拟建项目一经决策确定后，设计就成了工程建设和控制工程造价的关键。初步设计基本上决定了工程建设的规模、产品方案、使用功能、建筑结构形式及建设标准，形成了设计概算，确定了投资的最高限额。施工图设计完成后，编制施工图预算，相对准确地计算工程造价。设计阶段进行工程造价管理的意义主要体现在如下几点。

1. 提高资金利用效率和投资控制效率

设计阶段通过编制设计概预算可以了解工程造价的构成，分析资金分配的合理性，并可运用价值工程理论分析项目各个组成部分功能与成本的匹配程度，调整功能与成本使其更趋于合理，从而提高资金利用效率和投资控制效率。

2. 使工程造价确定与控制工作更主动

长期以来，人们把控制理解为目标值与实际值的比较，以及当实际偏离目标值时，分析产生差异的原因，确定下一步对策。对于建筑业而言，由于建筑产品具有单件性的特点，这种管理方法只能发现差异，不能预防差异的发生。由于差异一旦发生，产生的损失往往很大，因此这是一种被动的控制方法。如果将造价控制重点前置到设计阶段，把投资目标作为设计工作的导向，通过概算造价并分析费用构成，预先发现差异，采取主动控制方法，避免工程实施后造成不可挽回的损失，从而使工程造价的控制和管理从被动变为主动。

3. 便于技术与经济相结合

工程设计阶段是处理技术与经济关系的关键性环节。由于这个阶段已经有了成型的设计模型，各种施工技术和工艺也可以基本确定，施工周期也能明确，同时这个阶段也可以对现场环境做详细的调研,因此设计阶段可以得到较为准确的造价。在投资有限额的前提下,设计只能在确定的限额内进行,建筑师可以发挥个人创造力,选择以一种最经济的方式实现技术目标,从而确保设计方案能较好地体现技术与经济的结合。

4. 造价控制效果显著

设计阶段的造价控制是整个工程造价控制的重要阶段。据有关资料分析,工程设计费用通常占建设工程全寿命费用比例不超过1%,但在决策正确的条件下,它对工程造价的影响程度高达75%以上。因此,工程设计阶段的造价控制具有效果显著的特点,对整个工程造价控制具有重要的现实意义。

3.1.3 设计阶段影响工程造价的因素

1. 工业项目

(1) 总平面设计　总平面设计是指总图运输设计和总平面配置。主要包括的内容有:厂址方案、占地面积和土地利用情况;总图运输、主要建筑物和构筑物及公用设施的配置;外部运输、水、电、气及其他外部协作条件等。

总平面设计中影响工程造价的因素有现场条件、占地面积、功能分区和运输方式的选择。现场条件对工程造价的影响主要体现在:地质、水文、气象条件等影响基础形式的选择和基础埋深;地形地貌影响平面及室外标高的确定;场地大小、邻近建筑物地上附着物等影响平面布置、建筑层数、基础形式及埋深;占地面积的大小一方面影响征地费用的高低,另一方面影响管线布置成本和项目建成后的运营成本。

(2) 工艺设计　工艺设计是工程设计的核心,是根据工业企业生产的特点、生产性质和功能来确定的。工艺设计阶段影响工程造价的因素主要包括:建设规模、标准和产品方案;工艺流程和主要设备的选型;主要原材料、燃料供应;"三废"治理及环保措施;生产组织及生产过程中的劳动定员情况等。工艺设计标准的高低直接影响工程建设投资的大小和建设进度,还决定了未来企业的产品质量、数量和经营费用。在工业建筑中,设备及安装工程投资占很大的比例,设备的选型不仅影响工程造价,还对生产方法及产品质量起着决定作用。

(3) 建筑设计　建筑设计要在考虑施工过程的合理组织和施工条件的基础上,决定工程的立体平面设计和结构方案的工艺要求。在建筑设计阶段影响工程造价的主要因素有平面形状、流通空间、层高、建筑物层数、柱网布置、建筑物的体积与面积和建筑结构。

1) 建筑结构形式。建筑结构是指建筑工程中由基础、梁、板、柱、墙、屋架等构件所组成的起骨架作用、能承受直接和间接荷载的体系。建筑结构按所用材料不同,可分为砌体结构、钢筋混凝土结构、钢结构、轻钢结构、木结构和组合结构等。通常对于5层以下的建筑物可选用砌体结构;对于大中型工业厂房一般选择钢筋混凝土结构;对于多层及大跨度建筑,选用钢结构明显优于钢筋混凝土结构。由于各种建筑结构各有利弊,应结合实际,因地制宜,采用先进和经济合理的结构类型。

2) 建筑平面形状。通常建筑物平面形状越简单,它的单位面积造价就越低。因为不规则的建筑物将导致室外工程、排水工程、砌体工程及屋面工程等复杂化,从而增加工程费用。一般情况下,建筑物周长与建筑面积之比$K_{周}$(即单位建筑面积所占外墙长度)越低,设计越经济。$K_{周}$按圆形、正方形、矩形、T形、L形的次序依次增大。因为圆形建筑物施工复杂，施工费用一般比矩形建筑物多20%～30%，所以其墙体工程量节约的费用并不能使建筑工程造价降低。虽然正方形建筑的设计和施工均较经济，但对某些有较高的自然采光和通风要求的建筑而言，方形建筑不易满足，而矩形建筑则能较好满足各方面的要求。因此，建筑物平面形状设计应在满足建筑物使用功能的前提下降低周长系数。

建筑物的经济平面布置的主要目标之一是在满足建筑物使用要求的前提下，将流通空间减少到最小，如减小门厅、过道、走廊、楼梯以及电梯井等空间。

3）建筑层高及层数。在建筑面积不变的情况下，建筑层高增加会引起各项费用增加。如墙体与隔墙及有关装饰费用的提高；楼梯造价和电梯设备费用的增加；供暖空间体积的增加；卫生设备、上下水管道长度的增加等。另外，施工垂直运输量的增加也可能增加屋面造价，由于层高增加而导致建筑物总高度增加很多时，还可能增加基础造价。

建筑工程总造价是随着建筑物的层数增加而提高的。建筑物层数对造价的影响，因建筑类型、形式和结构的不同而不同。如果增加一个楼层不影响建筑物的结构形式，单位建筑面积的造价可能会降低。工业厂房层数的选择应该重点考虑生产性质和生产工艺的要求。确定多层厂房的经济层数主要有两个因素：一是厂房展开面积的大小，展开面积越大，层数越可能提高；二是厂房宽度和长度，宽度和长度越大，则经济层数越高，造价也随之相应降低。

4）柱网布置。柱网布置是工业建筑特有的设计内容，是确定柱子的跨度和间距的依据。柱网布置是否合理，对工程造价和厂房面积的利用效率都有较大的影响。对于单跨厂房，当柱间距不变时，跨度越大，单位面积造价越低。对于多跨厂房，当跨度不变时，中跨数量越多越经济。

5）建筑物体积和面积。随着建筑物体积和面积的增加，工程总造价会提高。对于工业建筑，在不影响生产能力的条件下，厂房、设备布置力求紧凑合理；要采用先进工艺和高效能的设备以节省厂房面积；要采用大跨度、大柱距的大厂房平面设计形式，以提高平面利用系数。

（4）建筑材料　建筑材料的选择是否合理，不仅直接影响工程质量、使用寿命、耐火抗震性能，还对施工费用、工程造价有很大的影响。建筑材料一般占直接费的70%，降低材料费用不仅可以降低直接工程费，还会导致措施费和间接费的降低。因此，合理选择建筑材料、控制材料单价和消耗量，是控制工程造价的有效途径。

（5）设备选用　现代建筑中设备使用量与费用占工程总投资比例越来越大。根据相关工程造价资料的分析，设备安装工程造价可占工程总投资的20%～50%，因此设备方案设计对工程造价有较大影响。通常建筑物楼层越多，设备系统相应越庞大，如高层建筑物内的电梯、暖通空调等系统设备都占据了一定的内部空间，它们既有面积、高度的限额，又有位置的优选和规范的要求。工业建筑中，工艺越复杂，设备相应越多，费用占比也越大。因此，设备配置是否得当直接影响建筑产品整个寿命周期的成本。设备选用的重点因设计形式的不同而不同，应选择能满足生产工艺和生产能力要求的最适用的设备和机械。设备的选用还应充分考虑自然环境对能源节约的有利条件，如果从建筑产品的整个寿命周期分析，能源节约是一笔不可忽略的费用。

2. 民用项目

民用建筑设计包括住宅设计、公共建筑设计以及住宅小区设计。住宅建筑是民用建筑中最主要的建筑类型，其造价影响因素包括地形及占地面积、总平面布置、层高和净高、车位和人防、装饰标准及材料设备选用、结构形式、小区绿化率和装配率等因素。

（1）地形及占地面积　建筑物所在区域的地形影响建筑平面及室外标高的确定、建筑平面布置以及基础形式，地形越复杂，相应的建设费用越高。建筑占地面积不仅直接决定了土地费的高低，而且影响小区内道路、工程管线长度和公共设备的多少，而这些费用对小区建设投资的影响极大。因而，占地面积指标在很大程度上影响小区建设的总造价。

（2）建筑总平面布置　建筑总平面布置对用地的影响也不容忽视，可以通过采取高低搭配、点条结合、前后错列以及局部东西向布置、斜向布置或拐角单元等手法节省用地。在保证小区居住功能的前提下，适当集中公共设施，合理布置道路，充分利用小区内的边角用地，有利于提高建筑密度，降低小区的总造价。与工业项目建筑设计类似，一般建筑平面形状为矩形和正方形住宅，既有利于施工，又能降低造价和方便使用。

（3）层高和净高　住宅的层高和净高直接影响工程造价。根据不同性质的工程综合测算，住宅层高每降低10cm，可降低造价1.2%~1.5%。层高降低还可以提高住宅区的建筑密度，节约土地成本及市政设施费。但是，层高设计还需考虑采光与通风问题，层高过低不利于采光及通风。随着住宅层数的增加，单方造价系数在逐渐降低，即层数越多越经济；但是边际造价系数也在逐渐减小，说明随着层数的增加，单方造价系数下降幅度减缓，当住宅超过7层，就要增加电梯费用，需要较多的交通面积（过道、走廊要加宽）和补充设备（供水设备和供电设备等）。特别是高层住宅，要经受较强的风力荷载，需要提高结构强度，改变结构形式，使工程造价大幅度上升。

（4）车位和人防　根据各地政策和规范要求，现代建筑均有不同的配套车位建设要求，住宅一般应按照户数比例要求设置车位数量，商业建筑应按建筑面积比例要求设置车位数量。规定配套地下车库的城市建筑，由于各项目地块形状、车位数量等不同，车库的层数及布置方式也会有所不同，车位规划越多，相应地下室层数越多，造价越高，因此地下车库的规划设计也极大影响建筑物的建造成本。人防工程设计是独立于民用建筑设计的专项设计内容。在涉及人防工程的建筑中，人防工程量较大，且隐蔽工程多，对临战时平战功能转换措施要求高，在工程造价构成中占有不小的比例。地下车库和人防地下室应尽可能设在地下一层，如果因土地限制而必须建设多层，则地下一层为车库，地下二层为人防的设计方案比较经济。同时，为避免后期设计出现较大变更而使人防工程成本增加，应尽量将人防专项设计与民用建筑设计实现早期同步配合设计。

（5）装饰标准及材料设备选用　随着装饰装修工程在建筑工程投资中比重日渐增大，装饰标准高低决定了建造成本的高低。装饰标准越高，工艺越复杂，材料消耗量越大。装饰材料占装饰工程造价的比例通常为60%左右。工程涉及的材料品种多、规格多、品牌多、价格差异大，同一种装饰材料产地不同，价格也千差万别。应结合装饰装修标准和施工工艺，合理选择装饰工程材料。

（6）结构形式　民用建筑中，多层住宅建筑采用砖混结构形式相对经济，严格按照抗震规范设计的砖混结构抗震性能不亚于框架结构，且钢筋用量大幅偏低。高层及小高层住宅从抗震安全性角度则应优先选择剪力墙结构，其相对框架结构造价略高。商业用房和公共建筑由于使用功能的需要，应采用框架结构和钢结构设计。由于各种建筑结构各有利弊，应结合实际、因地制宜，采用先进和经济合理的结构类型。

（7）小区绿化率和装配率　绿化率是指项目规划建设用地范围内的绿化面积与规划建设用地面积之比。国家政策对住宅小区的绿化率有明确的规定，住宅小区的绿化率不能低于30%。绿化率越高，则同一面积区域建筑可使用土地面积越低。

建筑装配率是指单体建筑室外地坪以上的结构、外围护、内装、设备与管线等系统中采用预制部品部件的综合比例。装配式建筑中，部分构件采用工厂内预制，可显著降低构件尺寸偏差，减少现场施工量和对模板脚手架的使用量，缩短施工工期。但预制构件的运输和现场吊装安装会带来成本的增加。因此，在评估装配式建筑的经济性时必须综合考虑设计、施工、各项成本和工期效益等因素。

此外，设计阶段影响工程造价的因素还包括绿色建筑设计、设计定位等。采用绿色设计的居住、商业和公共建筑，绿色建筑星级越高，建筑品质和标准越高，相应的建造成本越高。设计定位高低会带来建筑材料价格和资源消耗量的不同。除了设计方案本身的因素，建造成本还与项目利益相关者的利益诉求以及各种风险因素有关。

3.2　设计概算

初步设计或扩大初步设计阶段编制设计概算，能够对建设项目的方案进行比较、分析、评价，进而选择最经济的设计方案，提高项目投资的使用效果，使项目投资得到充分利用。

3.2.1　设计概算概述

1. 设计概算概念

设计概算是设计文件的重要组成部分，是指在投资估算的控制下，由设计单位根据初步设计（或扩大初步设计）图，利用国家或地区概算定额、概算指标、费用定额、建设地区设备及材料预算价格等资料，按照规定的程序、方法和依据，概略计算建设项目从筹建到竣工交付使用所需全部费用的经济文件。设计概算一经批准，将作为控制建设项目投资的最高限额。

采用两阶段设计的项目，初步设计阶段必须编制设计概算；采用三阶段设计的，技术设计阶段必须编制修正概算。设计概算是初步设计和技术设计阶段工程造价的主要表现形式和主要成果。

2. 设计概算作用

设计概算主要有以下作用：

1）设计概算是编制建设项目投资计划、确定和控制建设项目投资的依据。设计概算一经批准，将作为控制建设项目投资的最高限额。竣工结算不能突破施工图预算，施工图预算不能突破设计概算。如果设计变更等原因导致建设费用超过概算，必须重新审查批准。

2）设计概算是签订建设工程合同和贷款合同的依据。

3）设计概算是控制施工图设计和施工图预算的依据。

4）设计概算是衡量设计方案技术经济合理性和选择最佳设计方案的依据。

5）设计概算是考核项目投资效果的依据。

6）调整后经批准的设计概算将作为施工图设计和施工图预算阶段的目标造价,对其工作起指导和控制作用。

7）对于国有资金工程,设计概算将作为其投资控制的上限,是竣工决算的目标造价。

8）对政府投资项目编制最高投标限价起指导和控制作用。

3.2.2 设计概算编制内容

设计概算的编制有三级编制和二级编制两种形式。三级编制形式包括单位工程概算、单项工程综合概算、建设项目总概算,二级编制形式只包括单位工程概算、总概算。当建设项目是一个单项工程时,应采用二级编制形式。当一个建设项目由多个设计单位共同设计时,应由主体设计单位负责汇总编制建设项目总概算书,其他设计单位负责编制所承担的工程设计的概算。设计概算的三级概算关系如图3-1所示。

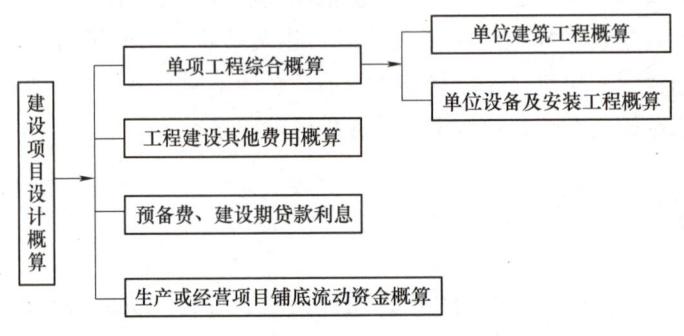

图 3-1 设计概算的三级概算关系

设计概算质量由建设项目设计负责人和概算负责人共同负责。设计人员应以经济效益为中心,严格按照批准的工程内容及投资额度设计,提出满足概算文件编制深度的技术资料,概算文件编制人员对投资的合理性负责。概算文件编制完成后,需经编制单位自审,然后由建设单位(项目业主)复审,并由主管部门审批。最终的设计概算及其组成应该以决策阶段形成的目标造价投资估算为管控目标,不得随意突破。

3.2.3 设计概算编制方法

设计概算应按逐级汇总进行编制,即首先以单位工程为编制单元,分别编制建筑工程单位工程概算、设备及安装工程单位工程概算,然后将单项工程逐项汇总成综合概算,最后将单项工程汇总成建设项目总概算。

1. 建设项目总概算

建设项目总概算表是确定概算总投资的最终表格,纵向应分解到单项工程,依据综合概算已经计算好的单项工程费逐项计列形成工程费用,然后汇总工程建设其他费用、预备费、建设期贷款利息等。对于生产经营性项目还应计算流动资金,对铺底流动资金有要求的,应按国家或行业的有关规定进行估算,一般为流动资金总额的30%。建设项目总概算表横向应分解到建筑工程费、设备购置费、安装工程费和其他费用。总概算表格式见表3-1和表3-2。对于工业建设项目,工程费的纵向排列顺序可为:主要工艺生产装置、辅助工艺生产装置、公用工程、总图运输、生产管理服务性工程、生活福利工程、厂外工程。

表 3-1 总概算表（一）

总概算编号：_____ 工程名称：_____ 共 页 第 页

序号	概算编号	工程项目或费用名称	建筑工程费（万元）	设备购置费（万元）	安装工程费（万元）	其他费用（万元）	合计	其中：引进部分		占总投资比例（％）
								美元（万元）	折合人民币（万元）	
一		工程费用								
1		主要工程								
2		辅助工程								
3		配套工程								
二		工程建设其他费用								
1										
2										
三		预备费								
四		建设期贷款利息								
五		流动资金								
		建设项目概算总投资								

编制人：　　　　　　　审核人：　　　　　　　审定人：

表 3-2 总概算表（二）

总概算编号：_____ 工程名称：_____ 共 页 第 页

序号	概算编号	工程项目或费用名称	设计规模或主要工程量	建筑工程费（万元）	设备购置费（万元）	安装工程费（万元）	其他费用（万元）	合计	其中：引进部分		占总投资比例（％）
									美元（万元）	折合人民币（万元）	
一		工程费用									
1		主要工程									
2		辅助工程									
3		配套工程									
二		工程建设其他费用									
1											
2											
三		预备费									

(续)

序号	概算编号	工程项目或费用名称	设计规模或主要工程量	建筑工程费（万元）	设备购置费（万元）	安装工程费（万元）	其他费用（万元）	合计	其中：引进部分		占总投资比例（%）
									美元（万元）	折合人民币（万元）	
四		建设期贷款利息									
五		流动资金									
		建设项目概算总投资									

编制人：　　　　　　　　审核人：　　　　　　　　审定人：

2. 综合概算

综合概算表纵向应以单项工程为对象进行列项，并计算其主要单位工程费，横向应分解到建筑工程费、设备购置费及安装工程费，见表 3-3。当建设项目只有一个单项工程时，可以省略"单项工程综合概算表"。

表 3-3　综合概算表

综合概算编号：_____　　工程名称：_____　　单位：万元　　共　页　第　页

序号	概算编号	工程项目或费用名称	设计规模或主要工程量	建筑工程费	设备购置费	安装工程费	合计	其中：引进部分		主要技术经济指标		
								美元	折合人民币	单位	数量	单位价值
一		主要工程										
	1											
	2											
二		辅助工程										
	1											
	2											
三		配套工程										
	1											
	2											
		各单项工程概算费用合价										

编制人：　　　　　　　　审核人：　　　　　　　　审定人：

3. 建筑工程单位工程概算

建筑工程单位工程概算费用由分部分项工程费用和措施项目费用组成。为了便于各阶段费用构成和单价的比较，各阶段均实行全费用综合单价。在费用构成上，与工程量清单计价的费用组成一致。其他项目费，如暂列金额应在预备费等项目中考虑。

（1）分部分项工程费确定方法　建筑工程费中分部分项工程费由各子目的工程量乘以子目的综合单价汇总而成。各子目的工程量应按概算定额或概算指标的分部分项工程项目划分及其工程量计算规则计算。各子目的综合单价应是包括人工费、材料费、施工机械费、管理费、利润、规费和税金的全费用单价。分部分项工程各子目综合单价的确定可采用概算定额法和概算指标法。

1）概算定额法。采用概算定额法时，其人工费、材料费、施工机械费应依据相应的概算定额子目的人、材、机要素消耗量，以及报告编制期人、材、机的市场价格等因素确定，形成直接费。然后依据该子目的特点，并依据或参照概算定额配套的费用定额或取费标准计算管理费、利润、规费、税金等，其计算基数可以是直接费或人工费，也可以是人工费加施工机械费。计算管理费、利润、规费、税金应充分考虑报告编制期拟建项目的实际情况、建筑市场利润水平等因素。

2）概算指标法。采用概算指标法时，应结合拟建工程项目特点，参照类似工程的分部分项工程（一般是扩大或综合的分部分项工程）概算指标，并应考虑指标编制期与报告编制期的人、材、机要素价格等变化情况确定该分部分项工程子目的全费用综合单价。

（2）措施项目费确定方法　建筑工程的措施项目费包括可以计量和综合取定的两类，应分别计算。可以计量的措施项目费与分部分项工程费的计算方法相同，即依据各项目相应的工程量计算规则计算工程量，然后确定其综合单价，最后汇总计算，如模板摊销费、脚手架使用费等。综合取定的措施项目费应以该单位工程的分部分项工程费和可以计量的措施项目费之和为基数，乘以相应费率计算。该费率可参照工程造价管理机构发布的费率，也可以依据编制人总结的类似工程费率计算。综合取定的措施项目费也可以直接纳入分部分项工程的综合单价中，综合单价分析表相应列入该费用。采用分开计列的建筑工程概算表见表3-4。

表3-4　建筑工程概算表

单项工程概算编号：_____　　单项工程名称：_____　　　　　共　页　第　页

序号	项目编码	工程项目或费用名称	项目特征	单位	数量	综合单价（元）	合价（元）
一		分部分项工程					
（一）		土石方工程					
1		×××××					
（二）		砌筑工程					
1		×××××					
（三）		楼地面工程					
		×××××					
（四）		××工程					
		分部分项工程费小计					
二		可计量的措施项目费					
（一）		××工程					
1		×××××					
（二）		××工程					
1		×××××					
		可计量的措施项目费小计					
三		综合取定的措施项目费					

（续）

序号	项目编码	工程项目或费用名称	项目特征	单位	数量	综合单价（元）	合价（元）
1		安全文明施工费					
2		夜间施工增加费					
3		二次搬运费					
4		冬雨季施工增加费					
5		已完成工程及设备保护费					
6		工程定位复测费					
7		特殊地区施工增加费					
8		大型机械设备进出场及安拆费					
		综合取定的措施项目费小计					
		合计					

编制人：　　　　　　　　　审核人：　　　　　　　　　审定人：

4. 设备及安装工程单位工程概算

设备及安装工程单位工程费由设备费、安装工程费组成。设备费以及未纳入安装工程费的主要材料费，有订货合同的应按订货合同确定，以计算抵达建设项目工地的入库价；无订货合同的应按类似工程的工程量，结合设备市场价格的实际情况，区分国产标准设备、国产非标设备和进口设备分类计算，并应考虑设备运杂费和备品备件费。

安装工程费应由分部分项工程费和措施项目费组成。安装工程各子目综合单价的计算可采用概算定额法和概算指标法，具体计算方法同分部分项工程综合单价计算方法。设备及安装工程设计概算表见表3-5。

表3-5　设备及安装工程设计概算表

单项工程概算编号：_____　　单项工程名称：_____　　　　　共　页　第　页

序号	项目编码	工程项目或费用名称	项目特征	单位	数量	综合单价（元）		合价（元）	
						设备购置费	安装工程费	设备购置费	安装工程费
一		分部分项工程							
（一）		机械设备安装工程							
1		×××××							
（二）		电气工程							
1		×××××							
（三）		给排水工程							
1		×××××							
（四）		××工程							
		分部分项工程费小计							
二		可计量措施项目							
（一）		××工程							

(续)

序号	项目编码	工程项目或费用名称	项目特征	单位	数量	综合单价（元）	合价（元）
1		×××××					
（二）		××工程					
1		×××××					
		可计量的措施项目费小计					
三		综合取定的措施项目费					
1		安全文明施工费					
2		夜间施工增加费					
3		二次搬运费					
4		冬雨季施工增加费					
5		已完成工程及设备保护费					
6		工程定位复测费					
7		特殊地区施工增加费					
8		大型机械设备进出场及安拆费					
		综合取定的措施项目费小计					
		合计					

编制人：　　　　　　　　　审核人：　　　　　　　　　审定人：

采用概算定额法编制单位工程概算时，应依据编制时使用的概算定额等资料编制建筑工程和设备及安装工程综合单价分析表。综合单价分析表主要是为了显示人、材、机的消耗量和其单价，以及各类费用的计取基数，便于概算的调整与审核。单位工程中的主要设备材料数量及价格应按规定编制相应表格，进口设备及材料应编制进口设备材料货价及从属费用计算表。

5. 工程建设其他费用

工程建设其他费用、预备费、建设期利息、流动资金等，有合同约定的应按合同约定计算；无合同约定时，工程建设其他费应考虑建设管理费、建设用地费、可行性研究费、研究试验费、勘察设计费、环境影响评价费、劳动安全卫生评价费、场地准备及临时设施费、引进技术和引进设备其他费、工程保险费、联合试运转费、特殊设备安全监督检验费、市政公用设施配套费、专利及专有技术使用费、生产准备及开办费。工程建设其他费用及计算过程应按表3-6格式填写。概算审核人员应根据项目特点和工程的具体情况，分析整个建设项目的费用构成，判断单项工程和主要单位工程的主要技术经济指标的合理性。

表3-6　工程建设其他费用表

工程名称：＿＿＿＿＿＿＿＿　　　　　　　　　　　　　　　　　　　　　　　共　页　第　页

序号	费用项目编号	费用项目名称	费用计算基数（万元）	费率（%）	金额（万元）	计算公式	备注

(续)

序号	费用项目编号	费用项目名称	费用计算基数（万元）	费率（%）	金额（万元）	计算公式	备注

编制人：　　　　　　　　　审核人：　　　　　　　　　审定人：

3.2.4　设计概算的审核

设计概算的审核对投资的合理性和资金的合理使用非常重要。经审核批准的总概算将作为竣工决算和以工程总承包方式招标的招标控制价的目标造价，不得随意突破；经审查后的工程费用部分将作为施工图预算的目标造价。

1. 设计概算的审核原则

审核设计概算和施工图预算是一项复杂和细致的技术经济工作，它要求审核人员既要了解有关专业的生产技术知识，又要熟悉工程技术和工程概预算知识，还须掌握投资、经济、管理等多学科知识。审核机构需按委托合同规定的时间要求出具审核报告，要在短时间内了解工程的建设规模、施工方案、工艺流程、设计图、概预算费用的构成和有关技术经济指标等，并应以成果合规、方法先进、审核公正、投资经济为设计概算的审核原则。

1）成果合规原则。设计概算和施工图预算审核应确保概算和预算编制依据、编制方法和成果文件和质量要求符合现行的我国建设工程造价管理协会颁布的相应规范和规程，费用构成在各阶段具有一致性，每一级的造价数据和指标对下一级具有参考控制价值。

2）方法先进原则。应采用科学先进的方法进行设计概算和施工图预算审核，力求高效、准确。确保设计概算采用的编制办法、费用标准等应满足编制规定的要求；保证项目划分合理，费用构成齐全，编制精度达到相关要求。

3）审核公正原则。审核机构应按公平、公正、客观的立场独立完成设计概算和施工图预算审核工作，发现问题后进行纠错、补漏，实事求是地核算工程投资，公正地出具咨询成果文件。

4）投资经济原则。设计概算和施工图预算审核应确保投资经济合理，避免高估冒算及漏项少算等现象，将设计概算控制在投资限额之内，将施工图预算控制在设计概算限额内。如果有超过情况，应编制相应的调整文件，同时做出原因分析报告，并报原审批部门审核。最终使建设项目取得较好的经济效益和社会效益。

2. 设计概算审核的主要内容

建设项目设计概算审核范围包括项目总概算、单项工程综合概算以及单位工程概算的全面审核，审核各级概算的准确性并提出相关的合理化建议。主要审核内容包括设计概算编制依据、设计概算编制方法和设计概算编制内容及各项费用。

（1）设计概算编制依据的审核　设计概算编制依据是指编制设计概算所需要的一切基础资料，是合理确定设计概算的必要且充分条件。依据应该包括以下内容：

1）国家、行业和地方有关法律、法规或规定。

2）相应工程造价管理机构发布的现行概算定额、概算指标。

3）工程勘察与设计文件。
4）拟定或常规的施工组织设计或方案。
5）建设项目资金筹措方案。
6）工程所在地编制的同期人工、材料、机械台班市场价格以及设备供应方式和价格。
7）建设项目技术复杂程度，新技术、新工艺、新材料以及专利使用情况。
8）建设项目批准的相关文件、合同和协议等。
9）政府有关部门和金融机构发布的价格指数、利率、汇率、税率，以及工程建设其他费用计算依据等。
10）委托单位提供的其他技术经济资料。

对设计概算的编制依据主要审核其合法性、时效性、适用范围。审核设计概算采用的各种编制依据是否必须经过国家和授权机关的批准，符合国家编制规定，未经批准不能采用；设计概算必须使用编制期正在执行、使用的定额和标准，严禁使用已经作废或还没有正式颁布执行的定额和标准；各种编制依据均有规定的适用范围，如各主管部门规定的专业定额及取费标准，只能用于指定专业，不能随意变更其适用范围。设计概算审核者应全面收集相关概算编制依据并认真理解，保证概算编制合理与准确。此外，概算文件编制依据中应对影响造价或投资水平的主要因素和关键工程做较为详尽的说明。

（2）设计概算编制方法的审核 设计概算完成文件应包括封面、签署页、目录、编制说明、总概算表、其他费用表、综合概算表、单位工程概算表等。封面应有设计单位名称和工程造价咨询企业盖章。设计概算签署页应有概算编制人、审核人、审定人以及法定代表人或授权人签章，签署齐全后设计概算才能有效，无证人员编审的概算一律无效。审查设计概算编制方法应该从是否按照国家、地方或行业规范要求，编制程序是否合理以及编制范围是否完整，设计概算费用计算程序和方法是否正确等方面进行。设计概算具体编制方法见3.2.3 相关内容。

（3）设计概算编制内容及各项费用的审核 对于大中型项目，设计概算应有完整的编制说明和"三级概算"，审核概算是否符合规定的三级概算要求，各级概算的编制、校对、审核是否按规定签署，有无随意简化等。审核概算编制范围是否与主管部门批准的建设项目范围及内容一致；审核分期建设项目的建筑范围及具体工程内容之间有无重复交叉，是否有明显的重复计算内容。

单位工程概算是审核的重点，是建设项目总概算的基础。在概算审核时，应根据工程方案、项目结构特点和设计图及说明，主要从以下几个方面进行审核：

1）审核建筑单位工程中分部分项工程工程量计算方法是否正确，有无重复计算、漏算和错算的项目；尤其对于工程量大、造价高的项目要重点审核。

2）审核建筑单位工程材料预算价格，并着重对材料原价和运输费用进行审核。运输费用审核时，要审核节约材料运输费用的措施。材料预算价格的审核要根据设计文件确定材料消耗用量，以耗用量大的主要材料作为审核的重点。

3）根据建筑工程和设备安装工程设计概算综合单价分析表，结合项目特点审核各分项工程费用所包含的具体内容，避免重复计算或遗漏，审核取费标准是否符合国家有关部门或地方规定的标准。

4）审核建筑工程各项费用指标的合理性。对于生产性建设项目，建筑面积和造价指标要根据设计要求和同类工程计算确定；对非生产性项目，要按照国家及各地区的主管部门的规定，审核建筑面积和造价指标是否合理。

5）审核设备费应首先确认规格、数量和配置是否与生产规模一致，是否满足设计要求，设备数量是否正确；其次，重点审核价格是否合理、是否符合有关规定，如国产设备应按当时询价资料或有关部门发布的出厂价、信息价以及结合运杂费相关标准分析设备价格；引进设备应依据国家设备进口、外汇管理、海关、税务等有关部门不同时期的规定询价。

6）审核安装工程费是否与需要安装的设备相符合，安装工程费应按国家规定的安装工程概算定额或指标计算。应注意采用预算单价法或扩大单价法计算设备安装费时的各种单价是否合适，工程量计算是否符合规则要求、是否准确无误。

7）审核综合概算中各单项工程费用组成是否完整，对比工程造价信息和类似工程指标，分析各单项工程和单位工程的技术经济指标是否合理。

8）审核总概算表中工程建设其他费用项目是否完整，是否严格按照国家及地方政府有关部门的相关规定计算依据和标准进行计算，如一般项目很少发生的或一些具有明显行业特征的工程建设其他费用项目，如移民安置费、河道占用补偿费、植被恢复费等，应根据实际情况补充；审核预备费和建设期贷款利息计算是否合理，生产性建设项目流动资金计算是否正确，对于不属于总概算范围的费用不能计列，切实保证项目投资概算的完整性和准确性。

3. 设计概算审核方法

审核设计概算时应对比投资估算，以投资估算为最高限额，采用适当方法确保审核质量、提高审核效率。常采用的审核方法有对比分析法、主要问题复核法、查询核实法、分类整理法和联合会审法。

（1）对比分析法 对比分析法主要是通过将建设规模、标准与立项批文对比；工程数量与设计图对比；综合范围、内容与编制方法、规定对比；各项取费与规定标准对比；材料、人工单价与市场信息对比；引进设备、技术投资与报价要求对比；技术经济指标与同类工程对比等，进而发现设计概算存在的问题和偏差。运用对比分析法可以有效判定设计概算的编制是否合规、投资是否合理。

（2）主要问题复核法 复核法是对审核中发现的主要问题，如对偏差大的工程进行复核，对重要、关键设备和生产装置或投资较大的项目进行复查。复核时应尽量按照编制规定，对照图纸进行详细核算，慎重、公正地纠正概算偏差。

（3）查询核实法 查询核实法是对一些关键设备和设施，重要装置，引进工程中图纸不全、难以核算的较大投资进行多方查询核对、逐项落实的方法。主要设备的市场价格应向设备供应部门或招标公司查询核实；重要生产装置、设施应向同类企业（工程）查询了解；引进设备价格及有关税费应向进出口公司查询落实；复杂建筑安装工程应向同类工程的建设、施工单位征询意见；深度不够或不清楚的问题应直接同编制人员、设计人员沟通。

（4）分类整理法 分类整理法是对审核中发现的问题和偏差，按照单位工程概算、综合概算、总概算的顺序，先将设备费、安装费、建筑费和工程建设其他费用分类整理，然后按照静态投资、动态投资和铺底流动资金三大类，汇总核增或核减的项目及其投资额，最后将具体审核数据，按照"原编概算""审核结果""增减投资""增减幅度"四栏列表，并按照原总概算表汇总顺序，将增减项目逐一列出，相应调整所属项目投资合计，再依次汇总审核后的总投资及增减投资额。对于差错较多、问题较大或不能满足要求的，责成编制单位按审核意见修改后重新报批。

（5）联合会审法　联合会审法是组成由业主、审批单位、专家等参加的联合审核组，召开联合审核会进行审核的方法。审前可先采取多种形式分头审核，包括业主预审、工程造价咨询公司评审、邀请同行专家预审等。在审核会上，设计单位介绍概算编制情况及有关问题，各有关单位、专家汇报初审和预审意见。然后进行认真分析、讨论，结合对各专业技术方案的审查意见，逐一核实原概算投资增减额问题，最终确定合理的概算额，作为控制施工图设计和预算的控制标准。

4. 设计概算的调整

（1）设计概算调整原因　设计概算批准后，一般不得调整。根据《建设项目设计概算编审规程》（CECA/GC 2—2015），当出现以下原因需要调整概算时，由建设单位调查分析变更原因，报主管部门审批同意后，由原设计单位核实编制调整概算，并按有关审批程序报批，一个工程只能调整一次概算。

1）超出原设计范围的重大变更。

2）超出基本预备费规定范围，由不可抗拒的重大自然灾害引起的工程变动和费用增加；由于国家规定的安全设防标准提高引起的费用增加超出基本预备费规定范围的，也可以调整。

3）超出工程造价调整预备费的国家重大政策性的调整，例如财务税收、金融、产业调整、安全环保等，同时包括在国家市场经济调控范围内的，影响工程造价的主要设备材料的价格大幅度波动等因素。

（2）设计概算调整方法　调整概算的编制深度与要求、文件组成及表格形式应同原设计概算一致，调整概算还应对工程概算调整的原因做详尽分析说明，将所调整的内容在调整概算总说明中逐项与原批准概算对比，并编制调整前后概算对比表，分析主要变更原因。

根据《国家发展改革委关于加强中央预算内投资项目概算调整管理的通知》（发改投资〔2009〕1550号）规定，申请调整概算的项目，凡概算调整幅度超过原批复概算10%及以上的，国家发改委原则上先申请审计机关进行审计，待审计结束后，再视具体情况进行概算调整。

1）对于申请调整概算的项目，国家发改委将按照静态控制、动态管理的原则，区别不可抗因素和人为因素对概算调整的内容和原因进行审核。对于使用基本预备费可以解决问题的项目，不予调整概算。对于确需调整概算的项目，须经国家发改委组织专家评审后方予核定批准。

2）对由于价格上涨、政策调整等不可抗因素造成调整概算超过原批复概算的，经核定后予以调整。调增的价差不作为计取其他费用的基数。

3）对由于勘察、设计、施工、设备材料供应、监理单位过失造成调整概算超过原批复概算的，根据违约责任扣减有关责任单位的费用，超出的投资不作为计取其他费用的基数。对过失情节严重的责任单位，建议相关资质管理部门依法给予处罚并公告。

4）对由于项目单位管理不善、失职、渎职、擅自扩大规模、提高标准、增加建设内容、故意漏项和报小建大等造成调整概算超过原批复概算的，将给予通报批评。对于超概算严重、性质恶劣的，将向国务院报告并追究项目单位的法律责任。

3.3 施工图预算

3.3.1 施工图预算概述

1. 施工图预算概念

施工图预算是在设计阶段施工图完成以后,以施工图设计文件为依据,按照规定的程序和方法,根据预算定额、费用标准以及工程所在地区的人工、材料、施工机械设备台班的预算价格,对项目的工程费用进行的预测与计算,是施工图设计阶段对工程建设所需资金做出较精确计算的技术经济性文件。

2. 施工图预算的作用

施工图预算作为建设工程建设程序中一个重要的技术经济文件,是施工图设计阶段工程造价的主要表现形式和主要成果。施工图预算应控制在设计概算确定的造价之内,不得超过设计概算,否则应对相应的施工图进行调整,以达到设计概算限额要求。工程进入招投标阶段后,应以施工图为目标造价依据来编制招标控制价,作为投标报价的最高限价。

施工图预算在工程建设实施过程中具有十分重要的作用。工程项目建设的主体不同,施工图预算产生的作用也不尽相同。

(1) 施工图预算对投资方的作用

1) 施工图预算是设计阶段控制工程造价的重要环节,是控制施工图设计不突破设计概算的重要措施。

2) 施工图预算是控制造价及资金使用的合理依据。

3) 施工图预算是确定工程招标控制价的依据。

4) 施工图预算可以作为确定合同价款、拨付工程进度款及办理工程结算的基础。

(2) 施工图预算对施工企业的作用

1) 施工图预算是投标报价的依据。

2) 施工图预算是建筑工程包干和签订施工合同的主要依据。

3) 施工图预算是施工企业安排调配施工力量,组织材料供应的依据。施工图预算工料统计表列出了单位工程的各类人工和材料的需要量,施工单位据以编制施工计划,组织资源供应。

4) 施工图预算是施工企业控制工程成本、进行"两算"对比的依据。施工图预算所确定的工程预算造价是建筑安装企业产品的预算价格。建筑安装企业必须在施工图预算的控制下,依据企业内部定额和施工特点编制施工预算,加强经济核算,降低成本。

5) 施工图预算将作为工程施工总承包招标最高投标限价编制的目标造价,对其工作起指导和控制作用。

(3) 施工图预算对其他单位的作用

1) 对于工程咨询单位而言,尽可能客观、准确地为委托方做出施工图预算,不仅体现了其水平、素质和信誉,而且强化了投资方对工程造价的控制,有利于节省投资,提高建设项目的投资效益。

2) 对于工程项目管理、监督等中介服务企业而言,客观准确的施工图预算是为业主方提供投资控制的依据。

3) 对于工程造价管理部门而言，施工图预算是其监督、检查执行定额标准、合理确定工程造价、测算造价指数以及审定工程招标控制价的重要依据。

4) 如在履行合同的过程中发生经济纠纷，施工图预算还是有关仲裁、管理、司法机关按照法律程序处理、解决问题的依据。

3.3.2 施工图预算编制内容

施工图预算一般只包括针对建筑或安装两大类编制建筑工程施工图预算和安装工程施工图预算。也可以按照委托合同要求，参照估算和概算编制方法，汇总编制单项工程施工图综合预算和建设项目总预算。

1. 建设项目总预算

建设项目总预算反映了设计阶段建设项目投资总额，由组成该建设项目的各个单项工程综合预算和相关费用组成，具体包括建筑安装工程费、设备及工器具购置费、工程建设其他费用、预备费、建设期贷款利息及铺底流动资金。施工图总预算应控制在已批准的设计总概算投资范围内。

2. 单项工程综合预算

单项工程综合预算反映施工图设计阶段一个单项工程（设计单元）的造价，由构成该单项工程的各个单位工程施工图预算组成。其编制的费用项目是各单项工程的建筑安装工程费和设备及工器具购置费总和。

3. 单位工程预算

单位工程预算是依据单位工程施工图设计文件、现行预算定额以及人工、材料和施工机具台班价格等，按照规定的计价方法编制的工程造价文件。它包括单位建筑工程预算和单位设备安装工程预算。单位建筑工程预算是建筑工程各专业单位工程施工图预算的总称，按其工程性质分为一般土建工程预算，给排水工程预算，采暖通风工程预算，煤气工程预算，电气照明工程预算，弱电工程预算，特殊构筑物如烟囱、水塔等工程预算以及工业管道工程预算等。设备安装工程预算按其工程性质分为机械设备安装工程预算、电气设备安装工程预算、热力设备安装工程预算等。

3.3.3 施工图预算编制方法

1. 施工图预算编制形式

施工图预算价格既可以是按照政府统一预算定额、预算单价、取费标准、计价程序计算得到的属于计划或预期性质的施工图预算价格，也可以是通过招标投标法定程序后施工企业根据自身实力即企业定额、资源市场单价以及市场供求及竞争状况计算得到的反映市场性质的施工图预算价格。

施工图预算根据建设项目实际情况可采用三级预算编制或二级预算编制形式。当建设项目有多个单项工程时，应采用三级预算编制形式，三级预算编制形式由建设项目总预算、单项工程综合预算、单位工程预算组成。当建设项目只有一个单项工程时，应采用二级预算编制形式，二级预算编制形式由建设项目总预算和单位工程预算组成。

总预算和单项工程综合预算表所采用的表格形式、项目内容及各项费用组成，可参照综合概算和总概算的方式进行。当施工图预算仅针对建筑与设备安装单位工程编制时，单位工程施工图预算成果文件包括施工图预算封面、签署页及目录、编制说明、单位工程施工图预算汇总表、单位工程施工图预算表、补充单位估价表等内容。施工图预算汇总表纵向应按土建和安装两类单位工程进行汇总见表3-7，可按施工单位所承担的各单位工程项目进行汇总；还可按建设项目的各单项工程构成进行汇总，见表3-8。

表 3-7 单位工程施工图预算汇总表（按土建和安装进行汇总）

施工图预算编号：_____ 工程名称：_____ 共　页　第　页

序号	工程项目编号	工程项目或费用名称	建筑工程费（万元）	安装工程费（万元）	合计（万元）	其中：引进部分		占总投资比例（%）
						美元（万元）	折合人民币（万元）	
一		施工图预算汇总金额						
1		×××建筑工程						
2		×××建筑工程						
3								
4		×××安装工程						
5		×××安装工程						
6								

编制人：　　　　　　　　审核人：　　　　　　　　审定人：

表 3-8 单位工程施工图预算汇总表（按各单项工程构成进行汇总）

施工图预算编号：_____ 工程名称：_____ 共　页　第　页

序号	工程项目编号	工程项目或费用名称	建筑工程费（万元）	安装工程费（万元）	合计（万元）	其中：引进部分		占总投资比例（%）
						美元（万元）	折合人民币（万元）	
一		施工图预算汇总金额						
（一）		×××公司						
1		×××建筑工程						
2		×××建筑工程						
3		×××安装工程						
4		×××安装工程						
（二）		×××公司						
1		×××建筑工程						
2		×××建筑工程						
3		×××安装工程						

(续)

序号	工程项目编号	工程项目或费用名称	建筑工程费（万元）	安装工程费（万元）	合计（万元）	其中：引进部分		占总投资比例（%）
						美元（万元）	折合人民币（万元）	
4		×××安装工程						

编制人：　　　　　　　　　审核人：　　　　　　　　　审定人：

2. 单位工程施工图预算编制方法

单位工程施工图预算包括建筑工程费、设备安装工程费。编制单位工程施工图预算可采用单价法和实物量法，其中单价法又分为工料单价法和综合单价法，目前较多采用工料单价法。

（1）工料单价法　工料单价法是以分项工程的单价为工料单价，将分项工程量乘以对应分项工程单价后合计作为单位工程直接费，汇总直接费后，再根据规定的计算方法计取企业管理费、利润、规费、税金，最后汇总所有费用形成该单位工程施工图预算造价。工料单价一般采用地区统一单位估价表中各分项工程工料单价（定额基价），具体计算公式如下：

$$建筑安装工程预算造价 = \sum(分项工程量 \times 分项工程工料单价) + \\ 企业管理费 + 利润 + 规费 + 税金 \qquad (3-1)$$

（2）实物量法　实物量法是指根据施工图计算的各分项工程量分别乘以地区定额中人工、材料、施工机械台班定额消耗量，分类汇总得出该单位工程所需全部人工、材料、机械台班消耗量，再结合当地的人工工日单价、各类材料单价、施工机械台班单价及仪器仪表台班单价，求出相应的人工费、材料费和机械费，形成直接费，汇总直接费从而计算企业管理费、利润、规费和税金。实物量法编制单位工程施工图预算公式如下：

$$单位工程人工、材料、施工机械费 = \sum(工程量 \times 定额人工消耗量 \times 人工工日单价) + \\ \sum(工程量 \times 定额材料消耗量 \times 相应材料单价) + \\ \sum(工程量 \times 定额机械及仪表台班消耗量 \times \\ 相应机械及仪表台班单价) \qquad (3-2)$$

建筑安装工程预算造价 = 单位工程直接费 + 企业管理费 + 利润 + 规费 + 税金　(3-3)

采用工料单价法或实物量法的建筑安装工程单位工程施工图预算表由建筑工程预算表和建筑工程取费表组成，见表3-9和表3-10。

表3-9　建筑工程预算表

单项工程预算编号：_____　　工程名称（单位工程）：_____　　　　共　页　第　页

序号	定额号	工程项目或定额名称	单位	数量	单价（元）	其中：人工费（元）	合价（元）	其中：人工费（元）
一		土石方工程						
1		××××						
2		××××						

(续)

序号	定额号	工程项目或定额名称	单位	数量	单价（元）	其中：人工费（元）	合价（元）	其中：人工费（元）
二		砌筑工程						
1		××××						
2		××××						
三		楼地面工程						
1		××××						
2		××××						
		定额人工、材料、机械合计						

编制人：　　　　　　　审核人：　　　　　　　审定人：

表 3-10　建筑工程取费表

单项工程预算编号：_____　　工程名称（单位工程）：_____　　共　页　第　页

序号	工程项目或费用名称	表达式	费率（%）	合价（元）
1	定额人、材、机费			
2	其中：人工费			
3	其中：材料费			
4	其中：机械费			
5	企业管理费			
6	利润			
7	规费			
8	税金			
9	单位建筑工程费用			

编制人：　　　　　　　审核人：　　　　　　　审定人：

（3）综合单价法　国际上，综合单价法一般是指全费用综合单价法，即工程单价包含人工费、材料费、机械费、间接费（管理费、规费、财务费）、利润及税金。为了便于各阶段费用的比较和分析，并与工程量清单计价费用组成保持一致，可采用全费用单价法确定施工图预算，即将建筑安装施工图预算费用分为分部分项工程费和措施项目费。

1）分部分项工程费。分部分项工程费由各子目的工程量乘以各子目的综合单价汇总而成。各子目的工程量应按预算定额的项目划分及其工程量计算规则计算。各子目的综合单价应包括人工费、材料费、机械费、管理费、利润、规费和税金。各子目综合单价的计算可通过预算定额及其配套的费用定额确定。其中人工费、材料费、机械费应依据相应的预算定额子目的人、材、机要素消耗量，以及报告编制期人、材、机的市场价格等因素确定；管理费、利润、规费、税金等应依据预算定额配套的费用定额或取费标准，并依据报告编制期拟建项目的实际情况市场水平等因素确定。

2）措施项目费。措施项目费分为可计量的措施项目费和综合计取的措施项目费。可计量的措施项目费计算方法同分部分项工程费，综合计取的措施项目费应以分部分项工程费和可计量的措施项目费为基数乘以相应费率计算。

$$建筑安装工程预算造价 = 分部分项工程费 + 措施项目费 \tag{3-4}$$

$$分部分项工程费 = \sum(分部分项工程子目工程量 \times 子目综合单价) \tag{3-5}$$

$$措施项目费 = 可计量的措施项目费 + 综合计取的措施项目费 \tag{3-6}$$

$$综合计取的措施项目费 = (分部分项工程费 + 可计量的措施项目费) \times 相应费率 \tag{3-7}$$

采用全费用综合单价法的建筑安装单位工程施工图预算表如表 3-11 所示。表中的综合单价应通过综合单价分析表计算获得。

表 3-11 建筑工程施工图预算表

施工图预算编号：_____ 单位工程项目名称：_____ 共　页　第　页

序号	项目编码	工程项目或定额名称	项目特征	单位	数量	综合单价（元）	合价（元）
一		分部分项工程					
（一）		土石方工程					
1		××××					
2		××××					
（二）		砌筑工程					
1		××××					
（三）		楼地面工程					
1		××××					
		分部分项工程费小计					
二		可计量的措施项目费					
（一）		××工程					
1		××××					
2		××××					
（二）		××工程					
1		××××					
		可计量的措施项目费小计					
三		综合计取的措施项目费					
1		安全文明施工费					
2		夜间施工增加费					
3		二次搬运费					
4		冬雨季施工增加费					
5		已完成工程及设备保护费					

（续）

序号	项目编码	工程项目或定额名称	项目特征	单位	数量	综合单价（元）	合价（元）
6		工程定位复测费					
7		特殊地区施工增加费					
8		大型机械设备进出场及安拆费					
		××××					
		综合计取的措施项目费小计					
		合计					

编制人：　　　　　　　　　审核人：　　　　　　　　　审定人：

上述施工图预算的编制是以预算定额为依据的。根据《住房和城乡建设部办公厅关于印发工程造价改革工作方案的通知》（建办标〔2020〕38号）中提出"取消最高投标限价按定额计价的规定，逐步停止发布预算定额"的改革思路，施工图预算编制的主要计价依据将逐步发生很大的变化，也就是说施工图预算的编制依据不再依赖于预算定额，而是建立在工程造价数据积累基础上，通过企业自身或市场价格信息发布平台发布的各类造价指标指数以及人工、材料、机械台班市场价格信息为工程造价确定提供有效依据。

3.3.4 施工图预算的审查

1. 施工图预算的审核内容

施工图预算范围包括单位工程、单项工程综合预算以及建设项目总预算三级体系。施工图预算的审核应依据工程造价管理机构发布的计价依据及有关资料，对施工图预算编制依据、编制方法和编制内容及各项费用进行审核。

（1）施工图预算编制依据的审核　施工图预算编制依据应包括以下内容：

1）国家、行业和地方有关规定。

2）相应工程造价管理机构发布的预算定额。

3）施工图设计文件及相关标准图集和规范。

4）项目相关文件、合同、协议等。

5）工程所在地的人工、材料、设备、施工机械市场价格。

6）施工组织设计和施工方案。

7）项目的管理模式、发包模式及施工条件。

8）其他应提供的资料。

施工图预算编制应保证依据的合法性、全面性和有效性；预算费用应按照现行工程造价构成，根据有关部门发布的编制期正在执行使用的定额、标准、价格信息及价格调整指数，并考虑建设期价格变化因素，使施工图预算尽可能反映设计内容、实际施工条件和实际价格。

（2）施工图预算编制方法的审核　施工图预算编制方法审核包括审核预算是否按照实际工程情况采用三级或二级编制形式；单位工程施工图预算编制所采用的单价法和实物量法是否合理；预算文件形成结果是否合规。三级预算编制形式的工程预算文件包括：封面、签署页及目录、编制说明、总预算表、综合预算表、单位工程预算表、附件等内容。采用二级预算编制形式的工程预算文件包括：封面、签署页及目录、编制说明、总预算表、单位工程预算表、附件等内容。文件编制具体方法见 3.3.3 节施工图预算编制方法相关内容。

（3）施工图预算编制内容及各项费用的审核　施工图预算的编制内容审核包括总预算各项费用的合理性、单项工程综合预算中各项费用的完整性以及各项经济指标的合理性、单位工程施工图预算中工程量的正确性以及单价的合理性等内容。重点在于建筑单位工程和设备及安装工程施工图预算审核。

1）建筑单位工程预算中工程量的审核。应仔细阅读施工图设计，核实单位工程中各分部分项工程量计算是否符合相关计量规范或定额规则要求。对于工程量异常的项目，应对相关资料进行分析，确认其工程量是否正确。例如，土石方工程中土壤类别是否与地勘资料一致，地槽与基坑放坡或地基处理方式是否符合设计要求等；砌体工程量计算是否合理扣除了洞口及其他结构占位体积等；混凝土及钢筋混凝土工程应重点审核对工程造价影响较大的钢筋工程量，审核其是否按照统一计算规则进行工程量计算，是否有刻意多算、重复计算的情况；装饰工程应结合施工图装饰做法详图计算不同类型装饰工程量，注意装饰基层和面层的工程量计算规则的差异。

2）设备及安装工程的工程量审核。首先应核实设备种类、型号与数量是否与设计文件一致，明确需要安装和不需安装的设备数量；其次应在充分了解安装工程中各专业工程的施工工艺，并熟悉工程量计算规则的前提下，核实配套安装工程量计算的准确性；对不同材质、不同规格型号的管线敷设应分类列项计算。

3）审核分项工程预算单价的合理性。采用预算定额单价的，审核分项工程名称、计量单位和所包括的工程内容是否与预算定额一致；审核预算定额中缺项的子目，是否按预算定额编制原则和方法编制单位估价表。应重点对预算单价中人工、材料及设备单价的计算合理性进行审核：①审核单价中人工费确定是否符合造价管理机构规定或有关规定，是否根据工程发生时间按规定进行人工费的调整；②审核材料和机械台班的预算价格是否符合报告期市场价格水平，若是采用有关部门公布的信息价，要注意信息价的时间、地点是否符合要求，是否按规定确定；③区分国产设备和进口设备、标准设备和非标准设备，审核设备价格中是否已经包含运输、包装和安装费用；审核进口设备的价格计算方法是否符合规定。

4）审核有关费用项目及其计算方法。审核建筑安装工程的措施项目费用计算标准是否符合规定，规费、税金计算基础是否合理，规费标准和税率是否准确；审核有无巧立名目、乱计费、乱摊费用现象。

2. 施工图预算审核方法

施工图预算审核必须依靠各行各业的专家和工程技术人员，深入调查研究，采用适当方法确保审核质量、提高审核效率。常采用的审核方法有全面审核法、标准审核法、分组计算审核法、对比审核法、筛选审核法、重点抽查法等。

（1）全面审核法　全面审核法又叫逐项审核法，是指按预算定额顺序或施工的先后顺序，逐一地全部进行审核的方法，其具体计算方法和审核过程与编制施工图预算基本相同。此方法的优点是全面、细致，经审核的工程预算差错比较少，质量比较高；缺点是工作量大。全面审核法是一种可靠和广泛适用的施工图预算审核方法。

（2）标准审核法　标准审核法是指对于利用标准图或通用图施工的工程，先集中力量编制标准预算，以此为标准审核预算的方法。例如，按标准图设计或通用图施工的工程，一般上部结构和做法相同，可集中力量编制或审核一份预算，作为这种标准图的标准预算，或以这种标准图的工程量为标准对照审核，对局部不同部分作单独审核即可。

（3）分组计算审核法　分组计算审核法是一种加快审核工程量速度的方法，把预算中的项目划分为若干组，并把相邻且有一定内在联系的项目编为一组，审核或计算同一组中某个分项工程量，利用工程量间具有相同或相似计算基础的关系，判断同组中其他几个分项工程量计算的准确程度。

（4）对比审核法　对比审核法是用已建成工程或虽未建成但已审核修正的预算对比审核拟建的类似工程预算的一种方法。采用该方法一般须满足：拟建工程与已建工程设计结构类型和标准相同，面积有差异，面积比与分部分项工程量之比大体一致；拟建工程和已有工程主体部分设计相同，基础和现场条件不同，可对相同部分进行对比审核；拟建和已建工程面积相同，设计内容有所不同，可对相同部分的结构工程量进行对比审核，不能对比的部分按施工图计算。

（5）筛选审核法　该方法在总结分析预结算资料的基础上，找出同类工程造价及工料消耗的规律性，归纳出基本指标如工程量指标、价格指标、用工指标等，并注明其适用的建筑标准。利用这些基本指标对审核对象分部分项工程进行筛选，从中筛选出不符合投资规律的分项工程，针对这些子目进行重点审核，分析其差异较大的原因。筛选审核法的优点是简单易懂，便于掌握，审核速度和发现问题快，但解决差错问题需继续审核。

（6）重点抽查法　重点抽查法是指抓住工程预算中的重点项目进行审核的方法。重点抽查法一般侧重用于工程量大或造价较高、工程结构复杂而且审核时间较短的工程。

3.4　设计阶段造价管理主要方法

设计阶段的工程造价管理主要方法包括对多个设计方案进行评价，从中选取技术先进、经济合理的方案；运用最优化技术和先进工具对设计方案进行优化；实行限额设计和推广标准化设计等方法，对设计阶段工程造价进行有效的控制，从而为整个工程价值目标的实现奠定基础。

3.4.1　设计方案的评价

建筑工程设计方案评价是指采用科学方法，按照工程项目经济效果评价原则，对设计方案进行技术与经济的分析、计算、比较和评价，从而选择技术上先进、结构上坚固耐用、功能适用、造型美观、环境与自然协调和经济合理的最优方案，为决策提供科学的依据。设计方案评价应遵循合理的原则，对反映设计方案特点的各项技术经济指标进行评价。

1. 设计方案评价原则

（1）设计方案应坚持技术先进性和经济合理性相结合的原则　在工程设计中，依然存在设计人员或部门不重视设计产品的经济性的现象，如为采用先进的设计理念，只强调技术的可行性和先进性，或为了提高设计的安全系数和标准而忽略了设计方案的经济合理性。或为了追求设计单位的经济效益，强调按设计项目的造价计取设计费，造成资源和资金的浪费。因此，评价设计方案须兼顾经济合理性与技术先进性，在满足功能的前提下尽量降低工程造价，或在资金限制范围内尽量提高项目的功能水平。

（2）设计方案应考虑近期设计要求与远期效益相结合的原则　项目建成后会在很长一段时间内发挥作用，若设计只强调建设资金的节约而不考虑社会发展带来的对项目功能要求增加的可能性，势必会使项目将来的技术改造成本大大增加。当然也不能过度强调功能完善而造成功能过剩导致资金浪费。因此设计方案应选择合理的功能水平，同时也要根据远景发展需要，适当留有发展余地。

（3）设计方案应考虑项目全寿命周期成本的原则　建设项目的全寿命周期成本包括建设阶段的建设成本和使用阶段的使用成本。通常情况下，建设成本越高，功能越完善，后期维护成本越低；反之，建设成本越低，后期维护成本越高。建设成本（工程造价）、使用成本和项目功能的关系如图 3-2 所示。

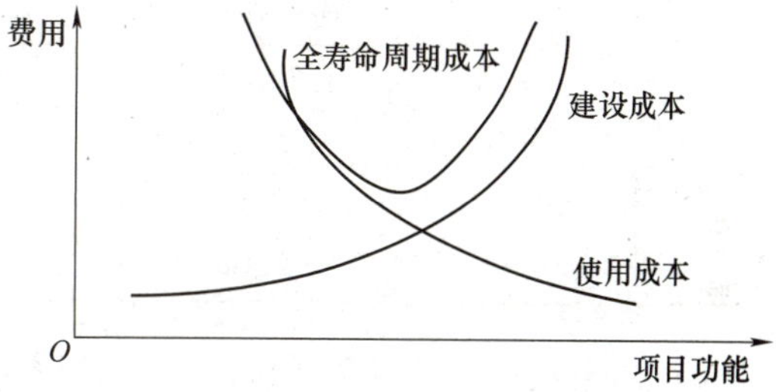

若建设阶段一味追求低造价，导致部分功能不足，有可能带来后期维护费用的增加；若追求过多功能，会使建设成本过高，导致项目最终使用效果并不理想。因此，设计方案评价应结合功能需求，考虑项目全寿命周期成本，对多个方案比较分析，优选全寿命周期成本最低的方案。

图 3-2　建设成本、使用成本与项目功能的关系

2. 设计方案评价内容

不同的建筑类型，评价内容和技术经济指标均不相同。应对工业建筑和民用建筑设计方案进行分类评价，以确保评价方法的合理性。

（1）工业建筑设计方案评价内容　工业项目设计内容由总平面设计、工艺设计和建筑设计三部分组成。主要评价内容及指标见表 3-12。

表 3-12　工业建筑设计方案评价内容及技术经济指标

设计内容	评价指标分类	指标内容
总平面设计	面积指标	厂区占地面积、建筑物和构筑物占地面积、永久性堆场占地面积、厂区道路占地面积、工程管网占地面积、绿化面积等
	比率指标	建筑系数、土地利用系数 $建筑系数 = \dfrac{建筑占地面积}{厂区占地面积}$ $土地使用系数 = \dfrac{建筑面积 + 厂区面积 + 工程管网占地面积}{厂区占地面积}$
	工程量指标	场地平整土方量、管线工程量、防洪设施工程量等
	功能指标	生产流程流畅度、场内运输便捷度、安全生产满足程度
	经济指标	每吨货物运输费、经营费用
工艺设计	工艺技术指标	生产能力
		主要原材料消耗
		工厂定员
		公用工程系统消耗
		年运输量
	环保指标	"三废"排出量
	设备选型	净现值、净年值、差额内部收益率

(续)

设计内容	评价指标分类	指标内容
建筑设计	厂房空间平面指标	单位面积造价
		建筑物周长与建筑面积比
		厂房展开面积
		厂房有效面积与建筑面积比
		工程全寿命周期成本
	厂房结构体系指标	建筑工期
		劳动消耗
		材料消耗
		混凝土折算厚度
		建筑物自重
		建筑造价

（2）民用建筑设计方案评价内容　民用建筑包括公共建筑和住宅建筑两大类。公共建筑种类繁多，功能各异，但技术经济指标有一定共同性。评价时应考虑建筑空间布局、建筑造型、功能分布、人员流线及交通组织、自然通风、采光、照明、空调、结构、环境等因素。根据公共建筑特点，主要技术经济指标包括建筑密度、建筑占地面积、建筑面积、使用面积系数、有效面积系数、结构面积系数、建筑体积、总投资、单位面积投资、单位面积能源消耗、人（床、座）均建筑面积、人（床、座）均使用面积和人（床、座）均有效面积。民用建筑设计方案以住宅建筑为主，其主要评价内容及指标见表 3-13。

表 3-13　住宅建筑设计方案评价内容及技术经济指标

设计内容	评价指标分类	指标内容
居住小区设计	用地指标	建筑毛密度 $$建筑毛密度 = \frac{居住和公共建筑基底面积}{居住小区占地面积}$$ 居住建筑净密度 $$居住建筑净密度 = \frac{居住建筑基底面积}{居住建筑占地总面积}$$
	建筑平面布置指标	居住面积密度 $$居住面积密度 = \frac{居住面积}{居住建筑占地面积}$$ 居住建筑面积密度 $$居住建筑面积密度 = \frac{居住建筑面积}{居住建筑占地面积}$$ 人口毛密度 $$人口毛密度 = \frac{居住人数}{居住小区占地总面积}$$ 人口净密度 $$人口净密度 = \frac{居住人数}{居住建筑占地面积}$$

(续)

设计内容	评价指标分类	指标内容	
居住小区设计	建筑平面布置指标	绿化比率	$绿化比率 = \dfrac{居住小区绿化面积}{居住小区占地总面积}$
民用住宅建筑设计	平面指标	平面系数 K	$平面系数\ K = \dfrac{居住面积}{建筑面积} \times 100\%$
		平面系数 K_1	$平面系数\ K_1 = \dfrac{居住面积}{有效面积} \times 100\%$
		平面系数 K_2	$平面系数\ K_2 = \dfrac{辅助面积}{有效面积} \times 100\%$
		平面系数 K_3	$平面系数\ K_3 = \dfrac{结构面积}{有效面积} \times 100\%$
	建筑周长指标	单元周长指标	$单元周长指标 = \dfrac{单元周长}{单元建筑面积}$
		建筑周长指标	$建筑周长指标 = \dfrac{建筑周长}{建筑占地面积}$
	建筑体积指标	建筑体积指标	$建筑体积指标 = \dfrac{建筑体积}{建筑面积}$
	面积定额指标	户均建筑面积	$户均建筑面积 = \dfrac{建筑面积总数}{总户数}$
		户均使用面积	$户均使用面积 = \dfrac{使用面积总数}{总户数}$
	户均面宽指标	户均面宽指标	$户均面宽指标 = \dfrac{建筑物总长度}{总户数}$
	户型比	户型比	$户型比 = \dfrac{不同居室户数}{总户数}$

3. 设计方案评价方法

设计方案评价方法通常有多指标评价法、计算费用法和动态评价方法。多指标评价法是指通过对反映建筑产品功能和耗费特点的若干技术经济指标进行计算、分析、比较来评价设计方案的效果的方法。多指标评价法又分为多指标对比法和多指标综合评分法。

（1）多指标对比法　多指标对比法是目前采用比较多的一种方法，是指使用一组适用的指标体系，将对比方案的指标值列出，然后一一进行对比分析，根据指标值的高低分析判断方案优劣。例如，对相同规模和功能要求、不同结构类型的设计方案评价，可从主要材料消耗量、人工消耗量、空间使用效率、建设工期、建筑单方造价等方面进行直接对比分析获得评价结果。

利用多指标对比法首先需要将指标体系中的各个指标，按其重要性分为主要指标和辅助指标。主要指标反映工程的技术经济特点，是确定工程项目经济效果的主要依据。辅助指标是主要指标的补充。这种方法的优点是指标全面，分析确切，可通过各种技术经济指标定性或定量地直接反映方案技术经济性能的主要方面。其缺点是容易出现不同指标的评价结果相悖的情况，使分析工作复杂化。因此，在进行综合分析时，要特别注意检查对比方案在使用功能和工程质量方面的差异，并分析这些差异对各指标的影响，避免导致错误的结论。

（2）多指标综合评分法 采用多指标综合评分法，首先根据建设项目不同使用目的和功能要求，确定设计方案的技术经济评价指标，按其重要程度分配指标权重，对设计方案的各项评价指标进行满意度打分，最后计算各方案的加权得分，以综合得分最高的设计方案为最优方案。方案综合评分计算公式为

$$S = \sum_{i=1}^{n} W_i S_i \tag{3-8}$$

式中 S——设计方案综合得分；

S_i——某设计方案在评价指标 i 中的得分；

W_i——各评价指标的权重；

n——评价指标数。

【例3-1】 某建设项目有A、B、C三个设计方案，分别对方案的使用功能、建筑外观、结构安全性和合理性、建筑节能水平、工程造价合理性等几方面进行比较。各方案权重和得分情况见表3-14，运用多指标综合评分法对方案进行评价。

表 3-14 指标权重和方案得分

评价指标	权重	方案A	方案B	方案C
使用功能	0.3	9	10	8
建筑外观	0.12	9	7	10
结构安全性和合理性	0.2	8	9	7
建筑节能水平	0.18	10	8	9
工程造价合理性	0.2	7	9	8

解：计算各方案综合得分

方案A：$S_1 = 9×0.3+9×0.12+8×0.2+10×0.18+7×0.2 = 8.58$

方案B：$S_2 = 10×0.3+7×0.12+9×0.2+8×0.18+9×0.2 = 8.88$

方案C：$S_3 = 8×0.3+10×0.12+7×0.2+9×0.18+8×0.2 = 8.22$

由计算结果可知，方案B综合得分最高，故方案B为最优设计方案。

多指标综合评分方法的优点是能避免各项指标之间可能发生相互矛盾的现象，其评价结果唯一。但由于指标权重的确定存在一定主观性，且各评分值是相对的，因此不能判断设计

方案的各项功能实际水平，必要时可辅助以其他评价方法。

（3）计算费用法　计算费用法又叫最小费用法，常用于生产性建设项目，是指将项目一次性投资与经常性的经营成本统一为一种性质的费用，从而评价设计方案的优劣。采用计算费用法可使用总计算费用和年计算费用两种评价指标，以费用最小的方案为最优。

总计算费用公式为

$$TC = K + P_C C \tag{3-9}$$

式中　K——项目总投资；
　　　C——年经营成本；
　　　P_C——基准投资回收期。

年计算费用公式为

$$AC = C + R_C K \tag{3-10}$$

式中　AC——年计算费用；
　　　R_C——投资效果系数，$R_C = \dfrac{1}{P_C}$。

【例3-2】　某建设项目有三个备选设计方案，各方案的投资总额和年经营成本见表3-15。三个方案寿命周期相同，投资回收期为8年，试用计算费用法选择最优方案。

表3-15　设计方案投资总额和年经营成本

设计方案	投资总额（万元）	年经营成本（万元）
方案1	2800	680
方案2	3200	650
方案3	3600	520

解：根据年计算费用法，项目投资效果系数 R_C 为0.125，各方案的年费用分别为

$AC_1 = (680 + 0.125 \times 2800)$ 万元 $= 1030$ 万元

$AC_2 = (650 + 0.125 \times 3200)$ 万元 $= 1050$ 万元

$AC_3 = (520 + 0.125 \times 3600)$ 万元 $= 970$ 万元

由计算结果可知，虽然方案3年投资总额最大，但投产后年经营成本最低，年费用最小，因此方案3为最优方案。

计算费用法较简单，易于接受，但由于没有考虑资金时间价值，并且对于寿命周期不同的方案无法获得准确的评价结果，因此常采用动态评价方法对不同设计方案进行评价。

（4）动态评价法　动态评价法是指在考虑资金时间价值的情况下，对设计方案进行评价和优选的方法。对于寿命周期相同的建设项目，通常可采用净现值法、净年值法、差额内部收益率法。对于寿命周期不相同的建设项目，可采用净年值法进行评价。

3.4.2　限额设计

1. 限额设计概念

限额设计是指按照批准的设计任务书及投资估算控制初步设计，按照批准的初步设计总

概算控制技术设计和施工图设计，实现上一阶段设计对下一阶段设计的限额控制；同时，将上一阶段的设计投资限额分配到各专业，各专业在保证达到使用功能的前提下，按限定额度控制设计，保证总投资不被突破。

限额设计是建设项目投资控制系统中一个重要环节和一项关键举措。在整个设计过程中，设计人员与经济管理人员应密切配合，做到技术与经济的统一。设计人员在设计时应以投资或造价为出发点，对方案进行优劣比较，这有利于强化设计人员的工程造价控制意识，优化设计。经济管理人员应及时进行造价计算，为设计人员提供有关信息和合理建议，达到动态控制投资的目的。

限额设计控制包括两种方式：一是对经济性技术指标的限制，即为保证设计成果的经济性而制定的在技术上不应突破的限制值，如建筑结构钢筋含量、混凝土含量等；二是对工程造价指标的限制，即为满足投资或造价要求的限定成本值，如项目的每平方米造价。

2. 限额设计的造价控制过程

限额设计的造价控制是指随着设计不同阶段的深入，从可行性研究、初步设计、技术设计（或扩大初步设计）直到施工图的各个设计阶段，从前往后依次控制，即由投资估算控制初步设计，由设计概算控制施工图设计，同时在每个阶段中贯穿各专业的每道工序。在每个专业、每道工序中都要把限额设计作为重点工作内容，明确限额目标，实行工序管理，各个专业限额的实现是实现总限额的保证。

限额设计造价控制的关键环节包括建设项目的需求分析、确定限额设计目标、各设计专业的投资限额分配以及各阶段项目设计和优化。

（1）建设项目的需求分析　建设项目成功的标准在于项目所产生的费用、工程进度和工程质量三方面合理且均衡，使得项目投资者和其他利益相关者满意，并产生良好的经济效益和社会效益。工程设计从概念到实施是一个不断深化的过程，设计限额与分配和投资者的意图有密切的关系，因此需要在设计前对各利益相关方进行识别、分类，了解各方的利益诉求，例如建设项目的使用功能、环境、交通等需求，明确设计目标内容和费用额度，为各阶段设计提供依据。

（2）限额设计目标的确定　在建设项目需求分析基础上，根据批准的可行性研究报告及其投资估算制定设计目标。限额设计目标额度由项目经理或总设计师提出，经主管领导下达，其指标一般为直接工程费的90%，以便项目经理和总设计师留有一定的调节指标，当限额指标用完后须经批准才能调整。

（3）投资限额分配　设计任务书批准后，应在建设项目设计概算和施工图预算编制开始之前，根据项目成本分析或利用已完成工程数据库的结果，将限额投资费用合理分配到各个专业，进而分配到各专业单位工程和分部工程。

对设计限额总值进行合理分配，可以通过引入价值工程原理，按照建设项目的价值系数来确定各个设计目标的目标成本比例，再结合考虑类似工程的经验数据进行调整。而不仅仅是机械地参考以往类似工程的技术经济资料，简单地将投资估算总额切割分块分配到各单位工程或分部工程中来确定设计限额，从而达到限额设计投资分配中功能与成本的有机统一，体现限额设计的主动性。

限额分配实施过程的主要依据有国家颁布的评价方法与参数，如社会折现率、行业基准投资收益率等；项目运行维护成本数据资料，如项目运营维护方式、维护周期、费用、人员成本、拆除和处置费用等；需求分析中已确定的项目设计目标；项目可行性研究报告、项目建议书；相关税收政策、银行利率等。

（4）各阶段项目设计及优化　相关资料研究表明，在初步设计阶段，影响工程造价的可能性为75%~95%；在技术设计阶段，影响工程造价的可能性为20%~30%。因此，越早采用限额设计，越能有效控制造价。初步设计应严格按目标限额进行设计，项目总设计师应将设计原则和投资限额分配情况向设计人员交底。设计人员对各类设计参数进行设定，并对各技术经济方案的关键设备、工艺流程、总图方案、总图建筑和各项费用指标进行比较分析，选择符合项目需求又不超过投资限额的方案作为初步设计方案。

技术设计和施工图设计应以已批准的初步设计和概算为依据，确保从建设项目总造价到单项工程造价均不超过初步设计概算造价。在此约束下确定施工图设计的建筑构造，选用材料和设备。

施工图设计应把握好质量和造价两个标准，使两个标准协调均衡，防止只顾质量而放松经济要求或因为经济限制而消极降低质量。对满足度不高的设计方案，可利用价值工程对方案各参数进行优化，进行限额再分配，以获得最优设计方案。

3. 限额设计应注意的问题

（1）限额设计应兼顾功能和成本　限额设计由于突出强调了设计限额的重要性，设计人员往往忽视了功能水平的要求及功能与成本的匹配性，可能会出现功能水平过低而增加工程运营维护成本的情况，或在投资限额内没有达到最佳功能水平的现象，从而限制了设计人员在这两方面的创造性，导致一些新颖别致的设计往往受设计限额的限制不能得以实现。

为了克服投资限额的不足，可以根据项目的具体情况适当调节使用比例，如留15%~20%投资额作为调节，按80%~85%投资额下达分解。这样为在设计过程中出现的具有创造性、确有成效的设计方案脱颖而出创造了有利条件，也为好的设计变更提供了方便。

（2）限额设计应兼顾近期目标和远期利益　限额设计中的投资估算、设计概算、施工图预算等均是指建设项目的一次性投资，而对项目建成后的维护使用费，项目使用期满后的报废拆除费用则考虑较少。因此，可能出现项目的限额设计效果较好，但项目的全寿命费用不一定很经济的现象。

为合理确定设计限额，有必要在各设计阶段运用价值工程原理进行设计，认真选出工程造价与功能最佳匹配的方案，经过认真全面、科学可靠的方案论证和经济技术评价，并报请主管部门批准后，允许调整或重新确定限额。

4. 限额设计管理

限额设计管理包括健全责任分配制度和健全奖罚制度。明确设计单位以及设计单位内部各有关人员、各专业科室对限额设计应承担的经济责任，正确处理好责、权、利三者之间的关系。加强考核和奖惩制度，在保证工程安全和不降低功能的前提下，采用新材料、新技术、新工艺、新设备节约投资的，按投资额节约大小予以奖励。因设计错误导致工程投资超标，视其错误程度对设计费进行相应扣减等，进而保证设计质量和不超过投资限额。

3.4.3　价值工程原理的运用

设计阶段工程造价管理的一个重要工作就是在成本比较和分析的基础上，利用价值工程进行设计方案的优化和优选，并帮助设计团队获得技术和经济相结合的设计解决方案，从而有效控制工程造价,并增加项目的价值。此外,还可以通过功能分析等手段研究对象的功能,剔除不必要的功能来节省成本。

1. **价值工程原理**

价值工程(VE)是指通过各相关领域的协作,对所研究对象的功能与费用进行系统分析,不断创新,旨在提高研究对象的价值的思想方法和管理技术。其目的是以研究对象的最低寿命周期成本可靠地实现使用者所需的功能,以获取最佳的综合效益。价值、功能和成本三者关系如下:

$$价值(V) = \frac{产品功能(F)}{全寿命周期成本(C)} \tag{3-11}$$

式中的价值表示全寿命周期成本投入所得产品的必要功能。该式反映了产品价值和产品功能和实现此功能所耗成本之间的关系,而且也为如何提高价值提供了有效的途径。一般来说,提高产品的价值有以下途径:

1)提高产品功能,降低产品成本。这是最理想的状态途径。
2)保持成本不变,提高功能水平。
3)保持功能不变,降低成本。
4)成本稍微增加,功能水平大幅度增加。
5)功能稍微下降,成本大幅度下降。

对产品进行价值分析要处理好功能和成本的对立统一关系,提高它们之间的比值,研究产品功能和成本的最佳搭配。建设工程项目价值是以最优的资源配置有效地实现项目利益相关者的需求,因此衡量项目的价值不能仅考虑时间、成本、质量这些因素,还要从项目产品的效用、经营效益和项目的整体表现进行评价,应从广义价值的角度来考虑。

2. **运用价值工程进行设计方案优选**

同一个建设项目总是存在很多个可以满足设计规划要求的设计方案,不同设计方案的功能和成本不尽相同。投资者往往希望每一项可能适合的选择都经过仔细研究和检查,同时期待能够从有限的投资中得到最大价值。运用价值工程可实现设计方案比选,从而选择先进适用、经济合理、安全可靠的最优设计方案,通过专业团队的共同努力获得所投资金最大价值,同时提高规划的设施的价值。价值工程在设计方案优选中的应用程序如下。

(1)功能分析 建筑产品功能是指建筑产品满足社会和生产需要的各种性能的总和,一般分为社会性功能、实用性功能、技术性功能、物理性功能和美学功能五类。

功能分析是价值工程活动的核心,决定价值工程活动的有效程度。功能分析首先应明确项目各类功能具体有哪些,哪些是主要功能,并对功能进行定义和整理,绘制功能系统图。通常对上位功能(目的)进行分析和改善比下位功能(手段)效果好;对功能领域进行分析和改善比单个功能效果好。

(2)功能评价 功能评价主要是指通过比较各项功能的重要程度,计算各项功能的功能评价系数,作为该功能的重要度权数。目前功能重要性权数一般通过打分法确定,有0~1评分法,0~4评分法和环比评分法。

(3)方案设计与创新 根据功能分析结果,开展方案设计,并提出实现各项功能的不同方案。

(4)方案评价 对产生的设计方案中各项功能满足程度进行打分,以功能评价系数作为权数,计算各方案的功能评价得分,最后计算各方案价值系数,以价值系数最大者为最优设计方案。

【例 3-3】 某开发商拟开发建设一多层住宅项目小区。项目所在地点地质条件较差,抗震设防等级为七度。开发商邀请当地某设计院设计多个备选方案,从技术经济角度并进行分析比选,选择最优方案。

(1) 住宅功能分析　为了获得项目最大价值,设计单位组建了价值工程小组,工作人员收集了周边大量用户对住宅的使用意见,并获取了地基情况资料,按不同地质、基础形式和类型标准统计住宅建筑各种技术标准。经过共同分析讨论,对住宅各种功能进行定义、整理和分析,确定住宅的主要功能如下:适用性(F_1)、安全性(F_2)、美观性(F_3)、环境条件(F_4)。

(2) 功能评价　经价值工程小组集体讨论,认为适用性最重要,其次是安全性和环境条件同等重要,美观性再次,即 $F_1 > F_2 = F_4 > F_3$。利用 0~4 评分法,很重要的功能因素得 4 分,另一个很不重要的功能因素得 0 分;较重要的功能因素得 3 分,另一个较不重要的功能因素得 1 分;同样重要或基本同样重要时,则两个功能因素各得 2 分。各项功能的评价系数见表 3-16。

表 3-16　0~4 评分法

功能	F_1	F_2	F_3	F_4	得分	功能评价系数
F_1	×	3	4	3	10	0.417
F_2	1	×	3	2	6	0.250
F_3	0	1	×	1	2	0.083
F_4	1	2	3	×	6	0.250
合计					24	1.0

(3) 方案设计　根据业主要求,设计单位根据基础类型、层数、层高不同,设计了 5 种方案,各方案的特征、造价及成本系数见表 3-17。

表 3-17　各方案特征、造价及成本系数

方案	主要特征	单方造价/(元/m²)	成本系数
方案一	六层框架结构,层高 3.0m,240mm 内外砖墙,钻孔灌注桩基础,半地下储藏室及单独地下车库,外装饰好	1645	0.230
方案二	六层框架结构,层高 2.9m,240mm 内外砖墙,满堂基础,半地下储藏室及单独地下车库,外装饰一般	1282	0.179
方案三	六层框架结构,层高 3.0m,240mm 内外砖墙,沉管灌注桩基础,半地下储藏室及单独地下车库,外装饰一般	1558	0.217
方案四	五层和六层各占 50%,框架结构,层高 3.0m,240mm 内外砖墙,预制管桩基础,整体地下车库,外装饰一般	1305	0.182
方案五	六层框架结构,层高 3.0m,240mm 内外砖墙,条形基础,半地下储藏室及单独地下车库,外装饰一般	1376	0.192

(4) 方案评价　对各方案功能进行评分,利用加权评分法计算各方案综合得分,结果见表 3-18。

表 3-18　各方案的功能评分

项目功能	重要度权数	方案功能评分				
		方案一	方案二	方案三	方案四	方案五
F_1	0.417	10	9	9	10	10
F_2	0.25	9	8	9	9	9
F_3	0.083	9	7	8	6	7
F_4	0.25	9	7	8	7	7
方案加权得分和		9.417	8.084	8.667	8.668	8.751
方案功能评价系数		0.216	0.185	0.199	0.199	0.201

根据 $V=F/C$ 计算各方案的价值系数，见表 3-19。

表 3-19　各方案价值系数计算

方案名称	功能评价系数 F	成本指数 C	价值系数 V
方案一	0.216	0.23	0.939
方案二	0.185	0.179	1.034
方案三	0.199	0.217	0.917
方案四	0.199	0.182	1.093
方案五	0.201	0.192	1.047
合计	1.000	1.000	

由计算结果可知，方案四价值系数较大，据此选定方案四为最优方案。

3. 运用价值工程进行设计方案优化

设计阶段为了控制工程成本，可对选择的设计方案进一步优化，使目标成本合理分配在各项功能中。价值工程在设计方案优化中的应用程序如下。

（1）对象选择　对设计方案进行优化时，应首选方案中对工程造价影响较大的部分作为分析对象。选择研究对象的定量分析法有 ABC 分析法、百分比分析法、强制确定法、价值指数法。通常采用 ABC 分析法，将设计方案成本分解为 A、B、C 三类，A 类成本比重大但数量少，作为价值工程选择的对象和重点。

（2）功能分析　分析研究对象具有哪些功能以及各项功能之间的关系。

（3）功能评价　评价各项功能，确定功能系数 F_i，并计算实现各项功能的现实成本 C_i，进而计算各项功能的价值系数 V_i。价值系数 V_i 小于 1 的，应在功能水平不变的情况下降低成本，或在成本不变的条件下，提高功能水平；价值系数 V_i 大于 1 的，如果是重要功能，应适当提高成本，保证重要功能的实现；$V_i=1$ 的，则可不做改变。

（4）分配目标成本　根据限额设计要求，确定研究对象的目标成本，并以功能评价系数为基础，将目标成本分摊到各项功能上，并与各项功能的现实成本进行对比，确定成本改进期望值。应把成本改进期望值大的项目作为重点改进对象。

（5）方案创新及评价　根据价值分析结果和目标分配结果要求，提出各种方案，用加权平均法选出最优方案，使设计方案满足投资者和各相关利益方的需求。

【例3-4】 某市高新技术开发区预开发建设一综合大楼，经过方案比选，确定了最终设计方案。大楼土建工程采用灌注桩基础，主体结构型式为框架剪力墙轻墙体系，采用预应力大跨度叠合楼板，墙体采用内浇外砌，窗户采用双玻铝合金窗。为控制项目投资费用，运用价值工程分析和降低项目造价的途径。

（1）对象选择　由于项目土建工程整个工程费用比例最大，拟针对设计方案的土建工程部分，以分部分项工程费用为对象开展价值工程分析。

（2）功能分析　将土建工程划分为桩基围护工程、地下室工程、主体结构工程、装饰工程四个功能项目。各项功能评分及现实成本见表3-20。

表3-20　各项功能评分及现实成本

序号	功能项目	功能评分	现实成本（万元）
1	桩基围护工程	10	1850
2	地下室工程	11	1720
3	主体结构工程	35	5450
4	装饰工程	38	5900
	合计	94	14920

（3）功能评价　根据各项功能评分计算桩基围护工程、地下室工程、主体结构工程和装饰工程的功能指数、成本指数和价值指数，见表3-21。

表3-21　各项功能价值指数计算

功能项目	功能评分	功能指数	目前成本（万元）	成本指数	价值指数
桩基围护工程	10	0.106	1850	0.124	0.858
地下室工程	11	0.117	1720	0.115	1.015
主体结构工程	35	0.372	5450	0.365	1.019
装饰工程	38	0.404	5900	0.395	1.022
合计	94	1.0000	14920	1.0000	

由上表计算结果可知，桩基围护工程价值指数小于1，成本偏高，应降低成本。地下室工程、主体结构工程和装饰工程价值指数大于1，功能比重大于相应的成本比重，有可能成本偏低或功能过剩。

（4）分配目标成本　按限额和优化设计要求，土建部分目标成本额应控制在14200万元。将总目标成本按功能评价系数分配到各项功能中，分析各功能项目的目标成本及其可能降低的额度，并确定功能改进顺序，见表3-22。

表3-22　目标成本分配及成本改进期望值计算

功能和项目	功能评价系数	成本指数	目前成本（万元）	目标成本（万元）	成本降低期望值（万元）
桩基围护工程	0.106	0.124	1850	1511	339
地下室工程	0.117	0.115	1720	1661	59

（续）

功能和项目	功能评价系数	成本指数	目前成本（万元）	目标成本（万元）	成本降低期望值（万元）
主体结构工程	0.372	0.365	5450	5287	163
装饰工程	0.404	0.395	5900	5741	159
合价	1.000	1.000	14920	14200	720

由上述计算结果可知，桩基围护工程、地下室工程、主体结构工程和装饰工程均应通过适当方式降低成本。根据成本降低额的大小，功能改进顺序依次为桩基围护工程、装饰工程、主体结构工程、地下室工程，并据此进行方案创新和优化设计。

3.4.4 设计优选与优化

1. 概述

设计优选是指采用特定指标对同一个项目的多个方案进行比较、分析与评价，择优选择最符合项目投资目标的方案。设计优化是以系统工程理论为基础，应用最优化技术和借助计算机技术，对工程设计方案、设备选型、参数匹配、效益分析、项目可行性等方面进行的最优化设计。设计优选与优化是设计阶段的重要步骤，是控制工程造价的有效方法。

设计招标和设计方案竞选是进行设计方案优选和优化的一项重要手段，同时也是提高建筑工程设计水平、促进公平竞争的有效措施。国家规定，依法必须进行招标的各类房屋建筑工程，其设计招标投标活动应按《建筑工程设计招标投标管理办法》的要求开展相应的招投标活动。建筑工程设计招标可以采用设计方案招标或者设计团队招标，招标人可以根据项目特点和实际需要选择。

2. 设计优选与优化方法

通常采用的设计优选和优化方法有设计招标和设计方案竞选、价值工程和标准化设计。价值工程原理及应用有关内容详见3.2.3节。在设计招标阶段，建设单位提出合理的工程项目设计周期，将市场竞争机制引入其中，积极开展设计招投标工作。利用专家评价法从经济与质量相结合的角度对参与竞标的设计单位方案进行综合评比，选出最合理的设计方案。对于设计方案经济比选分析，采用的经济评价指标体系应包括以下内容：

1）价值指标，即工程项目功能指标。
2）反映创造使用价值所消耗的社会劳动消耗量指标。
3）主要价格指标。
4）其他指标。

对于单项工程或单位工程设计的多方案经济比选宜采用价值工程和全寿命周期成本分析方法。

设计招投标完成后，招标人和中标人根据签订的设计合同，应进一步明确设计的深度、技术经济控制指标和设计单位承担的具体责任，并编制设计概算。招标人可明确要求设计单位运用价值工程优化设计的方案，就估算金额按建设项目、单项工程、单位工程、分部分项工程或专业工程分解，向具体从事各专项设计的人员进行专业投资分派，进行限额专业设计。还可以增加对设计产品工程造价的奖惩制度。这样一方面可以促使设计人员优化技术方案，为工程设计增加创新性；另一方面利用惩罚措施，对设计人员的行为进行约束。

3.4.5 标准化设计

标准化设计又称通用设计、定型设计，是建筑工业化的组成部分，是指在一定时期内，面向通用产品，采用共性条件，在统一的标准和模式下开展的适用范围比较广泛的设计。标准化设计适用于技术上成熟、经济上合理、市场容量充裕的产品设计。

建筑设计标准化是指把不同用途的建筑物，分别按照统一的建筑模数、建筑标准、设计规范、技术规定等进行设计，并将实践鉴定具有足够科学性的建筑物形式、平面布置、空间参数、结构方案，以及建筑构件和配件的形状、尺寸等，在全国或一定地区范围内统一定型、编制目录，作为法定标准在较长时期内统一重复使用。如目前广泛使用的各种标准设计、标准机构、配件等。建筑标准化设计的内容主要有外墙设计，楼板设计，楼梯、阳台设计，柱、梁构件设计等。

各类工程建设的构配件，通用的建筑物、构筑物等，只要有条件的，都应编制和实施标准化设计。设计标准规范是重要的技术规范，是进行工程设计、工程建设及施工验收的重要依据。随着工程建设和科学技术的发展，设计规范和标准设计必须经常补充和及时修订。

1. 标准化设计方法

（1）设计的模数化　模数是工业化建筑的一个基本单位尺寸。在项目设计中，一般以成品建材或重要部品的基本尺寸作为基本模数，依据使用空间的合理模数设计空间的结构尺度。为便于在设计阶段简单、方便地应用模数，可以采用整模数来设计空间及构件尺度。

（2）设计的精细化　由于工厂制造对精度控制具有优势，特别是对异形构件精细设计的实现程度较高，可以将建筑部品、构件的设计做到美观和工艺的有机结合，并尽量通过各种部品的变化组合来体现建筑外观的层次感、丰富性以及工业生产的精致感。

（3）选择合适的模块进行标准化设计　标准化设计模块包括户型、标准楼层、单元楼栋等大模块以及房间、构件和部品等小模块。在重复规模较大的设计工程（如居住小区、配套生活区等），宜选择大模块进行标准化设计；在重复规模较小或独栋建筑项目上，宜选择小模块进行标准化设计。

2. 标准化设计的优点

（1）可以提高设计和工程质量，加快实现建筑工业化　由于标准设计是将大量成熟的、行之有效的实际经验和科技成果按照统一简化、协调选优的原则，提炼上升为设计规范和标准设计，因此可以解决设计质量参差不齐的问题，能够保证设计的质量，进而提高工程质量。

（2）可以节约建筑材料，降低工程造价　由于标准化设计采用的都是标准构配件，可以在专门的工厂中批量生产（如门窗、楼梯、阳台、栏杆），便于预制厂统筹安排，节约建筑材料，也可以使施工现场工作量降低，从而提高经济效益。由于目前全国范围内工厂化生产规模相对较小，相较传统建筑生产方式，单个项目采用工厂预制构件进行现场安装所产生的费用并没有明显降低。

（3）可以提高劳动生产率，加快工程建设进度　设计过程中，标准化流程可以减少重复劳动，节省设计力量，缩短设计时间，从而缩短建设周期；同时，由于标准化的设计应用可以促使构配件生产工厂化、装配化和施工机械化，使施工现场劳动效率提高，加快了工程建设进度。

（4）标准化设计有利于大规模地推广新技术的使用　装配式建筑具有运用新技术的天然场景，建筑的预制部件都是在工厂生产，在工地装配而成。在建筑产业互联网化的大前提下，为培育新产业新动能，推动化解过剩产能和节约资源能源，国家不断出台政策大力发展装配式建筑产业。而对于装配式建筑本身，标准化设计是实现装配式建筑的有效手段，能够有效提高生产速度和劳动效率，减少施工污染、降低造价。

思 考 题

1. 设计阶段进行工程造价管理有何意义？
2. 设计阶段工程造价的影响因素有哪些？
3. 如何有效地进行设计概算的审查？
4. 《住房和城乡建设部办公厅关于印发工程造价改革工作方案的通知》（建办标〔2020〕38号）对施工图预算的编制有哪些积极影响？
5. 在设计阶段进行工程造价管理主要有哪些方法？
6. 为什么要提倡标准化设计？

二维码形式客观题

扫描二维码可在线做题，提交后可查看答案。

第 4 章
项目发承包阶段工程造价的管理

学习提要

> 发承包阶段工程造价的管理是指在相关法律法规的框架下及"国家宏观调控,企业自主报价,竞争形成价格,加强动态管理"的工程造价管理方针下,择优选择和确定承包人。同时确定合同类型与计价方式,对交易价格和合同条款进行经济性、管理性、科学性、风险性、系统性的思考及优化。本章阐述了发承包阶段工程造价管理意义及发承包阶段影响工程造价的因素;对施工招标、施工投标及施工评标定标三大环节的工程造价相关工作进行了详细介绍;最后介绍了合同签订及签约合同价的形成相关内容。
>
> 建设工程的招标与投标发包方式较直接发包方式更有利于公平竞争,更符合市场经济的规律要求,更有利于促进投资效益。因此,本章主要介绍基于招标投标方式的发承包阶段造价管理。

4.1 概述

项目发承包阶段是确定承包人、签订承包合同、确定合同价款的重要阶段,对项目的顺利实施有直接的影响。因此,发承包阶段的造价管理是工程造价管理的重要环节,要知晓和重视这一阶段影响工程造价的若干因素,尽力做到主动控制和事前控制,为合理控制工程造价奠定基础。

《中华人民共和国建筑法》规定,建设工程发包有招标发包与直接发包两种方式。建设工程招标发包是指发包人事先标明拟建工程的内容和要求,由愿意承包的单位递交标书明确其价格、工期、质量等条件,再由发包人择优选择工程承包人的交易方式。建设工程的直接发包是指发承包双方直接通过协商,约定工程价格、工期、其他条件的交易方式。

显而易见,建设工程的招标发包方式较直接发包方式更有利于公平竞争,更符合市场经济的规律要求,更有利于促进投资效益。因此,本章主要介绍基于招标投标方式的发承包阶段造价管理。

4.1.1 建设工程招标投标概述

从法律意义上讲,建设工程招标一般是指建设单位(或业主)就拟建的工程发布通告,用法定方式吸引建设项目承包单位参加竞争,进而通过法定程序从中选择条件优越者来完成工程建设任务的法律行为。建设工程投标一般是指由经过特定审查而获得投标资格的建设项目承包单位，按照招投标文件的要求，在规定的时间内向招标单位填报投标书，并争取中标的法律行为。

1. 招标方式与组织形式

（1）招标方式　《中华人民共和国招标投标法》第十条规定，招标分为公开招标和邀请招标。

1）公开招标。公开招标又称无限竞争性招标，是指招标人以招标公告的方式邀请非特定法人或者其他组织投标，即招标人按照法定程序，在国内外公开出版的报刊或通过广播、电视、网络等公共媒体发布招标公告，凡有兴趣并符合公告要求的供应商、承包商，不受地域、行业和数量的限制均可申请投标，经过资格审查合格后，按规定时间参加投标竞争。

这种招标方式的优点是：招标人可以在较广的范围内选择承包商或供应商，投标竞争激烈，择优率更高，有利于招标人将工程项目交给可靠的供应商或承包商实施，并获得有竞争性的商业报价，同时也可以在较大程度上避免招标活动中的贿标行为。

缺点是：对投标申请者进行资格预审和评标的工作量大，招标时间长，费用高。同时，参加竞争的投标者越多，每个参加者中标的机会越小，风险越大，损失的费用也就越多，而这种费用的损失必然反映在标价上，最终会由招标人承担。

2）邀请招标。邀请招标又称有限竞争性招标，是一种由招标人选择若干符合招标条件的供应商或承包商，向其发出投标邀请，由被邀请的供应商、承包商投标竞争，从中选定中标者的招标方式。邀请招标的要点有以下几点：

①招标人在一定范围内邀请特定的法人或其他组织投标。为了保证招标的竞争性，邀请招标必须向3个以上具备承担招标项目能力的投标人发出邀请书。

②邀请招标不需发布公告，招标人只要向特定的投标人发出招标邀请书即可。只有接受邀请的人才有资格参加投标，其他人无权索要招标文件，不得参加投标。

邀请招标的优点是：由于被邀请参加的投标竞争者有限，不仅可以节约招标费用，而且提高了每个投标者的中标概率，又因为不用刊登招标公告，投标有限期大幅缩短。由于招标人对投标人以往的业绩和履约能力比较了解，从而减少了合同履行过程中承包商违约的风险。邀请招标虽然不履行资格预审程序，但为了体现公平竞争，便于招标人对各投标人的综合能力进行比较，仍要求投标人按招标文件中的相关要求，在投标书内报送有关资料，在评标时以资格后审的形式作为评标的内容之一。

缺点是：由于投标竞争的激烈程度较差，有可能提高中标的合同价；也有可能排除了某些在技术上或报价上有竞争力的供应商、承包商参与投标；还可能出现虚假招标、串通投标、陪标的现象。

（2）招标组织形式　招标分为招标人自行组织招标和招标人委托招标代理机构代理招标两种组织形式。具有编制招标文件和组织评标能力的招标人，可自行办理招标事宜，组织招标投标活动，任何单位和个人不得强制其委托招标代理机构办理招标事宜。依法必须进行招标的项目，招标人自行办理招标事宜的，应当向有关行政监督部门备案。

招标人有权自行选择招标代理机构，委托其办理招标事宜，开展招标活动，任何单位和个人不得以任何方式为招标人指定招标代理机构。招标代理机构是依法设立、从事招标代理业务并提供相关服务的中介组织。招标代理机构应当具备下列条件：

1）有从事招标代理业务的营业场所和相应资金。

2）有能够编制招标文件和组织评标的相应专业力量。

3）有符合《中华人民共和国招标投标法》（简称《招标投标法》）规定条件，可以作为评标委员会成员人选的技术、经济等方面的专家库。

招标代理机构代理招标业务，应当遵守《招标投标法》和《招标投标法实施条例》关于招标人的规定。招标代理机构不得在所代理的招标项目中投标或者代理投标，也不得为所代理的招标项目的投标人提供咨询。

2. 建设工程招标范围

（1）必须招标的范围 《招标投标法》第三条规定：在中华人民共和国境内进行下列工程建设项目包括项目的勘察、设计、施工、监理以及与工程建设有关的重要设备、材料等的采购，必须进行招标。同时结合中华人民共和国国家发展和改革委员会关于《必须招标的工程项目规定》（2018年第16号令），对必须招标的工程项目做如下规定。

1）全部或者部分使用国有资金投资或者国家融资的项目。使用国有资金投资或者国家融资的项目是针对资金来源做出的规定。国有资金，是指国家财政性资金（包括预算内资金和预算外资金）、国家机关、国有企事业单位和社会团体的自有资金或借贷资金。使用国有资金投资或者国家融资的项目范围见表4-1。

表4-1 使用国有资金投资或者国家融资的项目范围

使用国有资金投资项目	使用各级财政预算资金的项目
	使用纳入财政管理的各种政府性专项建设基金的项目
	使用国有企业、事业单位自有资金，并由国有资产投资者实际拥有控制权的项目
使用国家融资的项目	使用国家发行债券所筹资金的项目
	用于国家对外借款或者担保所筹资金的项目
	使用国家政策性贷款的项目
	国家授权投资主体融资的项目
	国家特许的融资项目

其中，全部或者部分使用国有资金投资或者国家融资的项目必须招标，包括：

①使用预算资金200万元人民币以上，并且该资金占投资额10%以上的项目。

②使用国有企业事业单位资金，并且该资金占控股或者主导地位的项目。

2）使用国际组织或者外国政府贷款、援助资金的项目。使用国际基金组织或者外国政府贷款、援助资金的项目必须招标，是世界银行等国际金融组织和外国政府普遍要求的。我国在与这些国际组织或外国政府签订的双边协议中，也对这一要求予以了认可。另外，这些贷款大多属于国家的主权债权，由政府统借统还，在性质上应视为国有资金投资。

其中，使用国际组织或者外国政府贷款、援助资金的项目必须招标，包括：

①使用世界银行、亚洲开发银行等国际组织贷款、援助资金的项目。

②使用外国政府及其机构贷款、援助资金的项目。

3）大型基础设施、公用事业等关系社会公共利益、公众安全的项目。大型基础设施、公用事业等关系社会公共利益、公众安全的项目，是针对项目性质做出的规定。通常来说，所谓基础设施，是指为国民经济生产过程提供的基本条件，可分为生产性基础设施和社会性基础设施。基础设施通常包括能源、交通运输、邮电通信、水利、城市设施、环境与资源保护设施等。所谓公用事业，是指为适应生产和生活需要而提供的具有公共用途的服务，如供水、供电、供热、供气、科技、教育、文化、体育、卫生、社会福利等。大型基础设施、公用事业等项目范围见表 4-2。

表 4-2 大型基础设施、公用事业等项目范围

项目类型	项目范围
关系社会公共利益、公共安全的基础设施项目	煤炭、石油、天然气、电力、新能源等能源项目
	铁路、公路、管道、水运、航空及其他交通运输业等交通运输项目
	邮政、电信枢纽、通信、信息网络等邮电通信项目
	防洪、灌溉、排涝、引（供）水、滩涂治理、水土保持、水利枢纽等水利项目
	道路、桥梁、地铁和轻轨交通、污水排放及处理、垃圾处理、地下管道、公共停车场等城市设施
	生态环境保护项目
	其他基础设施项目
关系社会公共利益、公众安全的公用事业项目	供水、供电、供气、供热等市政工程项目
	科技、教育、文化等项目
	体育、旅游等项目
	卫生、社会福利等项目
	商品住宅，包括经济适用住房
	其他公用事业项目

大型基础设施、公用事业等必须招标的具体范围见表 4-3。

表 4-3 大型基础设施、公用事业等必须招标的项目范围

项目类型	项目范围
关系社会公共利益、公共安全的基础设施项目	煤炭、石油、天然气、电力、新能源等能源基础设施项目
	铁路、公路、管道、水运，以及公共航空和 A1 级通用机场等交通运输基础设施项目
	电信枢纽、通信、信息网络等通信基础设施项目
	防洪、灌溉、排涝、引（供）水等水利基础设施项目
	城市轨道交通等城建项目

4）上述 1)~3) 项规定中，必须招标范围内的项目，包括项目的勘察、设计、施工、监理以及与工程建设有关的重要设备、材料等的采购，达到下列标准之一的，必须进行招标：
①施工单项合同估算价在 400 万元人民币以上。
②重要设备、材料等货物的采购，单项合同估算价在 200 万元人民币以上。
③勘察、设计、监理等服务的采购，单项合同估算价在 100 万元人民币以上。
④同一项目中可以合并进行的勘察、设计、施工、监理以及与工程建设有关的重要设备、材料等的采购，合同估算价合计达到前款规定标准的，必须招标。

（2）属于招标范围，但不必进行公开招标的情况 我国的国家重点建设项目和各省、自治区、直辖市人民政府确定的地方重点建设项目，以及不使用国有资金投资或者国有资金

投资占控股或者主导地位的工程建设项目，应当公开招标。但下列特殊情况经批准可以进行邀请招标：

1）项目技术复杂或有特殊要求，只有少量几家潜在投标人可供选择的。
2）受自然地域环境限制的。
3）涉及国家安全、国家秘密或者抢险救灾，适宜招标但不适宜公开招标的。
4）拟公开招标的费用与项目的价值相比不值得的。
5）法律、法规规定不宜公开招标的。

国家重点建设项目的邀请招标，应当经国务院发展计划部门批准。地方重点建设项目的邀请招标，应当经各省、自治区、直辖市人民政府批准。

全部使用国有资金投资或者国有资金投资占控股或者主导地位并需要审批的工程建设项目的邀请招标，应当经项目审批部门批准，但项目审批部门只审批立项的，最终由有关行政监督部门批准。

（3）可以不进行招标的情形　有下列情形之一的，可以不进行招标：
1）需要采用不可替代的专利或者专有技术。
2）采购人依法能够自行建设、生产或者提供。
3）已通过招标方式选定的特许经营项目投资人依法能够自行建设、生产或者提供。
4）需要向原中标人采购工程、货物或者服务，否则将影响施工或者功能配套要求。
5）国家规定的其他特殊情形。

（4）建设项目的标段划分　所谓标段，是指一个建设项目，为招标和建设施工的方便，分为几个更小的子包项目进行招标和建设。国家相关法律法规对标段的划分，主要是在《工程建设项目施工招标投标办法》中有一个比较宏观的规定，即施工招标项目需要划分标段、确定工期的，招标人应当合理划分标段、确定工期，并在招标文件中载明，对工程技术上紧密相连、不可分割的单位工程不得分割标段。

此外，一些部委和地方政府建设行政主管部门对标段的划分也做了一些具体的规定。对需要划分标段的招标项目，招标人应当合理划分标段。一般情况下，一个项目应当作为一个整体进行招标。但是，对于大型的项目，作为一个整体进行招标将大大降低招标的竞争性，甚至可能流标，或延长建设周期，同时也不利于建设单位对中标人的管理，这是因为符合招标条件的潜在投标人数量太少。这样就应当将招标项目划分成若干个标段分别进行招标，但也不能将标段划分得太小，太小的标段将失去对实力雄厚的潜在投标人的吸引力。例如，建筑项目一般可以分解为单位工程及特殊专业工程分别招标，但不允许将单位工程肢解为分部、分项工程进行招标。标段的划分是招标活动中较为复杂的一项工作，应当综合考虑以下因素：

1）招标项目的专业要求。如果招标项目几个部分内容的专业要求接近，则该项目可以考虑作为一个整体进行招标。如果该项目几个部分内容的专业要求相距甚远，则应当考虑划分为不同的标段分别招标。例如，对于一个项目中的土建和设备安装两部分内容，就应当分别招标。

2）招标项目的管理要求。有时一个项目的各部分内容相互之间干扰不大，方便招标人进行统一管理，这时可以考虑对各部分内容分别进行招标。反之，如果各个独立的承包商之间的协调管理十分困难，则应当考虑将整个项目发包给一个承包商，由该承包商分包后统一进行协调管理。

3）工程投资的影响。标段划分对工程投资也有一定的影响。这种影响由多方面因素造成，但直接影响是由管理费的变化引起的。一个项目作为一个整体招标，承包商需要进行分包，分包的价格在一般情况下没有直接发包的价格低。但一个项目作为一个整体招标有利于承包商进行统一管理，人工、机械设备、临时设施等可以统一使用，有利于相应费用的降低。因此，应当具体情况具体分析。

4）工程各项工作的衔接。在划分标段时还应当考虑项目在建设过程中的时间和空间的衔接，应当避免产生平面或立面的交界、工作责任的不清。如果建设项目各项工作的衔接、交叉和配合较少，责任清楚，则可考虑分别发包；反之，则应考虑将项目作为一个整体发包给一个承包商，由一个承包商进行协调管理，这样容易做好衔接工作。

3. 招标程序和内容

招标是招标人选择中标人并与其签订合同的过程，而投标则是投标人力争获得承包合同的竞争过程。招标人和投标人均需按照招标投标法律和法规的规定进行招标投标活动。招标程序是指招标单位或委托招标单位开展招标活动全过程的主要步骤、内容及其操作顺序。公开招标与邀请招标在招标程序上的差异主要是承包商获得招标信息的方式不同，对投标人资格审查的方式不同。公开招标与邀请招标均要经过招标准备，资格审查与投标，开标、评标与授标三个阶段。典型的工程招标程序（主要工作步骤和工作内容）见表4-4。

表4-4 工程招标主要工作步骤和工作内容

阶段	主要工作步骤	主要工作内容	
		招标人	投标人
招标准备	确定项目招标条件	招标人需要完成项目前期研究与立项、图纸和技术要求等技术文件准备、项目相关建设手续办理等工作	组成投标小组进行市场调查、投标机会研究与跟踪
	招标审批手续办理	按照国家有关规定需要履行项目审批、核准手续，依法必须进行招标的项目，其招标范围、招标方式、招标组织形式应当报项目审批、核准部门审批、核准	
	组建招标组织	自行建立招标组织或委托招标代理机构	
	策划招标方案	施工标段划分，合同计价方式、合同类型选择，潜在竞争程度评价，投标人资格要求，评标方法设置要求等	
	发布招标公告（资格预审公告）或发出投标邀请	明确招标公告（资格预审公告）内容，发布招标公告（资格预审公告）或者选择确定受邀单位，发出投标邀请函	
	编制标底或确定最高投标限价	自行或委托专业机构编制标底或最高投标限价，完成相关评审并最终确定	
	准备招标文件	编制资格预审文件和招标文件，并完成相关评审或备案手续	

（续）

阶段	主要工作步骤	主要工作内容	
		招标人	投标人
资格审查与投标	发售资格预审文件（实行资格预审）	发售资格预审文件	购买资格预审文件，填报资格预审材料
	进行资格预审（实行资格预审）	分析评价资格预审材料，确定资格预审合格者，通知资格预审结果	回函收到资格预审结果
	现场踏勘、标签会议（必要时）	组织现场踏勘和标前会议（必要时） 进行招标文件的澄清和补遗	参加现场踏勘和标前会议或者自主开展现场踏勘。对招标文件提出质疑
	投标文件的编制、递交和接收	接收投标文件（包括投标保证金或投标保函）	编制投标文件、递交投标文件（包括投标保证金或投标保函）
开标、评标与授标	开标	组织开标会议	参加开标会议
	评标	组建评标委员会 投标文件初评（符合性鉴定） 投标文件详评（技术标、商务标评审） 要求投标人提交澄清资料（必要时） 资格后审（实行资格后审）、编写评标报告	提交澄清资料（必要时）
	授标	确定中标候选人 公示中标候选人 发出中标通知书 签订施工合同 退还投标保证金	提交履约保函 签订施工合同 收回投标保证金

4.1.2 发承包阶段工程造价管理意义

发承包阶段工程造价的管理是指在相关法律法规的框架下及"国家宏观调控，企业自主报价，竞争形成价格，加强动态管理"的工程造价管理方针下，择优选择和确定承包人，同时确定合同类型与计价方式，对交易价格和合同条款进行经济性、管理性、科学性、风险性、系统性的思考及优化。

建筑市场中买卖双方存在着信息不对称现象，因为信息不对称，交易可能产生不公平，资源不能得到优化配置，所以构建一个公开、公平、公正的交易环境，鼓励竞争，防止垄断，推行以招标投标为主的建设项目发承包方式是我国建筑市场趋向法制化、规范化和科学化的重要举措，具有如下重要的意义。

1）有利于完善市场经济体制和维护建设市场竞争秩序。
2）有利于在市场经济条件下实现社会资源的优化配置，提高涉及企事业单位的业务技术能力和企业管理水平，节省资金。

3）有利于减少费用，节省人力、物力、财力，保证质量和工期，促进工程造价的合理化确定，提高投资效益和社会效益。

4）有利于规范价格形成机制，贯彻公开、公平、公正的原则，克服不正当竞争。

5）有利于防止发承包活动中的腐败行为，保护国家利益、社会公共利益和当事人的合法利益。

4.1.3 发承包阶段影响工程造价的因素

1. 供求关系

建筑市场的供求关系是影响工程造价的重要因素之一。在市场经济条件下，供不应求时，商家会提高价格；供大于求时，商家会降低价格，这是市场经济条件下的必然规律，建筑市场也遵循这一规律。建筑市场的供求关系与经济的发展有密切的联系。当经济发展迅速时，建筑市场的需求也随之上升，即建筑市场繁荣，这时即使承包商在成本的基础上加上大幅度的利润仍有把握中标；当经济发展缓慢时，建筑市场的需求也随之下降，即建筑市场萧条，这时市场竞争加剧，承包商为了中标会大幅度降低自己的利润空间。

2. 业主要求

任何一个业主都希望拟建项目的建设工期短、造价低、质量好，这种希望是不符合客观实际的。任何产品的生产都要符合一定的质量标准，在产品完工之后要按照验收规范进行质量验收。业主如果要求建筑产品质量超过国家规定的标准，就需要投入更大的人力、物力和充足的时间，工程造价自然会提高；当业主希望建筑产品缩短工期，尽早投入市场时，就需要施工单位组织更多的人力加班加点赶超工期，这时工程造价会提高。总之，业主为了提高产品质量或者缩短工期就必须付出相应的经济代价，势必会提高工程造价。

3. 项目特点

拟建项目的特点与工程造价有密切的联系，主要表现在以下几个方面：

1）拟建项目的规模。建筑产品规模大，各个阶段的费用占总费用的比例会降低，并不是工程量越大，各项费用就越高，因此投标人可以根据项目规模的不同实行不同的报价策略。根据薄利多销的原则，建筑产品规模大，可以适当地降低报价；建筑产品规模小，可以适当地提高报价。

2）拟建项目的技术含量。拟建项目采用的工艺技术也和工程造价有关。一般来说，越是成熟的工艺技术所需的费用越低，因为市场上提供这项工艺技术的商家有很多，供大于求。而拟建项目如果采用新工艺、新技术、新方法，其工程造价可能会提高，因为新工艺、新技术、新方法还没普及，市场上掌握这种工艺、技术、方法的商家很少，价格容易垄断，而且新工艺的运用是有风险的，因此投标人在投标报价时会考虑这些因素，适当提高报价。

3）拟建项目的环境。它是指项目在建设过程中资金的到位情况、项目建设地点、项目所在地的气候条件是否有利于项目建设活动的开展。如果环境比较恶劣，势必会影响项目正常的建设进度，从而在一定程度上影响工程造价。

4. 投标竞争

投标人作为建筑产品的生产者，可以根据市场竞争情况、企业自身的实力、竞争对手实力来制定自身的投标报价，而竞争对手的实力、人数是影响投标人投标报价的主要因素，进而会对工程造价造成影响。参加投标的人数多、实力雄厚，投标人的投标报价则会压低；反之，则会抬高。

5. 招标文件

招标文件是招标人单方面阐述自己的招标条件和具体要求的文件，是招标人确定、修改和解释有关招标事项的各种书面表达形式的统称，由招标人或受其委托的招标代理机构负责。招标文件是投标文件的主要依据和信息源，是签订合同的基础，包括投标单位参加投标所需要的一切情况。因此，招标文件对发承包阶段的造价有重要的影响。在编制招标文件前，需要根据并综合考虑项目的性质、类型以及规模等情况确定发承包模式、投标报价方式和评标办法等，进而编制招标文件。

6. 标段划分

标段划分是决定招标结果的重要因素，与发承包阶段的工程造价有密切的关联。合法合理的标段划分是实现招标结果质优价廉的有效方法，错误失当的标段划分必然会对项目实施造成不利影响。

划分标段时必须坚持不肢解工程的原则，保证工程的整体性和专业性，弄清工程建设项目的一般划分和禁止肢解工程的最小单位。在我国，工程建设项目一般被划分为五个层次。

（1）建设项目　建设项目通常是被批准在一个设计任务书范围内的工程任务。一个建设项目可以是一个独立工程，也可以包括若干个单项工程。在一个设计任务书范围内，按规定分期建设的项目仍算作一个建设项目。

（2）单项工程　单项工程又称工程项目，是建设项目的组成部分且具有独立的设计文件，建成后可以独立发挥生产能力或使用效益的工程。

（3）单位工程　单位工程是单项工程的组成部分并且是可以进行独立施工的工程。通常，单项工程包含不同性质的工程内容，根据其能否独立施工，将其划分为若干个单位工程。

（4）分部工程　分部工程是单位工程的组成部分，一般按建筑物的主要结构、主要部件以及安装工程的种类划分。

（5）分项工程　分项工程是分部工程的组成部分，通常可以根据分部工程划分的原则再进一步将分部工程划分为若干分项工程。

施工招投标发包的最小分标单位为单位工程。

7. 招标方式

工程项目招标的方式在国内通行的主要有公开招标和邀请招标。招标方式的选择主要根据项目的性质、类型以及发包人和承包人的情况综合考虑。合适的招标方式对控制发承包阶段的工程造价有重要的作用。

8. 最高投标限价（招标控制价）

最高投标限价是指招标人根据国家或省级、行业建设主管部门颁发的有关计价依据和办法，按设计施工图计算的、对招标工程限定的最高工程造价。

最高投标限价是在工程招标发包的过程中，由招标人根据有关部门计价规定计算的工程造价，是招标人用于对招标工程发包的最高限价，也叫拦标价、招标控制价。最高投标限价不仅制约投标人的投标报价，也关系建设项目发承包阶段的工程造价控制水平。

9. 其他因素

除了上述影响发承包阶段工程造价的因素以外,还有许多因素对发承包阶段的工程造价造成影响,例如,前期资料数据的准确程度、资格审查的严格程度、政治社会等因素。

4.2 施工招标

施工招标是一个选取最符合招标人要求的施工单位来进行项目建设的过程。当项目现场达到一定条件后,建设单位可以发布施工招标公告,邀请符合相关资质要求的承包商投标报价,最终与最符合招标文件要求的中标人签订施工合同。除极个别特殊情况外,施工招标公告上会明确工作内容、工作范围、资质要求、质量安全规定等要求。在施工招标过程中,可采用的报价方式一般有工程量清单报价、下浮率报价等。为了避免低于成本的恶意竞争,可以采取设置报价下限,调整评标办法,适当增强各投标单位过往业绩、技术、管理等综合能力对中标的影响力等方法。

在施工招标时,建设单位可根据工程实际情况对项目进行整体招标或分标段招标。其中,整体招标指的是将项目建设的全部施工工作内容(包括成套设备、强弱电系统、建筑所需材料)一次性发包,招标一个总承包单位,该方式有利于统筹管理;而分标段招标则是将项目按一定标准划分为几个标包分别招标,如分别对建筑安装工程、公共配电房工程、有线电视工程等进行招标。但不管怎样进行施工招标,都必须在相关法律法规允许的范围内进行。

在招标开始前,招标人的主要工作内容是编制好与招标有关的各种文件,以保证招标活动的正常进行。具体包括:施工招标策划、招标文件的编制与审核、招标工程量清单的编制与审核、招标控制价的编制与审核。

4.2.1 施工招标策划

施工招标策划是指建设单位及其委托的招标代理机构在准备招标文件前,根据工程项目特点及潜在投标人情况等确定招标方案。招标策划的好坏关系招标的成败,直接影响投标人的投标报价乃至施工合同价。因此,招标策划对于施工招标投标过程中的工程造价管理起着关键作用。施工招标策划包括的内容主要有:

1)标段划分及招标范围。
2)招标方式。
3)合同计价方式。
4)合同类型。
5)付款方式。
6)投标人资格条件。
7)合同文本及特殊的合同条款。
8)评标方法。
9)招标进度。
10)甲供材料(如有)。

4.2.2 施工招标文件的编制与审核

1. 施工招标文件的编制

（1）概述　招标文件是指导整个招标投标工作全过程的纲领性文件，是招标人向投标单位提供参加投标所需信息和要求的完整汇编。招标文件由招标人（或者其委托的咨询机构）根据招标项目的特点和需要编制，由招标人发布。它既是投标单位编制投标文件的依据，是招标人组织评标的依据，也是招标人与将来中标人签订合同的基础。

根据《招标投标法》的规定，招标文件应当包括招标项目的技术要求，对招标人资格审查的标准、投标报价要求和评标标准等所有实质性要求和条件以及拟签订合同的主要条款。就建设项目相关招标而言，招标文件的繁简程度要视招标工程项目的性质和规模而定。建设项目复杂、规模庞大的，招标文件要力求精练、准确、清楚；建设项目简单、规模小的，文件可以从简，但也要把主要问题交代清楚。

招标文件的编制质量和深度关系整个招标工作的成败。鉴于此，为了规范招标人的行为，提高招标文件的编制质量和编制效率，我国《招标投标法》《招标投标法实施条例》等法规对招标文件的编制和管理提出了诸多要求，国家发展改革委会同其他相关部门也发布了诸多标准招标文件范本，如《标准施工招标资格预审文件》（2007年版）、《标准施工招标文件》（2007年版）、《简明标准施工招标文件》（2012年版）、《标准设计施工总承包招标文件》（2012年版）等。

我国《招标投标法》和《招标投标法实施条例》对招标文件的编制还有以下主要规定：

1）招标文件不得要求或者标明特定的生产供应者以及含有倾向或者排斥潜在投标人的其他内容。

2）招标人可以对已发出的资格预审文件或者招标文件进行必要的澄清或者修改，该澄清或者修改的内容为招标文件的组成部分。澄清或者修改的内容可能影响资格预审申请文件或者投标文件编制的，招标人应当在提交资格预审申请文件截止时间至少3日前，或者投标截止时间至少15日前，以书面形式通知所有获取资格预审文件或者招标文件的潜在投标人；不足3日或者15日的，招标人应当顺延提交资格预审申请文件或者投标文件的截止时间。

3）潜在投标人或者其他利害关系人对资格预审文件有异议的，应当在提交资格预审申请文件截止时间2日前提出；对招标文件有异议的，应当在投标截止时间10日前提出。招标人应当自收到异议之日起3日内做出答复；做出答复前，应当暂停招标投标活动。

4）招标人编制的资格预审文件、招标文件的内容违反法律、行政法规的强制性规定，违反公开、公平、公正和诚实信用原则，影响资格预审结果或者潜在投标人投标的，依法必须进行招标的项目的招标人应当在修改资格预审文件或者招标文件后重新招标。

（2）施工招标文件的内容　建设工程施工招标文件是建设工程施工发承包活动中最重要的法律文件，它不仅规定了完整的招标程序，还提出了各项技术标准和交易条件，拟列了合同的主要条款。招标文件是评标委员会对投标文件评审的依据，是业主与中标人签订合同的基础，同时也是投标人编制投标文件的重要依据。

建设工程施工招标文件包括：

1）招标文件正式文本。招标文件正式文本由招标公告或者投标邀请书、投标人须知、评标办法、合同条款及格式、投标文件格式、工程量清单（采用工程量清单招标的应当提供)、图纸、技术标准和要求、投标文件格式等组成。

2）对招标文件正式文本的解释。投标人拿到招标文件正式文本之后，如果认为招标文件有问题需要解释，应在收到招标文件后在规定的时间内以书面形式向招标人提出，招标人以书面形式向所有投标人做出答复。答复的具体形式是招标文件答疑或答疑会议记录等，这些也构成招标文件的一部分。

3）对招标文件正式文本的修改。在投标截止日前，招标人可以对已发出的招标文件进行修改、补充，这些修改和补充也是招标文件的一部分，对投标人起约束作用。修改意见由招标人以书面形式发给所有获得招标文件的投标人，并且要保证这些修改和补充从发出之日到投标截止时间有15天合理时间。

(3) 招标文件编制的注意事项　建设工程施工招标文件编制的注意事项包括以下几点：

1）招标文件应当明确规定评标标准和方法。招标文件应当明确规定评标时除价格以外的所有评标因素，以及如何将这些因素量化。在评标过程中，不得改变招标文件中规定的评标标准、方法和中标条件。

2）投标价格中，一般对结构不太复杂或工期在12个月以内的工程可以采用固定价格，同时应考虑一定的风险系数。对结构复杂或大型工程，工期在12个月以上的，应采用调整价格，调整方法和调整范围应在招标文件中明确规定。

3）在招标文件中应明确投标价格计算依据。

4）业主应根据项目的使用要求合理确定施工质量等级和施工工期，并在合同中根据确定的质量等级和工期要求，设置相应的惩罚（或奖励条款）用以约束承包方。

5）在工程量清单环境下招标，发承包人分别承担工程中的风险。招标人承担工程量的风险，投标人承担价格的风险。在招标人计算工程量清单的时候，如果没有在招标文件中注明处理方式，则所有的后果由招标人承担。

6）投标有效期的确立应视工程情况确定，结构不太复杂的中小型投标的有效期可定为28天以内，结构复杂的大型工程有效投标期可定为56天。

7）材料或设备采购、运输、保管的责任应在招标文件中明确。如果建筑单位提供材料或设备，应列明材料或设备名称、品种或型号、数量，以及提供日期和交货地点等；还应该在招标文件中明确招标单位提供的材料或设备计价和结算退款的方式、方法。

8）关于工程量清单，招标单位按照国家颁布的统一工程项目划分、统一计量单位和统一工程量计算规则，根据施工图计算工程量，提供给投标单位作为投标报价的基础。结算拨付工程款时以实际工程量为依据。

9）合同专用条款的编写。招标单位在编制招标文件时，应根据我国《民法典》中的合同法以及《建筑工程施工合同管理办法》的规定和工程具体情况确定《招标文件合同专用条款》内容。

2. 施工招标文件的审核

(1) 招标文件审核的重要性　建设工程招标文件是投标人准备投标文件和参加投标的依据，是招标投标活动当事人的行为准则和评标的重要依据，是招标人和投标人订立合同的基础。中标的投标文件是对招标文件的实质性要求和条件做出的响应，即承诺。因此，必须按照有关规定认真审核投标文件。

(2) 招标文件审核的内容　招标文件审核的主要内容有：

1）审查施工招标工程的审批手续是否完成、资金来源是否落实。
2）审查招标公告或投标邀请书的内容是否完整。
3）审查设计文件及其他技术资料是否满足招标要求。
4）审查工期、质量要求是否合理，技术标准和要求是否清晰、合理。
5）审查招标文件的内容是否合法、合规，是否全面、准确地表述招标项目的实际情况以及招标人的实质性要求，内容是否完整。
6）审查招标的时间、澄清时间、投标有效期是否符合相关要求。
7）审查投标保证金、履约担保的方式、数额及时间是否符合有关规定。
8）审查评标办法的选用是否合理，评分标准是否先进合理，评委的组成是否满足有关规定。
9）审查招标程序的合理、合法性，评标、定标工作的公正、公平性。
10）审查施工招标文件的计价要求、合同主要条款。
11）审查招标文件中要求的格式、内容是否齐全。
12）审核工程量清单是否满足设计图和招标文件的要求。
13）审核施工现场的实际情况是否符合招标文件的规定。
14）除了对上述内容进行审查外，还需要对投标保函的额度和送达的时间、暂定价格或甲供材料的价格、计价要求、评价方法等进行审核。

4.2.3　招标工程量清单编制与审核

1. 招标工程量清单编制

（1）招标工程量清单的概念　工程量清单是载明建设工程分部分项工程项目、措施项目、其他项目的名称和相应数量以及规费、税金项目等内容的明细清单。其中，由招标人根据国家标准、招标文件、设计文件以及施工现场实际情况编制的，随招标文件发布，供投标人投标报价的工程量清单称为招标工程量清单；而构成合同文件组成部分的投标文件中已标明价格，并经承包人确认的工程量清单称为已标价工程量清单。

招标工程量清单是编制工程最高投标限价、投标报价、计算或调整工程量、索赔等的依据。投标人根据招标工程量清单进行报价，形成的已标价工程量清单是支付工程款、调整合同价款、办理竣工结算等的关键依据。

（2）招标工程量清单编制的规定

1）招标人应负责编制招标工程量清单，若招标人不具有编制招标工程量清单的能力，可委托具有工程造价咨询资质的工程造价咨询企业编制。

2）招标工程量清单是招标文件的重要组成部分，招标人对编制的招标工程量清单的准确性和完整性负责，投标人依据招标工程量清单进行投标报价。

3）招标工程量清单是招标文件的组成部分，招标人在编制工程量清单时必须做到五个统一，即统一项目编码、统一项目名称、统一计量单位、统一工程量计算规则以及统一基本格式。

4）招标工程量清单与计价表中列明的所有需要填写单价和合价的项目，投标人均应填写且只允许有一个报价。未填写单价和合价的项目，视为此项费用已包含在已标价工程量清单中其他项目的单价和合价之中。当竣工结算时，此项目不得重新组价予以调整。

（3）招标工程量清单编制的依据　编制招标工程量清单可依据：

1）《建设工程工程量清单计价标准》（GB/T 50500—2024）以及各专业工程工程量计算标准；

2）国家或省级、行业建设主管部门颁发的计价依据和办法。

3）建设工程设计文件及相关资料。

4）与建设工程有关的标准、规范、技术资料。

5）拟定的招标文件。

6）施工现场情况、地勘水文资料、工程特点及常规施工方案。

7）其他相关资料。

（4）招标工程量清单编制的注意事项

1）项目编码。分部分项工程量清单的项目编码应采用12位阿拉伯数字表示，1~9位应按标准附录的规定设置，10~12位应根据拟建工程的工程量清单项目名称设置，同一招标工程的项目不得有重码。

编制工程量清单出现附录中未包括的项目，编制人可作补充，并应报省级或行业工程造价管理机构备案，省级或行业工程造价管理机构应汇总报建设部标准定额研究所。补充项目的编码由附录的顺序码（01、02、03、04、05、06等）与B和3位阿拉伯数字组成，并应从XB001起顺序编制，不得重号。工程量清单中需附有补充项目的名称、项目特征、计量单位、工程量计算规则、工作内容。

科学技术的发展日新月异，工程建设中新材料、新技术、新工艺不断涌现，清单计价标准附录所列的工程量清单项目不可能包罗万象，更不可能包含随科技发展而出现的新项目。在实际编制工程量清单时，当出现清单计价标准附录中不包含的清单项目时，编制人应作补充。编制人在编制补充项目时应注意以下3个方面：

①补充项目的编码必须按清单计价标准的规定进行。

②在工程量清单中应附补充项目的项目名称、项目特征、计量单位、工程量计算规则和工作内容。

③将编制的补充项目报省级或行业工程造价管理机构备案。

2）项目名称。分部分项工程量清单的项目名称应按各专业工程工程量计算标准附录的项目名称结合拟建工程的实际确定。

3）工程量计算规则。工程量清单中所列工程量应按照附录中规定的工程量计算规则计算。

4）计量单位。分部分项工程量清单的计量单位应按附录中规定的计量单位确定。附录中该项目有两个或两个以上计量单位的，应选择最适宜计量的方式决定其中一个填写。工程量应按附录规定的工程量计算规则计算填写。

5）项目特征。分部分项工程量清单项目特征应按附录中规定的项目特征，结合拟建工程项目的实际例子描述。

工程量清单的项目特征是确定一个项目综合单价不可缺少的重要依据，在编制的工程量清单中必须对其项目特征进行准确和全面的描述。但在实际的工程量清单项目特征描述中，有些项目特征用文字往往难以准确和全面地予以描述，因此为达到规范、统一、简洁、准确、全面描述项目特征的要求，在描述工程量清单项目特征时应按以下原则进行：

①项目特征描述的内容按标准附录规定的内容，项目特征的表述按拟建工程的实际要求，能满足确定综合单价的需要。

②若采用标准图集或施工图能够全部或部分满足项目特征描述的要求，项目特征描述可直接采用"详见××图集或××图号"的方式。对不能满足项目特征描述要求的部分，仍应用文字描述。

若招标人提供的工程量清单对项目特征描述不具体、不清晰、界限不明，会使投标人无法准确理解工程量清单项目的构成要素，导致结算时，发承包双方发生综合单价匹配性争议，影响工程量清单计价的推进。因此，在工程量清单中准确地描述工程量清单项目特征是有效推进工程量清单计价的重要一环。

由此可见，清单项目特征的描述，应根据计价标准附录中有关项目特征的要求，结合技术规范、标准图集、施工图，按照工程结构、使用材质及规格或安装位置等，予以详细而准确的表述和说明。可以说，离开了清单项目特征的准确描述，清单项目将没有生命力。在合同的分类中，工程发承包施工合同属于加工承揽合同中的一个特例，实行工程量清单计价，就需要对分部分项工程量清单项目的实质内容、项目特征进行准确描述，就好比购买某个商品应当了解品牌、性能。因此，准确体现项目本质区别的特征和对报价有实质影响的内容，对确定清单项目的综合单价具有决定性的作用。

6）计日工。计日工是为了解决现场发生的零星工作的计价而设立的，是指在施工过程中，承包人完成发包人提出的工程合同范围以外的零星项目或工作，按合同中事先约定的单价进行计价的一种方式。国际上常见的标准合同条款中，大多都设立了计日工计价机制。计日工适用的所谓零星项目或工作一般是指合同约定之外的或者因变更而产生的、工程量清单中没有相应项目的额外工作，尤其是那些难以事先商定价格的额外工作。

计日工为额外工作和变更的设计提供了一个方便快捷的途径。但是，在以往的实践中，计日工经常被忽略。其中一个主要原因是计日工项目的单价水平一般要高于工程量清单单价的水平。这是因为计日工往往是一些突发性的额外工作，缺少计划性，承包人在调动施工生产资源方面难免会影响已经计划好的工作，生产资源的使用效率也有一定的降低，客观上造成超出常规的额外投入。另一方面，计日工清单往往并未给出一个暂定的工程量，无法纳入有效的竞争，这也是造成其单价水平偏高的原因之一，因此计日工表中一定要给出暂定数量，并且需要根据经验，尽可能估算一个比较贴近实际的数量。

2. 招标工程量清单审核

（1）招标工程量清单审核的重要性　招标工程量清单不仅是编制招标控制价的依据，还是投标人投标报价、计算工程量、支付工程款、调整合同价款等的依据，为投标人的投标竞争提供了一个平等和共同的基础。因此，应重视对招标工程量清单的审核。

（2）招标工程量清单审核的依据

1）建设工程量清单计价标准。

2）国家或省级、行业建设主管部门颁发的计价依据和办法。

3）建设工程设计文件。

4）与建设工程项目有关的标准、规范、技术资料。

5）招标文件及其补充通知、答疑纪要。

6）施工现场情况、工程特点以及常规施工方案。

7）其他相关资料。

（3）招标工程量清单审核的内容

1）资料的完整性、合规性。审查资料的内容是否合法、合规，是否全面、准确地表述建设工程的实际情况，内容是否完整，是否符合现行系列清单标准的要求。

2）依据的合法性、时效性及适用性。审查所用依据是否符合法律法规，所用依据是否是最新发布的或是否被废止，所用依据是否适用当下情况。

3）封面格式及盖章的审核。审核封面格式及相关盖章是否符合现行系列清单标准的要求。

4）总说明的编写。总说明应按下列内容填写：

①工程概况，包括建设规模、工程特征、计划工期、施工现场实际情况、自然地理条件、环境保护要求等。

②工程招标和分包范围。

③工程量清单编制依据。

④工程质量、材料、施工等的特殊要求。

⑤招标人自行采购材料的名称、规格型号、数量等。

⑥暂列金额、自行采购材料的金额数量。

⑦其他需要说明的问题。

5）清单组成内容审核。

①分部分项工程量清单审核：

a. 审核分部分项工程量清单是否根据各专业工程工程量计算标准的规定统一项目编码、统一项目名称、统一项目特征、统一计量单位和统一工程量计算规则进行编制。

b. 审核分部分项工程量清单是否按招标文件及图纸的要求进行编制，清单项目是否完整，清单工程量计算是否准确，项目特征描述是否完整清楚，不应出现漏项、错项、错算等情况。

c. 编制分部分项工程量清单时，项目编码不能重复，一个编码只能对应一个相应的清单项目和工程数量。

d. 审核补充项目的编制是否符合标准要求，是否附上了补充项目的名称、项目特征计量单位、工程量计算规则和工作内容。

e. 五个要件审核。审核项目编码、项目名称、项目特征、计量单位、工程量五个要件的准确性和完整性。

②措施项目清单审核：

a. 审核以"项"为单位的措施项目是否列入了"总价措施项目清单与计价表"，可以按分部分项工程量清单方式进行编制的措施项目是否按分部分项工程量清单的编制方式进行编制，是否已列入"分部分项工程和单价措施项目清单与计价表"。

b. 根据招标文件、图纸及现场情况，审核所列措施项目是否完整，所采用的施工方法是否得当，标准中没有的措施项目是否进行了补充，不应出现漏项。

c. 审核"分部分项工程和单价措施项目清单与计价表"中的措施项目清单工程量是否计算准确、项目特征描述是否完整清楚，项目编码不应重复。

d. 出现清单标准中未列的措施项目，编制人可做补充。以项为单位的措施项目，应在

"总价措施项目清单与计价表"中增加列项；如在"分部分项工程和单价措施项目清单与计价表"中补充的项目，应列在清单项目最后，在"项目编码"栏中以"×B00×"字示之，并附补充项目的名称、项目特征、计量单位、工程量计算规则和工作内容。

③其他项目清单的审核：

a. 根据拟建项目的具体情况，审核暂列金额设定是否合理，有无超出标准中规定的计取比例。

b. 审核暂估价设立的项目是否合理，暂估价格是否符合市场行情，暂估价格的类型是否正确，有无出现与分部分项工程量清单重复的现象。

c. 审核计日工设立的类型是否全面，给定的暂定数量是否合理。

d. 审核总承包服务费中包含的工作内容是否齐全。

e. 规费、税金项目的审核。审核规费及税金项目是否按国家和当地相关规定进行列项计算。

6）其他。例如，与招标文件的口径一致性、清单文件的地域适用性等的审核。

4.2.4 招标控制价编制与审核

1. 招标控制价的编制

（1）概述　招标控制价是指招标人根据国家或省级、行业建设主管部门颁发的有关计价依据和办法，按设计施工图计算的、对招标工程限定的最高工程造价。

工程量清单仅是投标报价的共同基础，竣工结算的工程量应按合同约定确定。合同价格的确定以及价款支付应遵循合同条款（包括通用合同条款和专用合同条款）、技术标准和要求以及《建设工程工程量清单计价标准》（GB/T 50500—2024）的有关约定。

《建设工程工程量清单计价标准》（GB/T 50500—2024）将工程量清单作为编制招标控制价、投标报价、计算工程量、支付工程款、调整合同价款、办理竣工结算以及工程索赔等的重要依据。其内容涵盖了工程施工阶段从招投标开始到施工竣工结算办理的全过程，并增加了条文说明。这样使工程施工过程中每个计价阶段都有规可依、有章可循，对全面规范工程造价计价行为具有重要的意义。

（2）招标控制价编制的规定

1）国有资金投资的建设工程项目，招标人必须编制招标控制价。

2）招标控制价应由具有编制能力的招标人或受其委托具有相应资质的工程造价咨询人编制和复核。

3）造价咨询人接受招标人委托编制招标控制价，不得再就同一个工程接受投标人委托编制投标报价。

4）招标控制价超过批准的概算时，招标人应将其报原概算审批部门审核。

5）招标人应在发布招标文件时公布招标控制价，同时，应将招标控制价及有关资料报送工程所在地或有该工程管辖权的行业管理部门和工程造价管理机构备查。

（3）招标控制价编制的依据　招标控制价应根据下列依据编制：

1）现行工程量清单计价标准。

2）国家或省级、行业建设主管部门颁发的计价定额和计价办法。

3）建设工程设计文件及相关资料。

4）招标文件中的工程量清单及有关要求。
5）与建设项目相关的标准、规范、技术资料。
6）工程造价管理机构发布的工程造价信息，工程造价信息没有发布的按市场价。
7）其他的相关资料。

（4）招标控制价编制的注意事项

1）为体现招标的公平、公正，防止招标人有意抬高或压低工程造价，招标人应在招标文件中如实公布招标控制价各组成部分的详细内容，不得只公布招标控制价总价，并不得对所编制的招标控制价进行上浮或下调，同时招标人应将招标控制价报工程所在地的工程造价管理机构备查。

2）送达投标人的招标控制价应当包括费用汇总表、清单与计价表、材料价格表、相关说明及招标价调整系数的取值，可以不提供"分部分项工程量清单综合单价分析表"与"措施项目清单费用分析表"。

3）分部分项工程费应根据招标文件中的分部分项工程量清单项目的特征描述及有关要求，按《建设工程工程量清单计价标准》（GB/T 50500—2024）规定的综合单价构成予以计算。综合单价中应包括招标文件中要求投标人承担的风险费用。招标文件提供了暂估单价的材料，按暂估的单价计入综合单价。

4）措施项目费应根据招标文件中的措施项目清单计价，可以计算工程量的措施项目，根据拟建工程的施工组织设计，按分部分项工程量清单的方式采用综合单价计价，其余的措施项目以项为单位按照不同费率计价，应包括除规费、税金外的全部费用。安全文明施工费应按照国家或省级、行业建设主管部门的规定计价，不得作为竞争性费用。

5）其他项目费应按下列规定计价：

①暂列金额应根据工程特点，按有关计价规定估算。

②暂估价中的材料单价应根据工程造价信息或参考市场价格估算，暂估价中的专业工程金额应分不同专业，按有关计价规定估算。

③计日工应根据工程特点和有关计价依据计算。

6）总承包服务费应根据招标文件列出的内容和要求估算。规费和税金应按国家或省级、行业建设主管部门的规定计算，不得作为竞争性费用。

2. 招标控制价的审核

（1）招标控制价审核的重要性　对招标控制价的审核是工程计价过程中的一项重要工作，只有经过严格审核，才能最大限度避免投标报价评审过程中数据不准的问题。因此，对于招标人来说，只有不断加强工程造价监督管理，提高招标控制价的准确性，才能提高建筑工程造价管理的水平。同时，招标控制价一经审核同意，将作为中标价和签约合同价的目标造价，不得任意突破。

（2）招标控制价审核的依据

1）经审查的初步设计技术文件及经批准的初步设计概算。

2）建设工程工程量清单计价标准。

3）招标文件中工程量清单及相关要求。

4）国家或省级、行业建设主管部门颁发的计价定额和计价办法。

5）工程施工图设计文件、施工招标文件、材料价格风险分摊原则、措施项目费风险范围等。

6）工程造价管理机构发布的工程造价信息，工程造价信息没有发布的参照市场价。

7）合理预测的施工方案、现场施工条件等。

（3）招标控制价审核的内容

1）资料的完整性、合规性。审查资料的内容是否合法、合规，是否全面、准确地表述建设工程的实际情况，内容是否完整，是否符合现行系列清单标准的要求。

2）依据的合法性、时效性及适用性。审查所用依据是否符合法律法规，所用依据是否最新发布或是否被废止，所用依据是否适用当下情况。

3）封面格式及签字盖章。招标控制价封面应有招标控制价的大写与小写，招标人、工程造价咨询人及法定代表人或授权人盖章和签字，同时具有相关资质的编制人和复核人应签字并盖资质专用章。

4）总说明审查应包括下列内容：

①采用的计价依据。

②采用的施工组织设计。

③采用的材料价格来源。

④综合单价中风险因素、风险范围（幅度）。

⑤其他需要说明的内容。

5）五部分费用组成内容审核。

①分部分项清单费用的审核：

a. 审核综合单价是否参照现行消耗定额进行组价，计费是否完整，取费费率是否按国家或省级、行业建设主管部门对工程造价计价中费用或费用标准执行，综合单价中是否考虑了投标人承担的风险费用。

b. 审核定额工程量计算是否准确，人工、材料、机械消耗量与定额如果不一致，是否按定额规定进行了调整。

c. 审核人工、材料、设备单价是否按工程造价管理机构发布的工程造价信息及市场信息价格进入综合单价，对于造价信息价格严重偏离市场价格的材料、设备，是否进行了价格处理；招标文件中提供的暂估单价的材料，是否按暂估的单价进入综合单价，暂估价是否在工程量清单计价表中单列，并计算了总额。

d. 工程量应按工程量清单提供的清单工程量进行计算。

e. 综合单价分析应符合清单计价标准中规定的表格形式，应清楚并充分满足以后调价的需要。

f. 综合单价与数量的乘积是否与合价一致。

g. 各分项金额合计是否与总计一致。

②措施项目费用的审核：措施项目费用的审核分为总价措施项目和单价措施项目两个部分进行。

a. 总价措施项目清单费用应根据相关计价规定、工程具体情况及企业实力进行计算，如总价措施项目清单未列但实际会发生的措施项目应进行补充。总价措施项目清单中相关措施项目应齐全，计算基础、费率应清晰。

b. 单价措施项目清单费用应根据总价措施项目清单数量进行计价，具体综合单价的组价原则应按分部分项工程量清单费用的组价原则进行计算,并提供工程量清单综合单价分析表,综合单价分析表格式和内容与分部分项工程量清单一致。

③其他项目清单费用的审核:

a. 审核暂列金额是否按工程量清单给定的金额进行计价,根据招标文件及工程量清单的要求,应注意此部分费用是否应计算规费和税金。

b. 专业暂估价格是否按招标工程量清单给定的价格进行计价,是否计取了规费和税金。

c. 计日工是否按工程量清单给予的数量进行计价,计日工单价是否为综合单价。

d. 总承包服务费是否按招标文件及工程量清单的要求,结合自身实力对发包人发包专业工程和发包人供应材料计取总承包服务费,计取的基数是否准确,费率有无突破相关规定。

④规费、税金费用的审核:规费、税金是否严格按政府规定的费率计算,计算基数是否准确。

6) 五个要件与清单一致性审核。

①审查项目编码、项目名称、项目特征、计量单位、工程量五个要件的准确性和完成性。

②审查与招标工程量清单口径的一致性、清单文件是否符合当地要求等。

7) 综合单价的审核。

①审核综合单价是否符合规定。

②审核综合单价的组成部分(消耗量、材料价格等)是否完整、合理。

8) 其他。

①注意审核招标控制价编制中所参考的工程量清单的项目特征是否符合现场实际情况;所套用的材料是否与设计图描述相符。

②审核招标控制价时,要全面了解市场价格,如果信息价格严重偏离市场价格,要对其进行修正。

③审核招标控制价时,还需参考当地相应的计价办法并严格执行。

4.3 施工投标

施工投标是施工招标的对称概念,是指具有合法资格和能力的投标人根据招标条件,经过全面研究和详细计算,在指定期限内填写标书、提出报价,并等候开标判定能否中标的经济活动。从目前建筑市场发展情况来看,施工投标是投标人承揽业务的重要途径,是投标人经营决策的重要组成部分。

在激烈的市场竞争中,投标人要想获得持续的发展,保持良好的工程施工承包利润,需要不断地提高工程投标管理的水平。

4.3.1 施工投标概述

1. 施工投标的工作内容

投标人在施工投标阶段,一般需要进行以下工作:

1) 了解招标信息,申请投标。投标人根据招标公告或投标邀请书分析招标工程的条件，依据自身的实力选择投标工程。向招标人提出投标申请，并提交有关资料。

2）接受招标人的资质审查。

3）购买招标文件及有关技术资料。

4）现场踏勘，并对有关疑问提出质询。

5）编制投标文件。投标文件是指投标人应招标文件要求编制的响应性文件。

6）递交标书，参加开标会议。

2. 施工投标文件的组成

投标文件必须对招标文件的实质性要求和条件做出实质性的响应，任何对招标文件的实质性偏离都被视为废标。因此，投标文件必须完全按照招标文件中要求的投标文件格式进行编制。一般情况下，施工投标文件由以下内容组成：

1）投标函及投标函附录。

2）法定代表人身份证明。

3）授权委托书。

4）联合体协议书。

5）投标保证金。

6）已标价工程量清单。

7）施工组织设计。

8）项目管理机构。

9）拟分包项目情况。

10）资格审查资料。

11）其他材料。

3. 投标报价的编制原则

投标报价是指投标人投标时按相应招标文件要求所报出的，在已标价工程量清单中标明的总价。投标报价是否合理不仅直接关系投标的成败，还关系中标后企业的盈亏。投标报价的编制原则如下：

1）投标报价由投标人自主确定。投标报价是指投标人按照招标文件的要求，根据工程特点，并结合自身的施工技术、装备和管理水平，依据有关计价规定自主确定的工程造价，是投标人对工程发承包交易的期望价格，它不能高于招标人设定的招标控制价。

2）投标报价应由投标人或受其委托、具有相应资质的工程造价咨询人员编制。

3）投标人的投标报价不得低于工程成本。《招标投标法》第四十一条规定的中标人的投标应当符合的条件之一如下：能够满足招标文件的实质性要求，并且经评审的投标价格最低；但是投标价格低于成本的除外。

4. 投标报价的编制依据

投标报价应根据下列依据编制：

1）《建设工程工程量清单计价标准》（GB/T 50500—2024）。

2）国家或省级、行业建设主管部门颁发的计价办法。

3）企业定额，国家或省级、行业建设主管部门颁发的计价定额和计价办法。

4）招标文件、招标工程量清单及其补充通知、答疑纪要。

5）建设工程设计文件及相关资料。

6）施工现场情况、工程特点及投标时拟定的施工组织设计或施工方案。
7）与建设项目相关的标准、规范等技术资料。
8）市场价格信息或工程造价管理机构发布的工程造价信息。
9）其他的相关资料。

4.3.2 施工投标报价程序

任何一个施工项目的投标报价都是一项复杂的系统工程，需要周密思考，统筹安排。遵循一定的流程（见图4-1）有助于高效完成投标报价的编制。

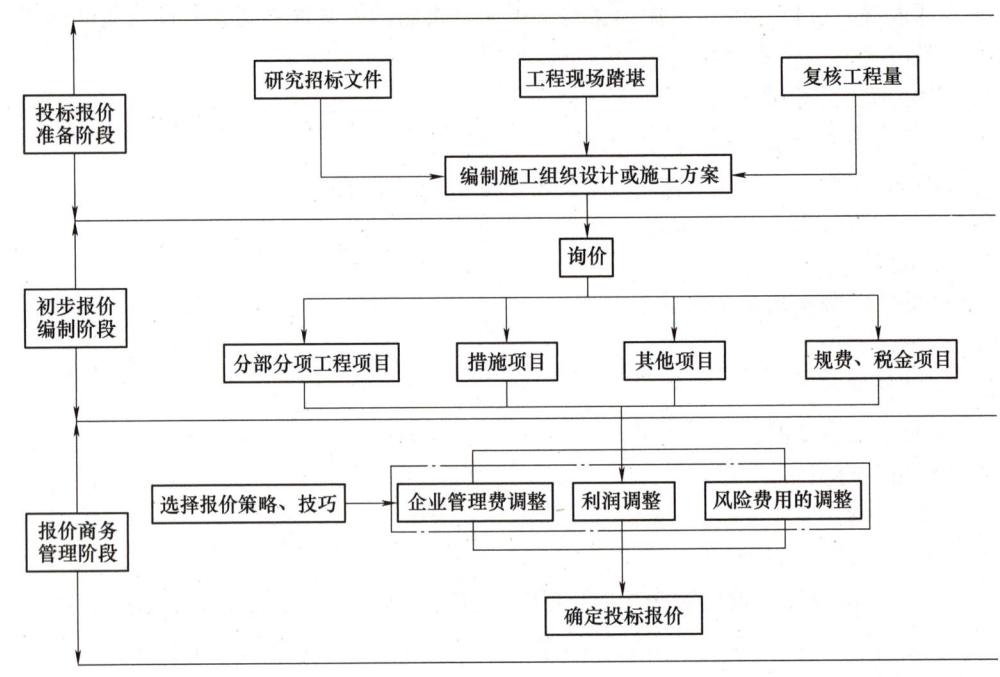

图4-1 投标报价编制程序

4.3.3 施工投标报价编制

1. 投标报价准备阶段

（1）研究招标文件　投标人取得招标文件后，为保证工程量清单报价的合理性，应对投标人须知、合同条件、技术标准和要求、图纸、永久性工程之外的报价补充文件等重点内容进行分析，正确理解招标文件和招标人的意图。

1）投标人须知。"投标人须知"是招标人向投标人传递基础信息的文件，包括工程概况、招标内容、招标文件的组成、投标文件的组成、报价的原则、招投标时间安排等关键的信息。投标人需注意下列信息：

①需要注意招标工程的详细内容和范围，避免遗漏或多报。

②特别注意投标文件的组成，避免因提供的资料不全而被作为废标处理。

③注意投标答疑时间、投标截止时间等重要时间安排，避免因遗忘或迟到等原因而失去竞争机会。

投标人须知反映了招标人对投标的要求,应特别注意项目的资金来源(判断风险)、投标保证金、更改或备选方案(防止废标)、评标方法(考虑报价策略)。

2)合同条件。合同形式分析,主要分析承包方式(如施工总承包、建设项目总承包);合同价格方式(如单价合同、总价合同、其他价格合同等)。

合同条款分析,主要包括:

①承包商的任务、工作范围和责任。

②工程变更及相应的合同价款调整。

③付款方式、时间。应注意合同条款中关于工程预付款、材料预付款的规定。根据这些规定和预计的施工进度计划计算出占用资金的数额和时间,从而计算出需要支付的利息数额并计入投标报价。

④施工工期。合同条款中关于合同工期、竣工日期、部分工程分期交付工期等规定是投标人制订施工进度计划的依据,也是报价的重要依据。要注意合同条款中有无工期奖罚的规定,尽可能在工期符合要求的前提下使报价有竞争力,或在报价合理的前提下使工期有竞争力。

⑤发包人责任。投标人所制订的施工进度计划和报价都是以发包人履行责任为前提的。应注意合同条款中关于发包人责任约定的严密性,以及关于索赔的有关规定。

3)技术标准和要求。技术标准包括按工程类型来描述工程技术和工艺内容特点,对设备、材料、施工和安装方法等所规定的技术要求,或对工程质量进行检验、试验和验收所规定的方法和要求。它们与工程量清单中各子项工作密不可分,报价人员应在准确理解招标人要求的基础上对有关工程内容进行报价。任何忽视技术标准的报价都是不完整、不可靠的,有时可能导致工程承包的重大失误和亏损。

4)图纸分析。图纸是确定工程范围、内容和技术要求的重要文件,也是投标者确定施工方法等施工计划的主要依据。图纸的详细程度取决于招标人提供的施工图设计所达到的深度和所采用的合同形式。详细的设计图可使投标人比较准确地复核招标工程量,合理采用投标策略进行报价。

5)永久性工程之外的报价补充文件。永久性工程是指合同的标的物——建设工程项目及其附属设施,但是为了保证工程建设的顺利进行,不同的发包人会对承包商提出额外的要求。这些要求可能包括:对旧有建筑物和设施的拆除;工程师的现场办公室及其各项开支、模型、广告、工程照片和会议费用等。如果有的话,则需要将其列入工程总价中。应弄清一切费用纳入工程总报价的方式,以免产生遗漏造成损失。

(2)工程现场踏勘 无论是招标人组织还是自行踏勘(招标文件一般会明确说明),投标人都应该进行工程现场踏勘。现场踏勘重点注意以下几个方面:

1)自然条件调查。自然条件调查主要包括对气象资料,水文资料,地震、洪水及其他自然灾害情况,地质情况等的收集与分析,这些调查结果会直接影响措施项目费的报价。

2)施工条件调查。施工条件调查的内容主要包括:工程现场的用地范围、地形、地貌、地物、高程,地上或地下障碍物,现场的三通一平情况;工程现场周围的道路、进出场条件、有无特殊交通限制;工程现场施工临时设施、大型施工机具、材料堆放场地安排的可能性,是否需要二次搬运,工程现场邻近建筑物与招标工程的间距、结构形式、基础埋深、新旧程度、高度;市政给水及污水、雨水排放管线位置、高程、管径、压力、废水、污水处理方式；市政、消防供水管道管径、压力、位置等；当地供电方式、方位、距离、电压等；当地煤气供应能力，管线位置、高程等工程现场通信线路的连接和铺设；当地政府有关部门对施工现场管理的一般要求、特殊要求及规定，是否允许节假日和夜间施工等。

施工条件调查收集的信息主要影响措施费的报价。

3）其他条件调查。其他条件调查主要包括各种构件、半成品及商品混凝土的供应能力和价格，以及现场附近的生活设施、治安情况等情况的调查。

（3）复核工程量　工程量清单作为招标文件的组成部分，是由招标人提供的。工程量的大小是投标报价最直接的依据。复核工程量的准确程度将影响承包商的经营行为：一是根据复核后的工程量与招标文件提供的工程量之间的差距，考虑相应的投标策略，决定报价尺度；二是根据工程量的大小采取合适的施工方法，选择适用、经济的施工机具设备，投入使用相应的劳动力数量等。

复核工程量，要与招标文件中所给的工程量进行对比，注意以下几方面：

1）投标人应认真根据招标说明、图纸、地质资料等招标文件资料，计算主要清单工程量，复核工程量清单。应特别注意，按一定顺序进行复核，避免漏算或重算；正确划分分部分项工程项目，与"清单计价标准"保持一致。

2）复核工程量的目的不是修改工程量清单，而是做到心中有数，对报价策略的采用提供决策依据。即使有误，投标人也不能修改工程量清单中的工程量，因为修改了清单后进行报价就等于未实质性响应招标文件要求，必然会导致废标。对工程量清单存在的错误，可以向招标人提出，由招标人统一修改并把修改情况通知所有投标人。

3）针对工程量清单中工程量的遗漏或错误，是否向招标人提出修改意见取决于投标策略。投标人可以运用一些报价技巧来提高报价的质量，争取在中标后能获得更大的收益。

4）通过工程量计算复核还能准确地确定订货及采购物资的数量，防止由于超量或少购等带来的浪费、积压或停工待料。

5）在核算完全部工程量清单中的细目后，投标人应按大项分类汇总主要工程总量，以便获得对整个工程施工规模的整体概念，并据此研究采用合适的施工方法，选择适用的施工设备等。

（4）编制施工组织设计或施工方案　投标报价前须经过技术经济比较，分析投标项目特点，确定投标过程的施工方案、技术措施，并作为投标报价的依据。施工组织设计或施工方案的编写具体包含以下内容：总体概述；施工平面布置和临时设施布置；项目管理班子配备、劳动力和材料投入计划及保障措施；施工进度计划及保障措施；机械设备投入计划；关键工序的施工技术、工艺以及质量保证措施；各工序的协调措施；工程项目实施的重点、难点分析和解决方案；地下管线、地上设施和周围建筑物保护措施；雨季、安全、文明施工措施；施工现场环保措施（周围环境的消声、降噪及限制尘埃和保证交通畅通的措施）；施工现场维护措施；工程交验后（含质量保修期）服务措施。

投标文件的技术部分是投标报价的依据，不同的施工方案有不同的施工成本，对应不同的报价。合理先进的施工方案能紧紧抓住工程特点，采用先进科学的施工方法，降低施工成本，同时安排合理的工期，充分有效地利用机械设备和劳动力，尽可能减少临时设施和资金的占用。在不影响施工质量的前提下，有助于实现投标人低价投标的合理性，增加中标的可能性。

2. 初步报价编制阶段

根据招标人提供的工程量清单，投标人应根据自身企业定额、投标施工方案或施工组织设计以及招标文件编制分部分项工程和措施项目计价表、其他项目计价表、规费、税金项目计价表，计算完毕之后，汇总得到单位工程投标报价汇总表，再层层汇总，分别得出单项工程投标报价汇总表和建设项目投标报价汇总表，最终确定投标总价（见图4-2）。

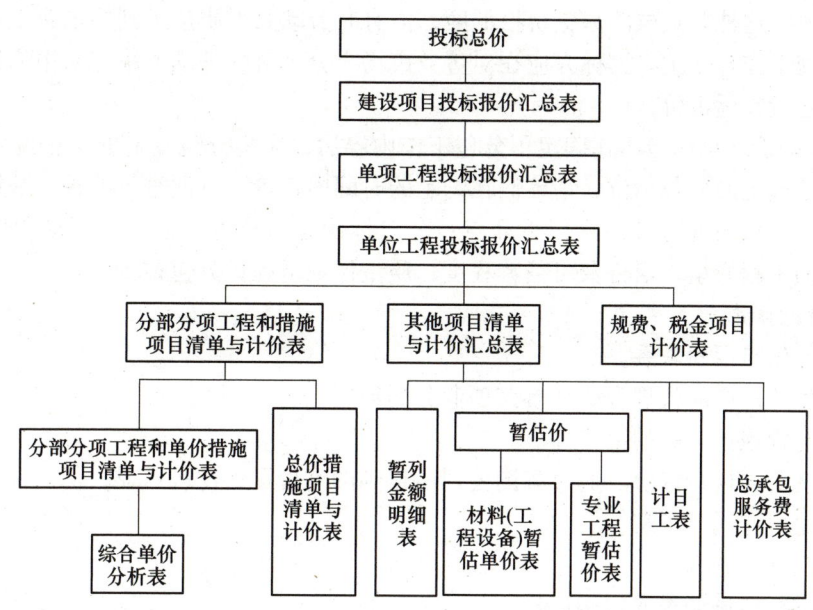

图 4-2　建设项目投标总价形成示意

从上述投标总价的形成过程可以看出，投标总价是投标人根据招标人提供的工程量清单、企业定额、施工方案或施工组织设计及招标文件为主要依据计算的，但未进行报价策略及技巧调整形成的投标总价，称为初步报价。初步报价是企业定额、施工方案、技术措施等作为投标报价计算的基本条件，将反映企业技术和管理水平的企业定额作为计算人工、材料和机具台班消耗量的基本依据，是充分利用现场考察、调研成果、市场价格信息和行情资料编制的基础标价。

初步报价编制过程中的主要工作如下：

（1）询价　投标报价之前，投标人必须通过各种渠道，采用多种手段对工程所需材料、设备等的价格、质量、供应时间、供应数量等进行系统全面的调查，同时还要了解分包项目的分包形式、分包范围、分包人报价、分包人履约能力及信誉等。询价是投标报价的基础，它为投标报价提供了可靠的依据。

1）生产要素询价。

①材料询价。材料询价的内容包括调查对比材料价格、供应数量、运输方式、保险和有效期、不同买卖条件下的支付方式等。询价人员在施工方案初步确定后，立即发出材料询价单，并催促材料供应商及时报价。收到询价单后，询价人员应将从各种渠道所询得的材料报价及其他有关资料汇总整理，对同种材料从不同经销部门所得到的所有资料进行比较分析，选择合适、可靠的材料供应商的报价，提供给工程报价人员使用。

②施工机械设备询价。在外地施工需用的机械设备,有时在当地租赁或采购可能更为有利。因此,事前有必要进行施工机械设备的询价。必须采购的机械设备,可向供应厂商询价。对于租赁的机械设备,可向专门从事租赁业务的机构询价,并应详细了解其计价方法。

③劳务询价。劳务询价主要有两种情况:一种是成建制的劳务公司,相当于劳务分包。一般费用较高,但素质较可靠,工效较高,承包商的管理工作较轻松;另一种是劳务市场招募零散劳动力,这种方式虽然劳务价格低廉,但有时劳动力素质达不到要求或工效较低,且承包商的管理工作较繁重。投标人应在对劳务市场充分了解的基础上决定采用哪种方式,并以此为依据进行投标报价。

2)分包询价。总承包商在确定了分包工作内容后,应将分包专业的工程施工图和技术说明送交预先选定的分包单位,请他们在约定的时间内报价,以便进行比较,最终选择合适的分包人。对分包人询价应注意以下几点:分包标函是否完整;分包工程单价所包含的内容;分包人的工程质量、信誉及可信赖程度;质量保证措施;分包报价。

3)询价的渠道。

①直接与生产厂商联系。

②了解生产厂商的代理人或从事该项业务的经纪人。

③了解经营该项产品的销售商。

④向咨询公司进行询价。通过咨询公司所得到的询价资料比较可靠,但需要支付一定的咨询费用,也可向同行了解。

⑤通过互联网查询。

⑥自行进行市场调查或信函询价。

(2)分部分项工程和单价措施项目清单与计价表的编制 投标人投标价中的分部分项工程费和以单价计算的措施项目费应按招标文件中分部分项工程和单价措施项目清单与计价表的特征描述确定的综合单价计算。因此,确定综合单价是分部分项工程和单价措施项目清单与计价表编制过程中最主要的内容。综合单价包括完成一个规定清单项目所需的人工费、材料和工程设备费、施工机具使用费、企业管理费、利润,并考虑一定范围内的风险费用。

综合单价=人工费+材料和工程设备费+施工机具使用费+企业管理费+利润+风险费用

确定综合单价时的注意事项:

1)以项目特征描述为依据。项目特征是确定综合单价的重要依据之一,投标人投标报价时应依据招标文件中清单项目的特征描述确定综合单价。

2)材料、工程设备暂估价的处理。招标文件中在其他项目清单中提供了暂估单价的材料和工程设备,应按其暂估的单价计入清单项目的综合单价。

3)需要反映投标人的技术和管理水平。计算时应采用企业定额,在没有企业定额或企业定额缺项时,可参照行业地区定额,并通过调整来确定清单项目的人、材、机单位用量。各种人工、材料、机具台班的单价,则应根据询价的结果和市场行情综合确定。

(3)总价措施项目清单与计价表的编制 对于不能精确计量的措施项目,应编制总价措施项目清单与计价表。投标人对措施项目中的总价项目投标报价应遵循以下原则:

1)措施项目的内容应依据招标人提供的措施项目清单和投标人投标时拟定的施工组织设计或施工方案确定。

2)措施项目费由投标人自主确定,但其中的安全文明施工费必须按照国家或省级、行业建设主管部门的规定计价，不得作为竞争性费用。招标文件如果明确了安全文明施工费金额，投标人必须按此金额填报，不得将该项费用参与市场竞争。

（4）其他项目清单与计价表的编制　其他项目费主要由暂列金额、暂估价、计日工以及总承包服务费组成。

投标人对其他项目费投标报价时应遵循以下原则：

1）暂列金额应按照招标人提供的其他项目清单中列出的金额填写，不得变动。

2）暂估价不得变动和更改。暂估价中的材料、工程设备暂估价必须按照招标人提供的暂估单价计入清单项目的综合单价；专业工程暂估价必须按照招标人提供的其他项目清单中列出的金额填写（见表4-5）。

表4-5　专业工程暂估价示例

工程名称：××大学宿舍楼工程　　　　　　　　　　　标段：　　　　　　第　页　共　页

序号	工程名称	工程内容	暂估金额（元）	结算金额（元）	差额（元）	备注
	消防工程	合同图纸中标明的以及消防工程规范和技术说明中规定的各系统中的设备、管道、阀门、线缆等的供应、安装和调试工作	200000			
		合计	200000			

3）计日工应按照招标人提供的其他项目清单列出的项目和估算的数量，自主确定各项综合单价并计算费用。

4）当招标文件中确定招标人有专业工程单独发包，要求投标人提供协调服务或（和）招标人自行采购供应部分材料、工程设备，要求投标人提供保管等相关服务时，投标人应按照招标人提出的协调、配合与服务要求和施工现场管理需要自主确定总承包服务费；招标文件中如果明确要求投标人填报总承包服务费费率，投标人应则相应进行总承包服务费费率的填报（见表4-6）。

表4-6　总承包服务费计价表

工程名称：××大学宿舍楼工程　　　　　　　　　　　标段：　　　　　　第　页　共　页

序号	项目名称	项目价值（元）	服务内容	计算基础	费率（%）	金额（元）
1	发包人发包专业工程	200000	1. 按专业工程承包人的要求提供施工工作并面对施工现场进行统一管理，对竣工资料进行统一整理汇总； 2. 为专业工程承包人提供垂直运输机械和焊接电源接入点，并承担垂直运输费和电费	项目价值	7	14000

(续)

序号	项目名称	项目价值（元）	服务内容	计算基础	费率（%）	金额（元）
2	发包人提供材料	845000	对发包人供应的材料进行验收及保管和使用发放	项目价值	0.8	6760
	合计	—	—	—	—	20760

（5）规费、税金项目计价表的编制　规费和税金应按国家或省级行业建设主管部门的规定计算，不得作为竞争性费用。这是由于规费和税金的计取标准是依据有关法律、法规和政策规定制定的，具有强制性。因此，投标人应按相关规定的标准计取规费。税金必须按照国家有关规定计取。

3. 报价商务管理阶段

初步报价编制完成后，并不能直接用于投标，还需要从企业盈利角度分析初步报价的合理性，从市场竞争角度分析中标的可能性，在初步报价的基础上进行报价策略及技巧的调整，最终形成投标报价。这个过程称为报价商务管理阶段。

（1）企业管理费、利润和风险费用的调整

1）根据工程发承包模式、总分包合同体系考虑投标报价的企业管理费调整。

2）利润指的是投标人的预期利润，确定利润取值的目标既要考虑获得最大的可能利润，又要保证投标价格具有一定的竞争性。投标报价时投标人应该根据市场竞争情况确定该工程的利润率。

3）投标报价要以招标文件中设定的发承包双方责任划分，作为考虑投标报价费用项目和费用计算的基础，发承包双方的责任划分不同会导致合同风险分摊不同，从而影响投标报价的风险率调整。

4）企业管理费、利润和风险费用的调整还应该针对投标报价的影响因素进行调查研究，并对影响因素进行分析和评价，为投标报价决策提供依据。调查研究主要是指对投标和中标后履行合同有影响的各种客观因素、招标人的资信以及工程项目的具体情况等进行深入细致的了解和分析。具体包括以下内容：

①政治和法律方面。投标人首先应当了解在投标以及合同履行过程中有可能涉及的法律，也应当了解与项目有关的政治形势、国家政策等，即国家对该项目采取的是鼓励政策还是限制政策。

②自然条件。包括工程所在地的地理位置和地形、地貌；气象状况，包括气温、湿度、主导风向、年降水量等；洪水、台风及其他自然灾害状况等。

③市场状况。投标人调查市场情况是一项非常艰巨的工作，其内容非常多，主要包括：建筑材料、施工机械设备、燃料、动力、水和生活用品的供应情况、价格水平、物价指数以及今后的变化趋势和预测；劳务市场情况，如工人技术水平、工资水平、有关劳动保护和福利待遇的规定等；金融市场情况，如银行贷款的难易程度以及银行贷款利率等。

④对材料设备市场情况尤其需要详细了解，包括原材料和设备的来源方式、购买的成本、来源国或厂家供货情况；材料、设备购买时的运输、税收、保险等方面的规定、手续、

费用；施工设备的租赁、维修费用。

⑤工程项目方面的情况。包括工作性质、规模、发包范围；工程的技术规程和对材料性能及工人技术水平的要求；总工期及分批竣工交付使用的要求；施工场地的地形、地质、地下水位、交通运输、给水排水、供电、通信条件的情况；工程项目资金来源；对购买器材和雇佣工人有无限制条件；工程价款的支付方式、外汇所占比例，监理工程师的资历、职业道德和工作作风等。

⑥招标人情况。包括招标人的资信情况、履约态度、支付能力，在其他项目上无拖欠工程款的情况，对实施的工程需求的迫切程度等。

⑦竞争对手资料。掌握竞争对手的情况是投标策略中的一个重要环节，也是投标人参加投标能否获胜的重要因素。投标人在制定投标策略时必须考虑竞争对手的情况。

（2）投标报价策略　投标报价策略是指投标人在初步报价编制的基础上，根据投标准备阶段掌握的信息，对报价的总体策略进行的趋势决策，即选择报高价还是报低价，见表4-7。

表4-7　投标报价基本策略适用情况分析

基本策略	报高价	报低价
适用情况	施工条件差的工程（如条件艰苦、场地狭小或地处交通要道等）； 专业要求高的技术密集型工程且投标人在这方面有专长，声望也较高； 总价低的小工程，以及投标人不愿做而被邀请投标，又不便不投标的工程； 特殊工程，如港口码头、地下开挖工程等； 投标对手少的工程； 工期要求紧的工程； 支付条件不理想的工程	施工条件好的工程，工作简单、工程量大而其他投标人都可以做的工程（如大量土方工程、一般房屋建筑工程等）； 投标人急于打入某一市场、某一地区，或虽已在某一地区经营多年但即将面临没有工程的情况，机械设备无工地转移时； 附近有工程且本项目可利用该工程的设备、劳务或有条件短期内突击完成的工程； 投标对手多，竞争激烈的工程； 非急需工程； 支付条件好的工程

（3）投标报价技巧　投标人除了有投标取胜的实力，还必须有将这种实力变为投标实现的技巧。投标报价技巧的作用在于：一是使实力较强的投标人取得满意的投标成果；二是使实力一般的投标人取得投标报价的主动地位；三是当报价出现失误时，可以得到某些弥补。因此，对投标人来讲，必须十分重视对投标报价技巧的研究和使用。

1）不平衡报价法。不平衡报价法是指在不影响工程总报价的前提下，通过调整内部各个项目的报价，达到既不提高总报价、不影响中标，又能在结算时得到更理想的经济效益的报价方法。不平衡报价法适用于以下几种情况：

①能够早日结算的项目（如前期措施项目费、基础工程、土石方工程等）可以适当提高报价，以利资金周转，提高资金时间价值。后期工程项目（如设备安装、装饰工程等）的报价可适当降低。

②经过工程量核算，预计今后工程量会增加的项目可以适当提高单价，这样在最终结算时可多盈利；而对于将来工程量有可能减少的项目可以适当降低单价，这样在工程结算时不会有太大损失。

③设计图不明确,估计施工中的修改会导致工程量增加的,可以提高单价;而工程内容说明不清楚的,则可降低一些单价,在工程实施阶段通过索赔寻求提高单价的机会。

④单价与包干混合制合同中,招标人要求有些项目采用包干报价时,宜报高价。一则这类项目多半有风险,二则这类项目在完成后可全部按报价结算。对于其余单价项目,则可适当降低报价。

投标时,综合单价构成中,可将人工合价及机械合价报高一些,而将材料合价报低一些。这主要是为了在项目实施过程中变更新增项目报价时,可以参考选用"综合单价分析表"中较高的人工合价和机械合价(该报价技巧反映为消耗量或单价的调整),而材料则往往采用市场价,因而可获得较高的收益。

【例4-1】某写字楼工程招标,允许按不平衡报价法进行投标报价。甲承包商按正常情况计算出投标报价后,采用不平衡报价法进行了适当调整,调整结果见表4-8。

表 4-8 不平衡报价的报价调整

内容	基础工程	主体工程	装饰装修工程	总价
调整前投标报价(万元)	340	1866	1551	3757
调整后投标报价(万元)	370	2040	1347	3757
工期(月)	2	6	3	
贷款月利率(%)	1	1	1	

现假设基础工程完成后开始主体工程,主体工程完成后开始装饰装修工程,中间无间歇时间,并且各工程各月完成的工作量相等且能按时收到工程款。年金及一次支付的现值系数见表4-9。

表 4-9 现值系数

n	2	3	6	8
$(P/A, 1\%, n)$	1.970	2.941	5.795	7.651
$(P/F, 1\%, n)$	0.980	0.971	0.942	0.923

问题:

采用不平衡报价法调整投标报价后,甲承包商所得全部工程款的现值比调整前投标报价的现值增加多少元(以开工日期为现值计算点)?

分析:

表4-8中,甲承包商将前期基础工程和主体工程的投标报价调高,将后期装饰装修工程的报价调低,提高和降低的幅度在10%左右,保持工程总价不变。

(1) 计算投标报价调整前的每月工程款

基础工程每月工程款　　$F_1 = 340$ 万元 $\div 2 = 170$ 万元

主体工程每月工程款　　$F_2 = 1866$ 万元 $\div 6 = 311$ 万元

装饰装修工程每月工程款　$F_3 = 1551$ 万元 $\div 3 = 517$ 万元

投标报价调整前的工程款现值

$= F_1(P/A, 1\%, 2) + F_2(P/A, 1\%, 6)(P/F, 1\%, 2) + F_3(P/A, 1\%, 3)(P/F, 1\%, 8)$

$= (170 \times 1.970 + 311 \times 5.795 \times 0.980 + 517 \times 2.941 \times 0.923)$ 万元

$= (334.90 + 1766.20 + 1403.42)$ 万元

$= 3504.52$ 万元

(2) 报价调整后的每月工程款

基础工程每月工程款　　　$F_1' = 370$ 万元 $\div 2 = 185$ 万元

主体工程每月工程款　　　$F_2' = 2040$ 万元 $\div 6 = 340$ 万元

装饰装修工程每月工程款　$F_3' = 1347$ 万元 $\div 3 = 449$ 万元

投标报价调整后的工程款现值

$= F_1'(P/A, 1\%, 2) + F_2'(P/A, 1\%, 6)(P/F, 1\%, 2) + F_3'(P/A, 1\%, 3)(P/F, 1\%, 8)$

$= (185 \times 1.970 + 340 \times 5.795 \times 0.980 + 449 \times 2.941 \times 0.923)$ 万元

$= (364.45 + 1930.89 + 1218.83)$ 万元

$= 3514.17$ 万元

(3) 比较两种报价的差额

两种报价的差额=调整后的工程款现值-调整前的工程款现值

$= (3514.17 - 3504.52)$ 万元

$= 9.65$ 万元

结论：采用不平衡报价法后，甲承包商所得工程款的现值比原报价现值增加9.65万元。

虽然不平衡报价对投标人而言，可以保持中标可能性且增加利润，但报价必须建立在对工程量清单表中的工程量风险仔细核对的基础上。特别是对于降低单价的项目，工程量一旦增多，将造成投标人的重大损失。因此，一定要控制在合理幅度内。

例如，《四川省房屋建筑和市政工程工程量清单招标投标报价评审办法》中关于不平衡报价的相关规定：

当投标人的某分部分项工程量清单项目综合单价低于或高于招标控制价相应项目综合单价15%~25%时（具体偏差幅度由招标人在招标文件中明确），该项目的报价视为不平衡报价。

当投标人不平衡报价项目的金额超过招标控制价的10%~20%（具体幅度由招标人在招标文件中明确）时，评标委员会应否决其投标。

当投标人不平衡报价项目的金额未超过招标控制价的10%~20%（具体幅度由招标人在招标文件中明确）时，评标委员会应在评标报告中记录，提示招标人在签订合同中注意事项，并在施工过程中加强风险防范。

2) 多方案报价与增加建议方案。多方案报价法是指按原招标文件报一个价，然后提出"若某条款（如某规范规定）做某些变动，报价可降低多少"，再报一个较低的价。这样可以降低总价，吸引招标人。多方案报价法适用于招标文件中工程范围不是很明确，合同条款不是很清楚或不太公正，以及技术规范要求过于苛刻的工程。在充分估计投标风险的基础上，采用多方案报价法可降低投标风险，但投标工作量较大。

有时招标文件中规定可以提出建议方案，即可以修改原设计方案，提出投标者的方案。投标者这时应组织一批有经验的设计和施工工程师，对原招标文件的设计和施工方案仔细研究，提出更合理的方案以吸引招标人，促成自己的方案中标。这种新的建议方案可以降低总造价、缩短周期或使工程运用更合理。但要注意的是，对原招标方案一定也要报价，以供招标人比较。增加建议方案时，不要将方案写得太具体，保留方案的技术关键，防止招标人将此方案交给其他投标人。同时要强调的是，建议方案一定要比较成熟，或有过去这方面的实践经验，具有较强的可操作性。因为投标时间不长，如果仅为中标而匆忙提出一些没有把握的建议方案，可能引起很多后患。

3）无利润报价法。对于缺乏竞争优势的承包单位，在不得已时可采用不考虑利润的报价方法，以获得中标机会。无利润报价法通常在下列情形时采用：

①有可能在中标后将部分工程分包给报价较低的分包商。

②对于分期建设的工程项目，先以低价获得首期工程，而后赢得机会创造在第二期工程中的竞争优势，并在以后的工程实施中获得盈利。

③较长时期内投标人没有在建工程项目，如果再不中标就难以维持生存。因此，虽然本工程无利可图，但只要能有一定的管理费维持公司的日常运转，就可设法渡过暂时困难，以图将来东山再起。

④投标人的投标目的不在于从当前的工程上获利，而是着眼于长远的发展。如为了开辟市场、掌握某种有发展前途的工程施工技术等。

4）突然降价法。突然降价法是指先按一般情况报价或表现出自己对该工程兴趣不大，到快要投标截止时，才突然降价的报价方法。

报价是一件保密的工作，但是对手往往会通过各种渠道、手段来刺探情报，因此用此法可以在报价时迷惑竞争对手。采用这种方法时，一定要在准备投标报价的过程中考虑好降价的幅度，在临近投标截止日期前，根据情况分析判断，再做最后决策。采用突然降价法往往降低的是总价，若要把降低的部分分摊到各清单项内，可采用不平衡报价法，以期取得更高的效益。

4.4 施工评标定标

4.4.1 评标

施工评标是指由依法组建的评标委员会按照招标文件确定的评标标准和方法，对施工阶段承包人的投标文件进行评审和比较（设有标底的，应当参考标底）。评标委员会完成评标提出书面评标报告，推荐合格的中标候选人。

本节根据《四川省房屋建筑和市政工程标准施工招标文件（2021年版）》，具体介绍施工评标的程序和内容。

1. 施工评标的基本程序

评标活动将按以下五个步骤进行：

1）评标准备。

2）初步评审。

3）详细评审。

4）澄清、说明或补正。

5）推荐中标候选人或者直接确定中标人及提交评标报告。

2. 施工评标准备

（1）评标委员会签到　评标委员会成员到达评标现场时，应在签到表上签到以证明其出席。

（2）评标委员会的分工　评标委员会首先推选一名评标委员会主任。招标人也可以直接指定评标委员会主任。评标委员会主任负责评标活动的组织领导工作。评标委员会主任在与其他评标委员会成员商议的基础上，可以将评标委员会划分为技术组和商务组。

（3）熟悉文件资料

1）评标委员会主任应组织评标委员会成员认真研究招标文件，了解和熟悉招标目的、招标范围、主要合同条件、技术标准和要求、质量标准和工期要求，掌握评标标准和方法，熟悉招标文件各章及招标文件附件中包括的评标表格的使用，如果各章及附件所附的表格不能满足评标所需时，评标委员会应补充编制评标所需的表格，尤其是用于详细分析计算的表格。未在招标文件中规定的标准和方法不得作为评标的依据。

2）招标人或招标代理机构应向评标委员会提供评标所需的信息和数据，包括招标文件、未在开标会上当场拒绝的各投标文件、开标会记录、资格预审文件及各投标人在资格预审阶段递交的资格预审申请文件（适用于已进行资格预审的）、标底（如有）、工程所在地工程造价管理部门颁布的工程造价信息、定额（如作为计价依据时）、有关的法律、法规、规章、国家标准以及招标人或评标委员会认为必要的其他信息和数据。

（4）投标文件进行基础性数据分析和整理工作（清标）　在不改变投标人投标文件实质性内容的前提下，评标委员会应当对投标文件进行基础性数据分析和整理（简称为"清标"），从而发现并提取其中可能存在的对招标范围理解的偏差、投标报价的算术性错误、错漏项、投标报价构成不合理、不平衡报价等存在明显异常的问题，并就这些问题整理形成清标成果。评标委员会对清标成果审议后，决定需要投标人进行书面澄清、说明或补正的问题，形成质疑问卷，向投标人发出问题澄清通知（包括质疑问卷）。

3. 初步评审

从初步评审开始，评审程序与内容因评标方法的不同而存在差异，分别按综合评估法和经评审的最低投标价法介绍如下。

（1）综合评估法

1）形式评审。评标委员会根据评标办法前附表中规定的评审因素和评审标准，对投标人的投标文件进行形式评审，并使用附表记录评审结果。

2）资格评审。评标委员会根据评标办法前附表中规定的评审因素和评审标准，对投标人的投标文件进行资格评审，并使用附表记录评审结果（适用于未进行资格预审的）；当投标人资格预审申请文件的内容发生重大变化时，评标委员会依据资格预审文件中规定的标准和方法，对照投标人在资格预审阶段递交的资格预审文件中的资料以及在投标文件中更新的资料，对其更新的资料进行评审（适用于已进行资格预审的）。其中：

①资格预审采用"合格制"的，投标文件中更新的资料应当符合资格预审文件中规定的审查标准，否则其投标做否决投标处理。

②资格预审采用"有限数量制"的，投标文件中更新的资料应当符合资格预审文件中规定的审查标准，其中以评分方式进行审查的，其更新的资料按照资格预审文件中规定的评分标准评分后，其得分应当保证即便在资格预审阶段仍然能够获得投标资格且没有对未通过

资格预审的其他资格预审申请人构成不公平，否则其投标做否决投标处理。

3）响应性评审。

①评标委员会根据评标办法前附表中规定的评审因素和评审标准，对投标人的投标文件进行响应性评审，并使用附表记录评审结果。

②投标人投标价格不得超出（不含等于）按照"投标人须知"前附表载明的招标控制价，凡投标人的投标价格超出招标控制价的，该投标人的投标文件不能通过响应性评审（适用于设立招标控制价的情形）。

4）判断投标是否为否决投标。评标委员会在评标（包括初步评审和详细评审）过程中，依据招标文件规定的否决投标条件判断投标人的投标是否为否决投标。

5）算术错误修正。评标委员会依据本章中规定的相关原则对投标报价中存在的算术错误进行修正，并根据算术错误修正结果计算评标价。

6）澄清、说明或补正。在评审过程中，评标委员会应当就投标文件中不明确的内容要求投标人进行澄清、说明或者补正。投标人对此应以书面形式予以澄清、说明或者补正。澄清、说明或补正应根据招标文件的规定执行。

（2）经评审的最低投标价法

1）形式评审。评标委员会根据评标办法前附表中规定的评审因素和评审标准，对投标人的投标文件进行形式评审，并使用附表记录评审结果。

2）资格评审。评标委员会根据评标办法前附表中规定的评审因素和评审标准，对投标人的投标文件进行资格评审，并使用附表记录评审结果（适用于未进行资格预审的）；当投标人资格预审申请文件的内容发生重大变化时，评标委员会依据资格预审文件中规定的标准和方法，对照投标人在资格预审阶段递交的资格预审文件中的资料以及在投标文件中更新的资料，对其更新的资料进行评审（适用于已进行资格预审的）。其中：①资格预审采用"合格制"的，投标文件中更新的资料应当符合资格预审文件中规定的审查标准，否则其投标做否决投标处理；②资格预审采用"有限数量制"的，投标文件中更新的资料应当符合资格预审文件中规定的审查标准，其中以评分方式进行审查的，其更新的资料按照资格预审文件中规定的评分标准评分后，其得分应当保证即便在资格预审阶段仍然能够获得投标资格且没有对未通过资格预审的其他资格预审申请人构成不公平，否则其投标做否决投标处理。

3）响应性评审。

①评标委员会根据评标办法前附表中规定的评审因素和评审标准，对投标人的投标文件进行响应性评审，并使用附表记录评审结果。

②投标人投标价格不得超出（不含等于）按照"投标人须知"前附表载明的招标控制价，凡投标人的投标价格超出招标控制价的，该投标人的投标文件不能通过响应性评审（适用于设立招标控制价的情形）。

4）施工组织设计和项目管理机构评审。评标委员会根据评标办法前附表中规定的评审因素和评审标准，对投标人的施工组织设计和项目管理机构进行评审，并使用附表记录评审结果。

5）判断投标是否为否决投标。评标委员会在评标（包括初步评审和详细评审）过程中，依据招标文件规定的否决投标条件判断投标人的投标是否为否决投标。

6）算术错误修正。评标委员会依据本章中规定的相关原则对投标报价中存在的算术错误进行修正，并根据算术错误修正结果计算评标价。

7）澄清、说明或补正。在初步评审过程中，评标委员会应当就投标文件中不明确的内容要求投标人进行澄清、说明或者补正。投标人应当根据问题澄清通知要求，以书面形式予以澄清、说明或者补正。澄清、说明或补正根据招标文件的规定进行。

4. 详细评审

只有通过了初步评审，被判定为合格的投标方才可进入详细评审。分别按综合评估法和经评审的最低投标价法介绍如下。

（1）综合评估法

1）详细评审的程序。评标委员会按照招标文件规定的程序进行详细评审：

①对明显低于其他投标报价的投标报价，或者在设有标底时明显低于标底的投标报价，判断是否低于其个别成本。

②施工组织设计评审和评分。

③项目管理机构评审和评分。

④投标报价评审和评分。

⑤其他因素评审和评分。

⑥汇总评分结果。

2）施工组织设计评审和评分。按照评标办法前附表中规定的分值设定、各项评分因素、评分标准，对施工组织设计进行评审和评分，并使用附表记录对施工组织设计的评分结果，施工组织设计的得分记录为 A。

3）项目管理机构评审和评分。按照评标办法前附表中规定的分值设定、各项评分因素、评分标准，对项目管理机构进行评审和评分，并使用附表记录对项目管理机构的评分结果，项目管理机构的得分记录为 B。

4）投标报价评审和评分（仅按投标报价进行评分）。

①按照评标办法前附表中规定的方法计算"评标基准价"。

②按照评标办法前附表中规定的方法，计算各个已通过了初步评审、施工组织设计评审和项目管理机构评审并且经过评审认定为不低于其成本的投标报价的"偏差率"。

③按照评标办法前附表中规定的评分标准，对照投标报价的偏差率，分别对各个投标报价进行评分，使用附表记录对投标报价的评分结果，投标报价的得分记录为 C。

5）其他因素的评审和评分。根据评标办法前附表中规定的分值设定、各项评分因素和相应的评分标准，对其他因素（如果有）进行评审和评分，并使用附表记录对其他因素的评分结果，其他因素的得分记录为 D。

6）判断投标报价是否低于成本。评标委员会根据招标文件规定的程序、标准和方法，判断投标报价是否低于其成本。评标委员会认定投标人以低于成本的投标报价竞标的，其投标作为否决投标处理。

7）澄清、说明或补正。在详细评审过程中，评标委员会应当就投标文件中不明确的内容，要求投标人进行澄清、说明或者补正。投标人对此应以书面形式予以澄清、说明或者补正。澄清、说明或补正应根据招标文件的规定执行。

8）汇总评分结果。

①评标委员会成员应按照附表的格式填写详细评审评分汇总表。

②详细评审工作全部结束后，按照附表的格式汇总各个评标委员会成员的详细评审评分结果，并按照详细评审最终得分由高至低的次序对投标人进行排序。

(2) 经评审的最低投标价法

1) 价格折算。评标委员会根据评标办法前附表规定的程序、标准和方法，以及算术错误修正结果，对投标报价进行价格折算，计算评标价，并使用附表记录评标价折算结果。

2) 判断投标报价是否低于成本。评标委员会根据招标文件规定的程序、标准和方法，判断投标报价是否低于其成本。由评标委员会认定投标人以低于成本的投标报价竞标的，其投标作为否决投标处理。

3) 澄清、说明或补正。在评审过程中，评标委员会应当就投标文件中不明确的内容，要求投标人进行澄清、说明或者补正。投标人应当根据问题澄清通知要求，以书面形式予以澄清、说明或者补正。澄清、说明或补正应根据招标文件的规定进行。

5. 推荐中标候选人或者直接确定中标人

分别按综合评估法和经评审的最低投标价法介绍。

(1) 综合评估法

1) 推荐中标候选人。除招标文件授权直接确定中标人外，评标委员会在推荐中标候选人时，应遵照以下原则：

①评标委员会按照最终得分由高至低的次序排列，并根据"投标人须知"前附表规定的中标候选人数量，将排序在前的投标人推荐为中标候选人。

②如果评标委员会根据本章的规定做否决投标处理后，有效投标不足三个，且少于第二章"投标人须知"前附表规定的中标候选人数量的，则评标委员会可以将所有有效投标按最终得分由高至低的次序作为中标候选人向招标人推荐。如果因有效投标不足三个使得投标明显缺乏竞争的，评标委员会可以建议招标人重新招标。

投标人数量少于三个或者所有投标被否决的，招标人应当依法重新招标。

2) 直接确定中标人。"投标人须知"前附表授权评标委员会直接确定中标人的，评标委员会按照最终得分由高至低的次序排列，并确定排名第一的投标人为中标人。

3) 编制评标报告。评标委员会根据招标文件的规定向招标人提交评标报告。评标报告应当由全体评标委员会成员签字，并于评标结束时抄送有关行政监督部门。评标报告应当包括以下内容：

①基本情况和数据表。

②评标委员会成员名单。

③开标记录。

④符合要求的投标一览表。

⑤否决投标情况说明。

⑥评标标准、评标方法或者评标因素一览表。

⑦经评审的价格一览表（包括评标委员会在评标过程中所形成的所有记载评标结果、结论的表格、说明、记录等文件）。

⑧经评审的投标人排序。

⑨推荐的中标候选人名单（如果第二章"投标人须知"前附表授权评标委员会直接确定中标人，则为"确定的中标人"）与签订合同前要处理的事宜。

⑩澄清、说明、补正事项纪要。

（2）经评审的最低投标价法

1）汇总评标结果。投标报价评审工作全部结束后，评标委员会应按照附表的格式填写评标结果汇总表。

2）推荐中标候选人。除第二章"投标人须知"前附表授权直接确定中标人外，评标委员会在推荐中标候选人时，应遵照以下原则：

①评标委员会对有效的投标按照评标价由低至高的次序排列，根据第二章"投标人须知"前附表第 7.1 款的规定推荐中标候选人。

②如果评标委员会根据本章的规定做否决投标处理后，有效投标不足三个，且少于第二章"投标人须知"前附表规定的中标候选人数量的，则评标委员会可以将所有有效投标按评标价由低至高的次序作为中标候选人向招标人推荐。如果因有效投标不足三个使得投标明显缺乏竞争的，评标委员会可以建议招标人重新招标。

投标截止时间前递交投标文件的投标人数量少于三个或者所有投标被否决的，招标人应当依法重新招标。

3）直接确定中标人。第二章"投标人须知"前附表授权评标委员会直接确定中标人的，评标委员会对有效的投标按照评标价由低至高的次序排列，并确定排名第一的投标人为中标人。

4）编制及提交评标报告。评标委员会根据招标文件的规定向招标人提交评标报告。评标报告应当由全体评标委员会成员签字，并于评标结束时抄送有关行政监督部门。评标报告应当包括以下内容：

①基本情况和数据表。

②评标委员会成员名单。

③开标记录。

④符合要求的投标一览表。

⑤否决投标情况说明。

⑥评标标准、评标方法或者评标因素一览表。

⑦经评审的价格一览表（包括评标委员会在评标过程中所形成的所有记载评标结果、结论的表格、说明、记录等文件）。

⑧经评审的投标人排序。

⑨推荐的中标候选人名单（如果第二章"投标人须知"前附表授权评标委员会直接确定中标人，则为"确定的中标人"）与签订合同前要处理的事宜。

⑩澄清、说明或补正事项纪要。

4.4.2 定标

施工定标是指招标人根据法律规定，最终确定中标人的过程。招标人可以依据评标委员会提出的书面评标报告确定中标人，也可以授权评标委员会直接确定中标人。中标人的投标应当符合下列条件之一：①能够最大限度地满足招标文件中规定的各项综合评价标准；②能够满足招标文件的实质性要求，并且经评审的投标价格最低；但是投标价格低于成本的除外。

1. 定标依据

1）根据《招标投标法实施条例》第五十五条，国有资金占控股或者主导地位的依法必须进行招标的项目，招标人应当确定排名第一的中标候选人为中标人。排名第一的中标候选人放弃中标、因不可抗力不能履行合同、不按照招标文件要求提交履约保证金，或者被查实存在影响中标结果的违法行为等情形，不符合中标条件的，招标人可以按照评标委员会提出的中标候选人名单排序依次确定其他中标候选人为中标人，也可以重新招标。

2）根据《工程建设项目施工招标投标办法》（七部委〔2003〕30号令）第五十八条，国有资金占控股或者主导地位的依法必须进行招标的项目，招标人应当确定排名第一的中标候选人为中标人。排名第一的中标候选人放弃中标、因不可抗力提出不能履行合同、不按照招标文件的要求提交履约保证金，或者被查实存在影响中标结果的违法行为等情形，不符合中标条件的，招标人可以按照评标委员会提出的中标候选人名单排序依次确定其他中标候选人为中标人。依次确定其他中标候选人与招标人预期差距较大，或者对招标人明显不利的，招标人可以重新招标。

2. 中标通知

中标人被确定后，招标人应当在招标文件规定的投标有效期内，向中标人发出中标通知书，并同时将中标结果通知所有未中标的投标人。中标通知书对招标人和中标人具有法律效力。中标通知书发出后，招标人改变中标结果或者中标人放弃中标项目的，应当依法承担法律责任。中标通知书的发出标志着中标价的最终形成。

4.5 签约合同价的形成与合同签订

4.5.1 签约合同价的含义

1. 概念

《建设工程施工合同（示范文本）》（GF—2017—0201）对签约合同价的定义为：发包人和承包人在合同协议书中确定的总金额，包括安全文明施工费、暂估价及暂列金额等。

签约合同价是工程发承包双方以合同形式确定的交易价格，与形成合同价格的条件及签订合同价格的依据相对应。签约合同价与合同价格是两个不同的概念。合同价格是指发包人用于支付承包人按照合同约定完成承包范围内全部工作的金额，包括合同履行过程中按合同约定发生的价格变化。合同价格是指发承包双方依据国家有关法律、法规和标准规定，按照合同约定确定的，包括在履行合同过程中按合同约定进行的合同价款调整，是承包人按合同约定完成了全部承包工作后，发包人应付给承包人的合同总金额，也可称为竣工结算价。签约合同价是办理合同价格的依据，对于工程合同，竣工结算价等于签约合同价加上合同变更价。

施工阶段是资金投入量最大的阶段，因有变更、索赔等不可预见因素，合同变更价是造价管理的一个重要管控要点。严密、准确的签约合同价能很好地保证建设工程合同造价的合理性、合法性，减少履行合同中甲乙双方的纠纷，维护合同双方的利益，从而减少合同变更价，有效地控制工程造价。签约合同价是施工阶段的工程造价管控的目标造价，是竣工结算的目标造价，对施工阶段的工程造价管理起着指导和控制作用。

2. 签约合同价的形成

工程施工合同的订立一般要经过要约与承诺两个阶段，有些合同在要约之前还需经过要约邀请。对于招标发包的工程项目，招标行为的法律性质是要约邀请，投标行为的性质是一种要约，对合同价格的体现就是投标价；招标人向中标的投标人发出中标通知书的行为是承诺，对合同价格的体现就是中标价。发包人和承包商双方签订的合同中必然包含合同价格的约定，该价格即为签约合同价，它是竣工结算价的目标造价，竣工结算价原则上应控制在签约合同价范围内。招投标项目签约合同价的形成如图4-3所示。

签约合同价是指投标人对招标文件全部理解并接受，在设定预期利润的情况下，向招标方发出要约，投标人一旦中标，该价格就会成为签订合同的价格，此价格就是完成招标范围内的全部内容的价款，也是通过竞争后形成的比较合理的价格。

需要注意的是，在签约合同价形成过程中，按照评标方法、评标标准计算得出的投标人投标报价的评审价格，只能作为确定中标候选人的依据，不能作为签订合同时确定签约合同价的依据。

4.5.2 施工合同的签订

1. 施工合同签订相关规定

建设工程施工合同是指发包人与承包人就完成具体工程项目的建筑施工、设备安装、设备调试、工程保修等工作内容，确定双方权利和义务的协议。施工合同是建设工程合同的一种，它与其他建设工程合同一样是双务有偿合同。施工合同的订立应满足平等自愿、公平守法、诚实信用的基本原则，应遵守法律、法规和国家计划的原则。对于招投发包的项目，施工合同的签订还应遵守以下相关规定：

1)《招标投标法》第四十六条规定"招标人和中标人应当自中标通知书发出之日起三十日内，按照招标文件和中标人的投标文件订立书面合同"。

2) 合同签订人员应是公司法定代表人或者取得法定代表人授权的有关人员。

3) 签订合同的必须是中标的施工企业，投标书中已确定的合同条款在签订时不得更改，合同价应与中标价相一致。

4) 中标人无正当理由拒签合同的，招标人取消其中标资格，其投标保证金不予退还；给招标人造成的损失超过投标保证金数额的，中标人还应当对超过部分予以赔偿。

5) 发出中标通知书后，招标人无正当理由拒签合同的，招标人向中标人退还投标保证金；给中标人造成损失的，还应当赔偿损失。

6) 招标人最迟应当在与中标人签订合同后5日内，向中标人和未中标的投标人退还投标保证金及银行同期存款利息。

2. 施工合同格式选择

合同是当事人或当事双方之间设立、变更、终止民事关系的协议。合同的形式应在招标文件中确定，投标人应在投标文件中做出响应。发包人与承包人应尽可能采用标准的合同范本订立施工合同。目前的建筑工程施工合同的签订一般采用如下三种方式。

(1) 采用《建设工程施工合同（示范文本）》 按照住房和城乡建设部、国家工商行政管理总局制定的《建设工程施工合同（示范文本）》订立的合同是比较规范的，也是大多数中小型工程项目采用最多的一种合同格式。该合同格式由协议书、通用条款、专用条款以及

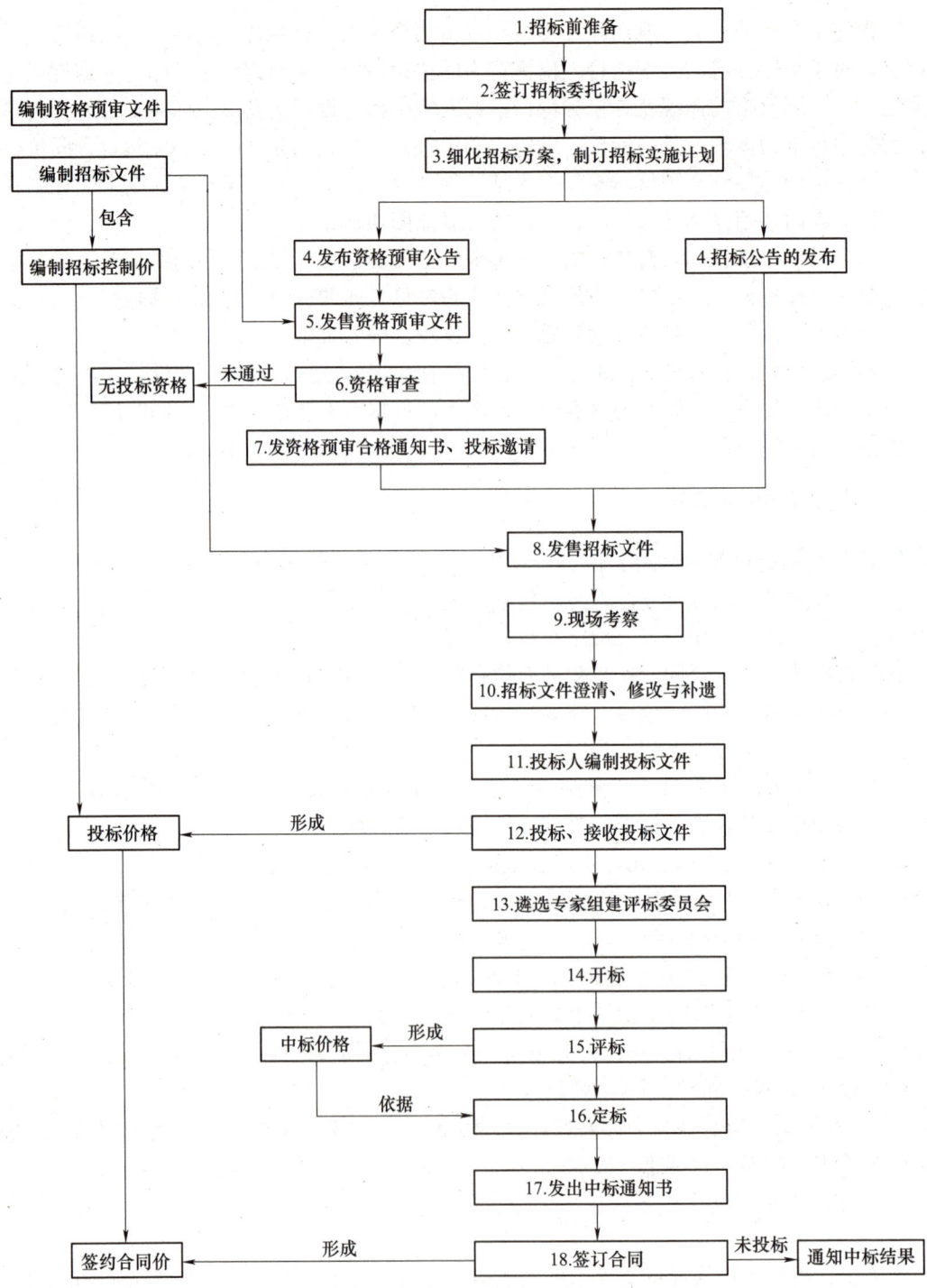

图 4-3 招投标项目签约合同价的形成示意图

附件四部分组成。

(2) 采用自由格式合同 自由格式合同是由承发包双方协商订立的合同,它一般适用于通过邀请招标或议标发包的工程项目。这种合同是一种非范本的合同，可能会由于一方（主要是建设单位）对建筑工程复杂性、特殊性等方面考虑不周而存在约定上的瑕疵；也不排除，有经验的发包方完全有能力自定义非常完备的自由格式合同。

（3）采用FIDIC格式合同　FIDIC合同是国际通用的一种规范合同文本。它一般用于大型的国家投资项目和世界银行贷款项目。

3. 施工合同签订过程

招标发包的项目，合同是招标文件的延续，故招标项目在招标文件中会拟定合同条款以表明招标人的意向，投标人需对此做响应性报价。《招标投标实施条例》规定，合同的标的、价款、质量、履行期限等主要条款应当与招标文件和中标人投标文件的内容一致。招标人和中标人不得再行订立背离合同实质性内容的其他协议。发承包双方在签订合同时需按照相关法律法规的规定，合同的标的物、合同价款需要与投标文件一致，签约合同价与中标人的投标报价在数额上是一致的。

对于非招标发包的项目，合同签订的过程是当事人双方互相协商并最后就各方的权利、义务达成一致意见的过程。签约是双方意志一致的表现，往往包含一般讨论、技术谈判、商务谈判及合同签订4个阶段。

（1）一般讨论　一般讨论是承发包双方相互熟悉的一个过程，是对发包方经济实力和承包方技术、组织、实施能力认可的一个过程，包括对项目概况的介绍，以及发包方在工期、质量和设备安装使用技术方面对承包方的要求等实施内容的讨论。

（2）技术谈判　技术谈判是指双方当事人就解决技术条件不一致所进行的协商的过程，主要针对项目的高大难问题和质量通病进行深度讨论。

合同谈判要着重关注工程技术的选用，对于强制性的国家标准，承包商必须严格遵守，而其他施工方法、手段乃至技术的采用，必须保证其可靠性和实用性；发包人需要保证设计图纸、文件的规范性和科学性。

（3）商务谈判　商务谈判是指在技术条件和范围确定的条件下，双方对涉及切身经济利益的分歧和冲突反复磋商，寻求解决途径和达成协议的过程。在这个过程中，双方就交易的各项商务条件，特别是对双方承担的权利、义务、价格进行磋商。价格是商务谈判的核心内容。商务谈判的重点是计价规则、取费、下浮率和进度款支付比例的商议，以及承包方是否提供同比例的履约保函、保证金或保险保证，项目主材、人工费是否调差以及调差范围（比如正负5%以内不调差）等的约定。

施工合同谈判是商务谈判的一种。施工合同商务谈判主要包括前期准备、开局、报价磋商3个过程。当事人、分歧点、接受点是商务谈判中的三个要素。

1）前期准备是指承包人收集整理有关项目的各种背景材料和基础资料，对谈判项目可能面临的风险及其规避以及对发包方的资信、技术、物力、财力等情况加以分析，拟订谈判的初步方案，保证谈判的成功。

2）开局是指在谈判议程中，要将双方可能取得一致意见的内容列出，更要将双方可能存在的分歧及初步处理意见列出，明确谈判的重点和难点。良好的谈判气氛是奠定谈判成功基础的关键。

3）报价磋商主要是指对施工工作范围、质量、工期、价格的确认。施工合同商务谈判的重点是施工合同的价格，即建设工程造价。谈判中需要确定价格调整条款及支付条款，合同支付有关条款是谈判的重要方面。工作范围作为确定合同价格的基础，是合同谈判中一项极其重要的内容，要通过谈判进一步明确工作范围，避免双方在项目实施过程中产生纠纷。

（4）合同签订　合同谈判结束后，应按协商内容拟出一个完整的合同文本草案，并经双方授权代表认可后形成正式签约文件。合同风险应该按照效率原则和公平原则进行分配。成交的合同约定应公平合理，责权利平衡；内容应表达清晰、细致、严密等，否则就会违反合同签订的本意。当双方确认无误后签字盖章，至此合同成立。

4. 合同签订注意事项

建设工程施工合同是保护发包人与承包人权益的依据，明确发包人与承包人在施工阶段的权利与义务，实行建设工程施工阶段监理的法定依据。为尽量减少合同纠纷，在签订建设工程施工合同过程中，有以下几个方面需要注意。

（1）程序性条款　程序性条款贯穿合同行为的始终，包括计量程序、工程变更程序、索赔处理程序、价款支付程序及争议处理程序等。编写时应注意明确具体步骤，约定时间期限。应建立一套完善的合同管理程序，加强合同签订过程中的监督制度，对合同内容进行严格审查，以确保合同顺利地签订。

（2）工程计量　应明确工程量的计算方法，严格确定工程计量内容，加强隐蔽工程计量的约定。对工程量的增加或减少的具体情况和处理办法进行详细说明。计量方法一般按工程部位和工程特性确定，以便于核定工程量及计算工程价款。

（3）工程计价　在实际的施工中，由于设计变更、材料差价、现场签证等情况的发生不可避免，因此，在施工合同中，必须对价款调整的计算依据、范围、设计变更、材料价格等做出明确的规定。对于工程量变化的价格调整，应约定费用调整公式。对工程延期的价格调整、材料价格上涨等因素造成的价格调整，是采用补偿方式，还是变更合同价格，应在合同中约定。对于工期长的项目，由于施工期间市场价格会出现不同程度的变化，因此，针对超出约定范围内的价格，合同双方应就价格调整的方式做出约定。

（4）双方责权利　为进一步划清双方责任，量化风险，应对双方的职责进行恰当的描述。对那些未来很可能发生并影响工程、增加合同价款及延误工期的事件和情况加以明确，防止索赔或争议的发生。发承包双方应当依法签订书面合同，明确双方的权利、义务与责任。在设定一般义务时，需要结合项目的实际情况，对承包人应当承担的多种义务、工作责任人等进行明确的、详细的规定，防止分包单位收取额外服务费、消极怠工等。

（5）工程变更索赔　明确工程变更索赔的程序、索赔的支付及争端的解决方式。注意因变更引起的工期变化及价格调整，要在合同中明确设定价格调整的相关规定，降低工程变更对施工单位的影响，充分考虑工程变更的影响因素。

（6）工程款支付　实行工程预付款的，双方应当在专用条款内约定预付款支付的比例或金额、支付时限、抵扣方式以及承包人提交预付款担保的期限、担保的形式，开工后按约定的时间和比例逐次扣回并且预付时间应不迟于约定的开工日期前7天。明确工程进度款的支付时间与支付方式，可选择按期（月/季）支付与结算、分段支付与结算、竣工后一次结算或双方约定的其他结算方式。约定工程价款纠纷的解决方法以及工程竣工价款结算的支付方式、数额及时限。

（7）履约担保　在签订合同前，中标人应按投标人须知前附表规定的金额、担保形式和招标文件规定的履约担保格式向招标人提交履约担保。联合体中标的，其履约担保由牵头人递交，并应符合投标人须知前附表规定的金额、担保形式和招标文件规定的履约担保格式要求。

（8）违约　合同中应约定发包人对预付款、工程进度款、竣工结算的违约应承担的具体违约责任。约定承包人对约定的竣工日期和工程质量的违约应承担的具体违约责任。约定违约金与赔偿金具体数额和具体计算方法。对违约金的计算、违约行为与施工企业权利的衔接等要进行明确规定，从而确保工程顺利开工。

（9）合同主体的审查　严格审查承包方的资质、履约信用、施工能力、社会信誉和财务情况，还应就对方公司的以往项目业绩和履约信用等加强补充了解，进一步保证工程的顺利开展。严格审查发包人的资质、信誉度和履约能力。

（10）材料及设备供应　实行发包人供应材料、设备的，应约定清楚供应的方式、时间、数量、装卸费、安装费以及扣回时间、金额等费用的结算方法。双方还应当约定发包人供应材料、设备的一览表，作为合同附件。

（11）其他　签订合同时还要注意，在招标投标过程中形成的补遗、修改、书面答疑、询标纪要、各种协议等均应作为合同文件的组成部分。特别应注意，作为付款和结算依据的工程量和价格清单应根据评标阶段做出的修正稿重新整理和审定，并且应当弄清楚对于按完成的工程量测算付款和按总价付款的内容分别有哪些等。

思 考 题

1. 招标投标与发承包有何关系？
2. 发承包阶段造价管理的关键因素有哪些？
3. 施工招标策划的内容有哪些？
4. 怎样审核招标工程量清单和招标控制价？
5. 请对施工评标方法的优劣进行分析。
6. 简述签约合同价与合同价格的关系。
7. 建筑工程施工合同格式的选择有哪些？分别适用于什么情况？

二维码形式客观题

扫描二维码可在线做题，提交后可查看答案。

第4章 客观题

第 5 章
工程施工阶段工程造价的管理

学习提要

本章从发包人角度出发,阐述了施工阶段对工程造价的一系列影响因素以及施工阶段工程造价管理的主要内容及措施,施工阶段资金使用计划的编制与动态管理以及施工组织设计审查与优化等内容,详尽阐述了施工阶段现场造价管理、合同价款的调整、合同价款期中结算与支付、施工过程结算等内容。同时,在合同价款期中结算与支付章节融入了国家反复强调并已在部分地区开始试点实施的全面推行过程结算的政策内容。

5.1 概述

施工阶段是将建设项目的规划、设计方案、施工图转变为工程实体的过程,是招投标工作的延伸,是合同履行的具体化阶段。建设项目施工阶段是按照设计文件、图样等要求,具体组织施工建造的阶段,即把设计蓝图付诸实现的过程。在我国,建设项目施工阶段的造价管理一直是工程造价管理的重要内容。承包商通过施工生产活动完成建设工程产品的实物形态,建设项目投资的绝大部分支出都花费在这个阶段。建设项目施工是一个动态的过程,涉及的环节多、施工条件复杂,设计图,环境条件,人、材、机市场价格,风险事件等因素的变化也会直接影响工程的实际价格。工程施工阶段是发承包双方及其他管理方工作的重中之重,不仅是双方工作的中心环节,更是工程造价管理核心所在。在这一阶段,各类工程造价专业人员的主要工作聚焦于造价管理,使得这一环节的工程造价管理显得尤为复杂,还成了确定与控制工程造价的难点和重点。因此,建设项目施工阶段工程造价控制的目标非常明确,即要确保工程造价被严格控制在签约合同价的范围内,并努力在规定的工期内,打造出质量上乘、造价合理的建设(或建筑)产品。

5.1.1 施工阶段影响工程造价的因素

在施工阶段影响工程造价的因素有很多,从发包人角度出发,可将影响工程造价的众多因素归纳为以下几种情况。

1. 质量与工期

质量要求越高的工程,其工程造价也越高。在实际的工程中,发承包双方关于工程质量的约定一般都会体现在施工合同中,合同的签约价格即体现了合同约定质量标准前提下的价格。实际工作中,质量标准一般情况下是合格标准,当然发包人也可以提高工程质量标准,前提是必须在发承包环节的招标文件中得以体现,以便于让投标人投标时充分考虑质量标准因素。也就是说,此种情况下承包人的承包价格是必须满足发包人要求的质量标准情况下的价格,是质量与造价高度结合的一个交易价格。高质量要付出高代价。工程建设中不一定追求过高的质量,过高的质量标准有时得不偿失。

正常情况下,工程造价应反映的是正常合理工期下的价格。加快进度、缩短工期可以减少贷款利息支出和使项目提前发挥效益,也可降低物价上涨的风险。但是不适当地压缩工期反而会增加安全事故和降低生产效率,进而增加造价。

最理想状态是造价低、工期短、质量好。但是实际上不可能实现,因为三大目标相互制约。

2. 社会因素

(1) 政策性因素　如税收政策、工程造价构成等相关政策文件发生变化都会对工程造价产生不同程度的影响。

(2) 物价因素　物价的波动会影响工程造价中资源要素的价格,从而影响工程造价。

3. 自然因素

(1) 不可抗力因素　如疫情、自然灾害等不可抗力因素都会影响工程造价。

(2) 自然条件　如地质、地貌、气象、气温等都会影响工程造价。

4. 人为因素

人为因素主要是指参与工程建设与管理的责任单位的行为或者工作质量会对工程造价产生的直接或间接影响。如设计单位不合理的设计、设计错误、延误交图等都会影响工程造价;监理单位的指令延误或者错误、延迟验收、施工过程或者施工工艺监督不力、职业道德引发工作失职等都会影响工程造价;发包人(业主)的原因造成工期拖延、暂停施工、要求赶工、不合理变更、分包混乱、延迟支付、职业道德引发工作失职等都会影响工程造价。此外,其他参与工程建设与管理的单位(如咨询单位等)的众多管理行为也会不同程度地影响工程造价。

5. 其他因素

(1) 合同价款调整因素　对合同价款调整的一系列因素本身及对该因素的调整处理过程和结果都会影响工程造价的合理性(详见5.5节)。

(2) 施工组织设计　施工组织设计是承包人编制的,以施工项目为对象的,用以规范和指导施工的技术、经济和管理的综合性文件。根据编制阶段的不同,施工组织设计可分为投标前的施工组织设计和中标后编制的施工组织设计两类,简称为"标前设计"和"标后设计"。不论哪种类型的施工组织设计,对工程造价都有重要的影响。

5.1.2　施工阶段工程造价管理的内容及措施

施工阶段对于发承包双方的工程造价管理都非常重要。本节主要从发包人角度阐述工程造价管理的主要内容及措施。

1. 施工阶段工程造价管理的内容

1) 资金使用计划的编制与动态管理。

2) 对施工组织设计和施工方案的审查和优化。

3）施工现场造价管理。
4）合同价款的调整。
5）合同价款期中结算与支付。

2. 施工阶段工程造价的管理措施

（1）组织措施

1）从工程造价管理角度落实专人进行施工跟踪，并进行任务分工和职能分工。
2）编制工程造价管理的工作计划和详细的工作流程。

（2）经济措施

1）编制资金使用计划，确定分解工程造价的控制目标。
2）对工程造价目标进行风险分析，并制定防范性政策。
3）进行工程计量。
4）审核工程款项，签发付款证书。
5）定期进行实际支出值和计划目标值的比较。发现偏差并分析原因，及时采取纠偏措施。
6）协商处理合同价款调整。
7）审核工程结算。

（3）技术措施

1）对工程变更进行技术经济比较，严格控制变更。
2）继续寻找通过设计挖掘降低造价的可能性。
3）审核承包人编制的施工组织设计和专项方案。

（4）合同措施

1）严格在施工合同约定的框架下进行施工阶段工程造价的管理。
2）做好施工记录，保存各种文件，积累素材，为正确处理可能发生的索赔提供依据。
3）参与处理索赔事宜。
4）参与合同修改、补充工作，着重考虑它对造价控制的影响。

5.2 资金使用计划

工程施工阶段是工程使用资金数量最多、频率最密集、周期最长的阶段。因此，发包人如何规划和合理使用资金对于项目能否正常推进至关重要。本节将从发包人角度阐述资金使用计划的编制。

5.2.1 资金使用计划的概念

资金使用计划是指根据合同及工期实施计划，计算出与合同中价款支付节点相对应的工作量，再结合合同中价款支付时间、支付比例计算并编制的资金使用表格。

5.2.2 资金使用计划的编制

资金使用计划应根据施工合同和批准的施工组织设计进行编制，应与计划工期、预付款支付时间、进度款支付节点、竣工结算支付节点等相符。同时，其编制范围应充分考虑施工总承包建安工程费用、专业承包工程费用、甲供材料采购费用等。下面，就以月为单位，以付款为例阐述资金使用计划的编制。

1. 分解进度计划

对已审批施工组织设计中的进度计划进行分解，分解成与施工合同中的付款方式对应的形象进度计划。如施工合同付款方式按照月进度进行付款时，则进度计划中应反映出每月的形象进度，以便于估算每月与形象进度对应的工作量。

2. 预付款的计算

有没有预付款或预付款应该支付多少，都应遵从施工合同约定。通常情况下，预付款支付额度=（签约合同价-暂列金额）×3%（具体根据合同约定）。

3. 估算工作量

根据分解后的形象进度计划，估算出与形象进度对应的每月各个分项工程的工程量，再结合施工合同中的已标价工程量清单，估算出与形象进度对应的每月的工作量，以此作为每月进度款估算的依据。当有专业工程费用和甲供材料采购费用时，也应按照分解后的进度计划，结合其中拟实施的时间节点估算每月工作量，以此作为专业工程费用和甲供材料采购费用进度款估算的依据。

4. 进度款估算

根据估算的工作量，结合施工总承包合同中的付款时间节点、付款方式以及预付款抵扣方式，估算承包人的进度款支付资金计划。对于专业工程费用和甲供材料采购费用的进度款支付资金计划，可根据估算的工作量并结合合约规划中的付款方式估算每月进度款。

5. 竣工结算价款和质量保修金估算

根据工程进度计划和施工合同，推算出工程竣工时间和办理竣工结算的完成时间，以此估算工程完成竣工验收、办理竣工结算后应支付的竣工结算价款和质量保修金支付计划。当然，也可以根据以下方式估算竣工结算价款，支付计划和质量保修金支付计划的额度。

质量保修金估算额度=签约合同价×3%

竣工结算价款估算额度=签约合同价-预付款-累计进度款估算额度-签约合同价×3%

6. 资金使用计划表的编制

资金使用计划在实际工作中将以资金使用计划表的形式得以体现和运用。资金使用计划表应包括合同名称、合同总价、开竣工日期、预付款支付计划、进度款支付计划、竣工结算价款支付计划、质量保修金支付计划等内容。合同名称包括建设工程施工合同、专业工程分包合同、材料设备供应合同等。资金使用计划表见表5-1。

表5-1 资金使用计划表

序号	合同名称	合同总价（万元）	开工日期	竣工日期	支付计划（万元）					竣工结算价款	质量保修金
					预付款	进度款					
					年 月	年 月	年 月	年 月	……	年 月	年 月

(续)

序号	合同名称	合同总价（万元）	开工日期	竣工日期	支付计划（万元）					竣工结算价款	质量保修金
					预付款	进度款					
					年 月	年 月	年 月	年 月	……	年 月	年 月

5.2.3 资金使用计划的动态管理

在项目实施过程中，由于各种因素影响，资金实际使用情况与资金使用计划表往往会出现偏差。偏差是指实际使用的资金额度与资金使用计划表中相应时间点的计划资金额度出现不一致的情况，因此应对资金使用计划进行动态管理，以保证资金的正常有效使用。

对资金使用计划进行动态的管理是指对资金使用实际值与计划值之差进行比较，根据比较的结果进行分析，找出产生偏差的原因，根据原因的性质进行必要的工作总结。原因明确之后，有针对性地对后续关联工作进行工程形象进度计划的预测和调整，然后对后续资金使用计划做出相应的调整，以确保建设投资控制目标的实现。

1. 比较

按照某种确定的方式，将资金使用计划值与实际值逐项进行比较，以发现分项进度是提前还是延后、分项投资额度是增加还是减少。

2. 分析

对比较的结果进行分析，以确定偏差的程度及偏差产生的原因，这一步是资金使用计划动态管理的核心。其主要目的在于找出产生偏差的原因，从而采取有针对性的措施。当当月实际资金使用额度大于计划资金使用额度时，可能有以下几个方面的原因：

1）是否因为资源要素价格波动超风险较大。
2）是否因为工程变更增多，导致变更后当月实际工作量增大。
3）是否因为工程实际进度提前，导致当月工作量增大。
4）是否因为业主或者监理工程师行为，导致签证索赔增加。

当月实际资金使用额度小于计划资金使用额度时，可能有资源要素价格波动超风险较大、工程进度延后等原因。

当通过以上分析找出偏差的原因后，可以对工程管理工作进行总结，明确下一步改进的方向和措施，或者说应继续保持的良好工作态势。同时，也可对后续工作形象进度和资金使用计划做出预测和调整。

3. 预测和调整

根据实际形象进度和资金实际使用情况，对发生偏差后的形象进度计划和资金使用计划做出相应的调整，直到项目竣工验收、办理竣工结算完毕，以满足施工及其后续阶段资金正常使用和达到对资金计划动态管理的目的。

5.3 施工组织设计审查与优化

5.3.1 施工组织设计审查与优化概述

对于招投标的工程，投标报价往往与"标前设计"中的施工方案息息相关，即投标人的"标前设计"除了满足对工程的技术性评价和指导外，其中的施工方案还直接影响投标报价中的分部分项工程和措施项目的综合单价计算，最终会影响投标总价的高低。如土方的挖运方案、垂直运输机械的布置方案、脚手架的搭设方案等。承包人进场后根据监理单位和业主的要求需重新报送"标后设计"，"标后设计"是指在"标前设计"的基础上进行不同程度的优化和细化，因为优化后的"标后设计"实际上可以降低承包人的施工成本，增大其优化部分项目的利润空间。这种情况下，建设单位并没有因此而得到任何实惠，建设投资并没有因此而减少。也就是说，施工组织设计的优化对发承包双方都非常关键。因此，合同中是否约定将承包人对施工组织设计的优化视为工程变更的问题就尤为重要。

若将施工组织设计的优化视为工程变更，那对承包人来说，其对施工组织设计的优化意愿就不够强烈，甚至不可能多主动，因为优化不仅会降低工程收入，更主要的是还会影响其利润这一核心利益。因此，在这种情况下，发包人除了满足对施工组织设计的正常技术性审查，还应组织专门的造价技术力量配合工程技术力量，主动地对施工组织设计中的方案进行技术论证和经济分析，提出优化的方向和路径，指导承包人调整和优化施工组织设计，以真正达到控制投资的目的。

对于非招投标的工程，施工组织设计的审查与优化也尤为重要，因为一旦施工组织设计经过审定，承包人就需按照施工组织设计组织施工，发承包双方也应按照施工组织设计中相关方案的内容进行相关费用计算和工程造价费用的计算，从而影响工程建设投资费用。

5.3.2 施工组织设计审查与优化要点

一般情况下，发包人从降低工程造价、节省工程建设投资角度出发，可从以下几个要点挖掘审查和优化施工组织设计的潜能，指导承包人完成对施工组织设计的优化。

1. 工期

合同范围内的工程内容的实施工期应按照施工合同的约定进行，承包人对工期的主动优化和提前对于发承包双方都是一件利好的事情。合同范围以外新增的工程内容，承包人一般情况下会在原合同工期的基础上，考虑新增项目的实施而适当申请延长工期，因此这种情况下，发包人对承包人工期延长的申请需要进行必要的审查和适当的优化。当然更主要的是，可以防范因延长工期而可能出现的潜在的工程造价风险。

2. 工程技术方案

工程技术的合理性以及是否充分考虑新技术的应用，对工程造价具有重要影响。合理的工程技术能够直接降低工程成本，而新技术的采用不仅能进一步提升效率、优化资源配置，还能长期有效降低工程造价。

3. 工程实施方案

工程实施方案中的工程做法、工艺流程、实施先后顺序等的合理性，不仅会影响工程造价的合理性，而且会影响工程计量的项目多少、工程量多少和工程单价的高低，最终影响工程造价。

4. 施工措施方案

施工措施方案直接影响措施项目的多少和措施项目费用的高低，而措施项目费用在工程造价中占有相当大的比例。

5.4 施工现场造价管理

5.4.1 概述

施工阶段是生产建筑产品、实现建设工程价值的阶段。在招标投标阶段为建筑产品预测了工程价格，但该价格在施工阶段并不是固定不变的。由于受各种因素的影响，工程造价必然会发生变化。为有效控制工程造价，施工现场造价管理尤为重要。施工现场工程造价管理的主要任务是通过现场收方、工程变更、索赔、隐蔽工程验收、现场签证、现场造价会议、造价资料管理等管理方式挖掘节约工程造价的潜力，从而使实际发生费用不超过计划投资。在施工现场，发包人、承包人、监理人、设备材料供应商等不同的利益主体相互交叉、相互影响、相互制约，必然会对工程造价有较大的影响。

5.4.2 现场收方

现场收方也称工程收方，即收工程量，是指合同范围内和合同范围外需要现场确认的工程量。因为工程中涉及最多的工程量单位是立方米、平方米，尤其是土木结构中的木材论方来定量，所以称为现场收方。现场收方的目的是按实计量，是发包人、承包人对工程量进行确认的依据，也是结算的凭证，是施工现场重要的造价管理工作之一。

1. 收方依据

1）施工图。
2）工程变更单。
3）施工合同等。

2. 收方范围

1）合同约定按实际现场收方。
2）隐蔽工程。
3）工程变更。
4）图纸中未包含而现场必须实施的项目等。

3. 注意事项

1）对聘请外部审计机构的工程，需要其参加现场收方监督。
2）收方单上需注明收方的具体部位。
3）收方完成后，必须根据收方的原始数据在合同约定工作日内完成正式收方资料，并报送现场参加收方人员完善签字手续。
4）申请工程现场签证收方时，应附图纸、变更依据（设计变更单、工作联系函等），如地基换填处理、基槽土石方、土方平整或类似专业施工的隐蔽项目（含油漆涂料）。
5）工程隐蔽部分的收方工作必须在隐蔽前进行，不得后补。
6）先收方后施工的工程（如土石方回填等工程），必须由发包人现场代表、监理人、承包人根据设计图、现场情况及合同约定共同收方。
7）先施工完毕后收方的工程，必须由监理人或发包人现场代表对该工程进行质量验收，验收合格后方可收方。
8）工程隐蔽部分的收方工作必须在隐蔽前进行，由监理人或发包人现场代表对该工程进行质量验收，验收合格后方可收方。
9）现场收方单样式根据项目的不同而有所不同，具体由参与项目的管理方或者管理的主导单位制订后供关联单位使用。

5.4.3 隐蔽工程验收

1. 隐蔽工程

隐蔽工程是指在施工过程中，多道工序下的某一道工序完成后的工程实体将被后续工序所隐蔽，并且这种隐蔽是不可逆向操作的作业，其中前道工序称为隐蔽工程。隐蔽工程以建筑基础、地下防水工程、建筑管线、预埋等建设关键控制性项目居多。

2. 隐蔽工程验收

隐蔽工程中的分项工程质量会直接影响施工阶段工程造价的管控，工程施工中施工工艺的做法、厚度、材质、质量等均应按照图纸及相关规范要求进行，哪个方面出现问题都会影响其工程造价，也就是说都会使该部分的价值大打折扣。因此严格验收隐蔽工程、认真做好验收记录和鉴证工作，不仅是工程质量控制的核心，而且对造价控制至关重要，也能充分保证设计图、工程资料、施工现场及造价确定的一致性。

5.4.4 工程变更

1. 工程变更概念

根据《工程造价术语标准》（GB/T 50875—2013）中对工程变更的定义：合同实施过程中由发包人提出或由承包人提出，经发包人批准的对合同工程的工作内容、工程数量、质量要求、施工顺序与时间、施工条件、施工工艺或其他特征及合同条件等的改变。

工程项目的复杂性决定了发包人在发承包阶段所确定的方案往往存在某方面的不足。随着工程的进展和对工程本身认识的加深，以及其他外部因素的影响，发包人常常在工程施工过程中需要对工程的范围、技术要求等进行修改，形成工程变更。可见，工程变更是为了更好地完成工程所赋予发包人单方面的权利，其目的是改善工程功能并顺利完成工程，其内容是对工程的外观、标准、功能及其实施方式的改变。

2. 工程变更的范围

《建设工程施工合同（示范文本）》（GF—2017—0201）（简称《示范文本》）通用条款10.1 变更的范围约定如下：

1）增加或减少合同中任何工作，或追加额外的工作。
2）取消合同中任何工作，但转由他人实施的工作除外。
3）改变合同中任何工作的质量标准或其他特性。
4）改变工程的基线、标高、位置和尺寸。
5）改变工程的时间安排或实施顺序。

《建设工程工程量清单计价标准》（GB/T 50500—2024）界定的工程变更范围：经发包人批准的对合同工程工作内容、合同图纸、合同规范、位置与尺寸、施工顺序与时间、施工条件、合同条款或其他特征的改变。包括对合同工程的增加、减少、取消、替代和使用材料等的改变。

3. 工程变更的程序

《示范文本》的通用条款约定：发包人和监理人均可以提出变更。变更指示均通过监理人发出，监理人发出变更指示前应征得发包人同意。承包人收到经发包人签认的变更指示后，方可实施变更。未经许可，承包人不得擅自对工程的任何部分进行变更。承包人可以提出合理化建议。合理化建议经发包人批准的，监理人应按合同约定的程序向承包人发出变更指示。

承包人收到监理人下达的变更指示后，认为不能执行，应立即提出不能执行该变更指示的理由。

承包人应在收到变更指示后 14 天内，向监理人提交变更估价申请。监理人应在收到承包人提交的变更估价申请后 7 天内审查完毕并报送发包人。监理人对变更估价申请有异议的，应通知承包人修改后重新提交。发包人应在承包人提交变更估价申请后 14 天内审批完毕。发包人逾期未完成审批或未提出异议的，视为认可承包人提交的变更估价申请。

因变更引起的价格调整应计入最近一期的进度款中支付。

工程变更程序如图 5-1 所示。

4. 工程变更管理

工程变更可以分为设计变更和其他变更。设计变更对施工进度有很大影响，容易造成投资失控，所以应严格按照国家的规定和合同约定的程序进行。变更超过原设计标准和建设规模时，发包人应经规划管理部门和其他有关部门重新审查批准，并由原设计单位提供相应的变更图样和说明后，方可发出变更通知。其他变更是除设计变更之外能够导致合同内容的变更，如履约中发包人要求变更工程质量标准及发生的其他实质性变更。

工程变更是合同变更中发生最频繁的变更，其中重要的是设计变更和施工方案变更。由于施工条件和发包人要求变化等原因，往往会发生合同约定的工程材料性质和品种、建筑物结构形式、施工工艺和方法，以及施工工期等的变动，因此必须变更才能维护合同公平。但不是所有的变更都会引起合同价款的变化。工程变更的责任分析是确定工程变更，引起合同价款调整的前提。

（1）不构成工程变更的施工方案变更主要的情形　在合同签订后的一定时间内，承包人应提交详细的施工计划供发包人代表或监理人审查。如果承包人的施工方案不符合合同要

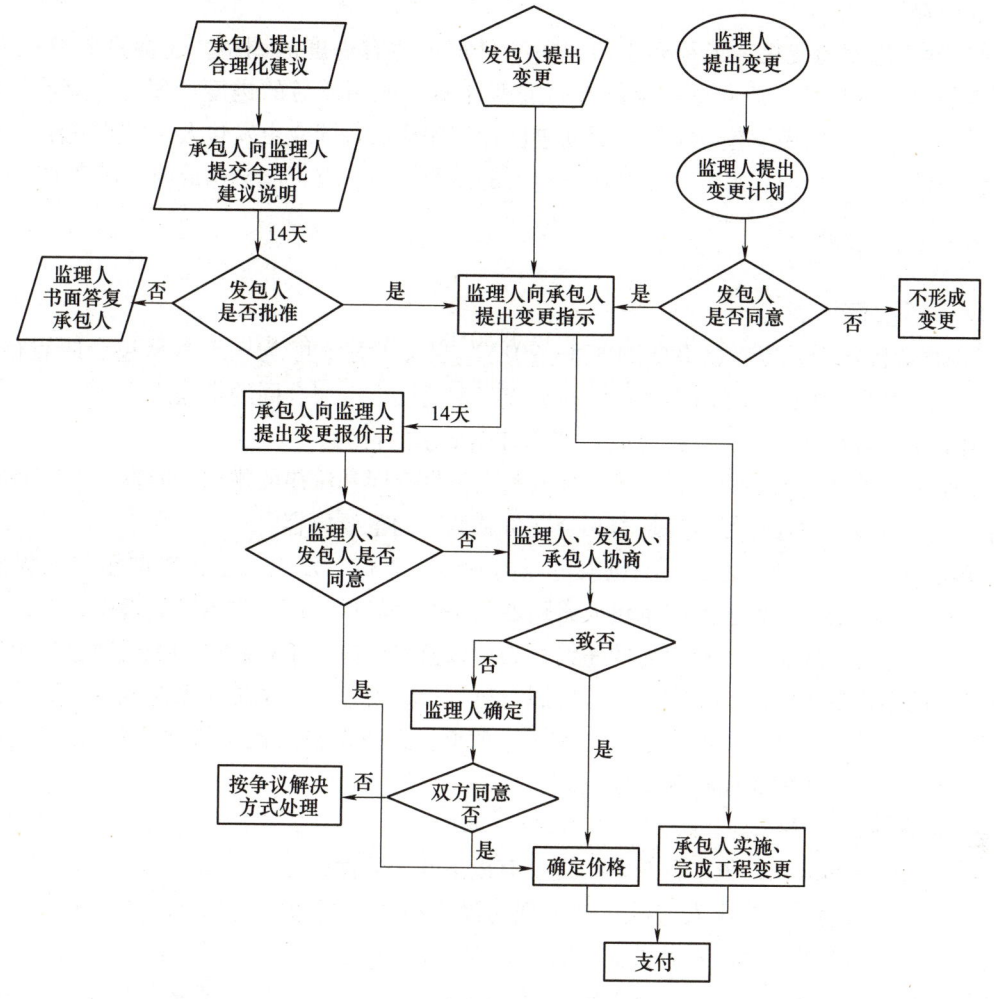

图 5-1 工程变更的程序

求,不能保证实现合同目标,发包人有权指令承包人修改施工方案。

在招标文件的规范中,如果发包人对施工方案做了详细的规定,承包人必须按发包人的要求投标。若承包人的施工方案与规范不同,发包人有权下指令要求承包人按照规定修改。

由于承包人自身原因(如失误或风险)修改施工方案所造成的损失,不构成工程变更,由承包人负责。

施工方案被证明是不可行的,发包人不批准或指令承包人改变施工方案。

承包人为保证工程质量、保证实施方案的安全和稳定所增加的工程量,如扩大工程边界,不构成工程变更。

(2)构成工程变更的施工方案变更主要的情形

1)重大的设计变更导致的施工方案变更。如果设计变更应由发包人承担责任,则相应的施工方案的变更也应由发包人承担责任;反之,则应由承包人承担责任。

2)不利的地质条件导致的施工方案的变更。一方面,不利的地质条件是承包人无法预料的;另一方面,发包人负责地质勘查工作并提供地质勘查报告,应该对报告的正确性和完备性承担责任。

3）施工进度的变更。工程开工后，每个月都可能有进度的调整。通常只要发包人代表（或发包人）批准（或同意）承包人的进度计划（或调整后的进度计划），则新进度计划就具有约束力。如果发包人不能按照新进度计划完成按合同应由发包人完成的责任，如及时提供图样、施工场地、水电等，则属发包人的违约行为，有可能会构成施工进度的变更。

5.4.5 工程索赔

1. 工程索赔概念

《工程造价术语标准》（GB/T 50875—2013）定义工程索赔为：工程承包合同履行中，当事人一方因非己方的原因而遭受经济损失或工期延误，按照合同约定或法律规定，应由对方承担责任，向对方提出工期和（或）费用补偿要求的行为。

索赔是一种合法正当的权利要求，是权利人依据合同和法律的规定，向责任人追回不应该由自己承担损失的合法行为，是引起合同价款调整的重要内容。

理论上讲，索赔是双向的。承包人可以向发包人索赔，发包人也可以向承包人提出索赔。但在工程实践中，发包人向承包人索赔的频率相对较低，而且在索赔处理中，发包人始终处于主动和有利地位，对承包人的违约行为可以直接从应付工程款中扣抵或通过履约保函实现自己的索赔要求。因此，在施工合同履行过程中，发包人主动提出索赔较少，而承包人的索赔则贯穿施工合同履行的全过程。习惯上把承包人向发包人提出的索赔称为施工索赔，发包人向承包人提出的索赔称为反索赔。

2. 索赔的原因分析

引起工程索赔的原因很多且复杂，主要有以下几个方面：

（1）当事人违约 当事人违约常常表现为没有按照合同约定履行自己的义务。而发包人违约常表现为没有为承包人提供合同约定的施工条件或未按照合同约定的期限和数额付款等。监理人未能按照合同约定完成工作，如未能及时发出图纸、指令等视为发包人违约。承包人违约的情况则主要是没有按照合同约定的质量、期限完成施工，或者由于不当行为给发包人造成其他损害。

（2）合同变更 合同变更表现为设计变更、施工方法变更、追加或者取消某些工作以及合同规定的其他变更等。

（3）不可抗力或不利的物质条件 不可抗力可以分为自然事件和社会事件。自然事件主要是指工程施工过程中不可避免发生且不能克服的自然灾害，包括地震、海啸、瘟疫、水灾等；社会事件则包括国家政策、法律、法令的变更、战争、罢工等。不利的物质条件通常是指在施工过程中，承包人遇到了一个有经验的承包人不可能遇见的不利的自然条件或人为障碍。

（4）合同缺陷 合同缺陷通常表现为合同文件的规定不严谨，甚至内容矛盾，或合同中有遗漏或错误。在这种情况下，工程师应当给予解释，如果这种解释导致成本增加或工期延长，发包人应当给予补偿。

（5）监理人指令 监理人指令有时也会产生索赔，如监理人指令承包人加速施工、进行某项工作、更换某些材料、采取某些措施等，并且这些指令不是承包人的原因造成的。

3. 索赔的分类

（1）按施工索赔依据的范围分类

1）合同内索赔。此种索赔是以合同条款为依据，在合同中有明文规定的索赔。如工期延误、工程变更、工程师的错误指令、业主不按合同规定支付进度款等。承包人可根据合同规定提出索赔要求，这是最常见的索赔。

2）合同外索赔。此种索赔一般是难以直接从合同中的某项条款中找到依据，必须根据适用于合同关系的法律解决的索赔问题。如施工过程中发生的重大的民事侵权行为造成的承包人损失。

3）道义索赔。这种索赔没有合同和法律依据，例如，发生业主没有违约或业主不应承担责任的干扰事件；可能由于承包人失误（如报价失误、环境调查失误等）；发生承包人应负责的风险，造成承包人重大损失。损失极大影响承包人的财务能力、履约积极性、履约能力，甚至危及承包企业的生存。因此承包人提出索赔要求，希望业主从道义或从工程整体利益的角度给予一定的经济补偿。

（2）按施工索赔的目的分类

1）工期延长索赔。它是指由于非承包人的直接或间接责任事件造成计划工期延误，要求批准顺延合同工期的索赔。

2）费用索赔。它是指承包人对施工中发生的由于非承包人直接或间接责任事件造成的合同价外费用支出，向发包人提出的经济补偿。

（3）按施工索赔事件的性质分类

1）工程延误索赔。因发包人未按合同要求提供施工条件，如未及时交付设计图、施工现场、道路等，或因发包人指令工程暂停或不可抗力事件等原因造成工期拖延的，承包人对此提出索赔。这是工程中常见的一类索赔。

2）工程变更索赔。由于发包人或监理工程师指令增加或减少工程量或增加附加工程、修改设计、变更工程顺序等，造成工期延长和费用增加，承包人对此提出索赔。

3）合同被迫终止的索赔。由于发包人或承包人违约以及不可抗力事件等原因造成合同非正常终止，无责任的受害方因其蒙受经济损失而向对方提出索赔。

4）工程加速索赔。由于发包人或工程师指令承包人加快施工速度、缩短工期，引起承包人人、财、物的额外开支而提出的索赔。

5）意外风险和不可预见因素索赔。在工程实施过程中，因人力不可抗拒的自然灾害、特殊风险以及一个有经验的承包人不能合理预见的不利施工条件或外界障碍，如地下水、地质断层、溶洞、地下障碍物等引起的索赔。

6）其他索赔。如因货币贬值、汇率变化、物价、工资上涨、政策法令变化等原因引起的索赔。

4. 索赔的管理

索赔是工程合同管理的一项重要内容，工程索赔管理的水平反映了双方合同管理的水平。

（1）索赔的预防

1）在设计管理方面，应努力做到按合同规定索要设计图、资料，并要求设计单位提高设计质量，在条件允许的情况下引入设计竞争机制，提高设计服务质量。通过设计招标选择信誉、设计水平、管理能力等方面较好的设计单位，尽可能减少因设计原因引起的索赔。

2）在市场经济条件下，合同是约束甲乙双方经济行为的准绳。作为发包人的管理人员应注意全面、严格地履行合同。在签约前应反复斟酌合同条款，注重合同文字的严密性，防止在合同实施中因规定不明确或因文字漏洞而造成索赔。

3）在物资供应方面，应做到设备和材料按时供应、保质保量。尽量避免因材料供应的规格型号、品种与图纸不符而重新采购，导致工期延误索赔。

4）加强索赔的前瞻性管理。发包人、监理工程师和承包商要借助自己的经验和有关规定，采取积极的措施防止可以预见的索赔事件的发生。如加强合同管理、加强前期准备工作、加强对设计方案的审查等。但如果索赔确实发生了，应积极采取措施，把索赔费用控制在最小范围之内。

（2）索赔处理原则　在工程承包中，索赔应遵循下列原则：

1）以合同为依据。合同是施工过程中双方均应遵守的最高行为准则，索赔的解决和处理也必须以合同为依据。处理索赔时必须做到有理有据；要注意资料的收集，对资料的真实性、可信度认定后应及时地处理索赔。

2）以索赔证据为准则。索赔工作的关键是证明承包商提出的索赔要求是正确的，还要准确地计算出要求索赔的数额，并证明该数额是合情合理的，而这一切都必须基于索赔证据。索赔证据必须是在实施合同过程中存在和发生的；索赔证据应当能够相互关联、相互说明，不能互相矛盾；索赔证据一般是书面内容，如有关的协议、记录等，且均应有当事人的签字认可。

3）及时、合理地处理索赔。索赔事件发生后，承包人索赔的提出以及建设方索赔的处理应当是及时的。索赔处理不及时对双方都会造成不利影响，如承包人的索赔得不到合理解决，索赔积累的结果会导致其资金困难，同时会影响工程进度。

（3）索赔处理程序　合同实施阶段，在每个索赔事件发生后，承包人应按合同条件的具体规定和工程索赔的惯例，尽快协商解决索赔事项。其中承包人可按下列程序（见图5-2）以书面形式向发包方索赔：

1）提出索赔要求。当出现索赔事项时，承包方应以书面的索赔通知书形式，在索赔事项发生后的28天以内，向监理工程师正式提出索赔意向通知。

2）报送索赔报告。在索赔通知书发出后的28天内，向监理工程师提出延长工期和（或）补偿经济损失的索赔报告及有关资料。

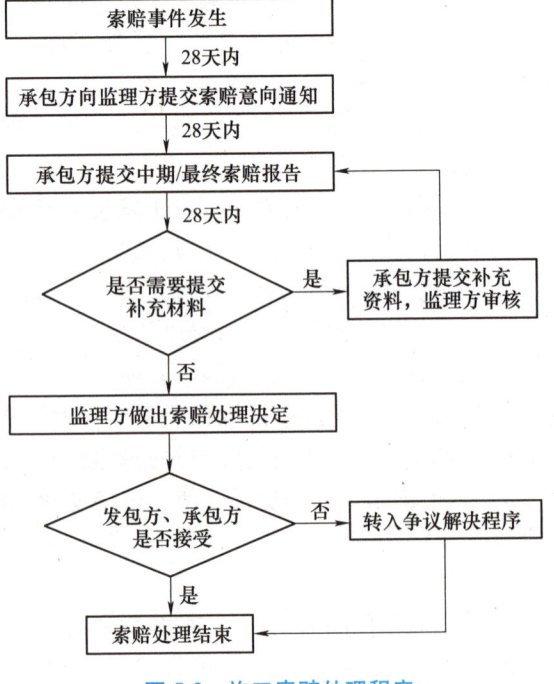

图5-2　施工索赔处理程序

3）监理工程师答复。监理工程师在收到承包方送交的索赔报告及有关资料后，应于14

天内与发包人协商，28天内与发包人协商一致后对承包方予以答复，或要求承包方补充索赔理由和证据。若监理工程师与发包方在收到承包方送交的索赔报告及有关资料后，于28天内未予答复或未对承包人提出进一步要求，即可视为该项索赔已经认可。

4）持续索赔。当索赔事件持续进行时，承包方应当阶段性地向监理工程师发出索赔意向，在索赔事件终了后28天内，向监理工程师送交索赔的最终索赔报告和有关资料，监理工程师应在28天内给予答复，或要求承包方补充索赔理由和证据。逾期未答复，视为该项索赔成立。

5）争议解决。当承包方接受最终的索赔处理决定时，索赔事件的处理即告结束。如果承包方不同意，则会导致合同的争议，应通过协商、调解、"仲裁或诉讼"方法解决。

（4）索赔依据　合同一方向另一方提出索赔要求时，应该提出一份具有说服力的证据资料作为索赔的依据，这是索赔能否成功的关键因素。索赔依据一般包括：①合同协议书及其附属文件；②投标书；③来往信函；④会议记录；⑤施工现场记录；⑥工程财务记录；⑦现场气象记录；⑧市场信息资料；⑨政策法令文件。

5.4.6　现场签证

1. 现场签证概念

《工程造价术语标准》（GB/T 50875—2013）定义现场签证为：处理合同价款中未包含而施工过程中发生的特殊情况的书面依据，签证产生的费用是工程造价的组成部分。签证最终以价款的形式体现在工程结算中。

现场签证的特点是发生临时，具体内容不同，没有规律性，是施工阶段投资控制的重点，也是影响工程投资的关键因素之一。

2. 现场签证内容

现场签证内容包括零星用工、零星工程、临时增补项目、合同遗漏项目、隐蔽工程签证、窝工、非承包人原因停工造成的人员及机械经济损失、其他需要签证的费用、停水和停电签证、工期签证等。

3. 现场签证处理原则

现场签证必须邀请甲方以及第三方监理责任人，做到事前通知，事中监督，事后检验并及时进行签证方能有效。在建设工程施工过程中，为了实现工程造价的有效控制，监理工程师在处理现场签证的时候，一定要遵循以下原则：

1）及时处理原则。对于延迟处理会延长工期、增加成本或扩大损失的签证要及时处理，避免延误工期。如对于处于工程关键路径上的工序签证必须及时处理。

2）实事求是原则。针对现场签证内容而言，在进行报送之前，一定要进行相应的审核，保证报送内容和实际发生内容一致。

3）客观公正原则。在现场监理工程师审核现场签证的时候，一定要秉持客观、公正、公平的原则，不仅要保护建设方的经济效益，还要维护施工方的合法权益。

4）合同原则。在管理现场签证的时候，监理工程师一定要结合监理委托合同内容执行。在开展具体工作的时候，一定要对签证单的事实依据进行分析，明确计量、计价依据来源，保证签证单的合理、准确。

4. 现场签证处理流程

签证失控将会导致结算造价失控，因此必须加强现场签证的管理和控制，严格按照签证的审核确认程序执行。明确、规范签证程序，尽可能客观地维护建设方、施工方双方的权益；同时，也可以节省施工时间、提高工作效率。现场签证处理流程如图 5-3 所示。

1) 承包人应发包人要求完成合同以外的零星项目、非承包人责任事件等工作的，发包人应及时以书面形式向承包人发出指令，提供所需的相关资料。承包人在收到指令后，应及时向发包人提出现场签证要求。

2) 承包人应在接受发包人要求的 7 天内向监理工程师提交现场签证报告，监理工程师签证后施工。若没有相应的计日工单价，签证中还应包括用工数量和单价、机械台班数量和单价、使用材料品种及数量和单价等。若发包人未同意签证，承包人施工后发生争议的，责任由承包人自负。

3) 监理工程师应在收到承包人的签证报告后 48 小时内给予确认或提出修改意见，否则，视为该签证报告已经认可。

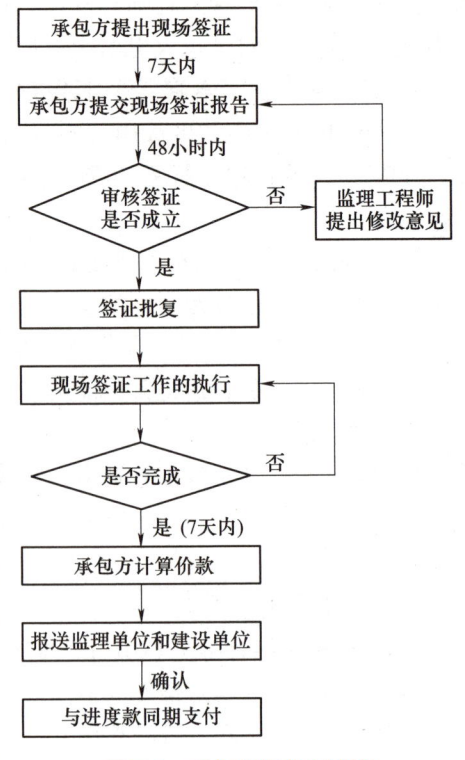

图 5-3　现场签证处理流程

4) 现场签证工作完成后的 7 天内，施工单位应按照现场签证内容计算价款，报送监理单位和建设单位确认后，作为增加合同价款，与进度款同期支付。

5.4.7　材料、设备认质认价管理

材料、设备认质认价工作是发包人、跟踪审计单位或监理单位对工程变更、暂估材料、甲供材料变乙供材料进行的材料设备质量和价格的认定工作。

材料、设备费用对工程造价有巨大影响。从材料、设备所占比重来看，其费用是对工程造价影响最大的因素。材料、设备费用可以达到建安费用的 60%～70%。在设备安装工程、电气自控工程中可占据 80% 左右，在钢结构中比重更大。确定工程造价的重要前提就是合理确定材料与设备的价格。

准确确定材料、设备价格是合理确定工程造价的前提。建筑材料、设备的认质认价管理应贯穿项目的整个实施阶段（设计、施工）。

设计阶段是项目生命周期的孕育阶段，材料、设备的采用对工程的质量、造价及工期有着重大的影响。我国建设工程勘察设计管理条例规定：设计文件中选用的材料、构配件、设备，应当注明其规格、型号、性能等技术指标，其质量要求必须符合国家规定的标准。除有特殊要求的建筑材料、专用设备和工艺生产线等外，设计单位不得指定生产厂、供应商。

施工阶段是材料形成建筑产品的阶段，此阶段包含材料的采购、运输、保管、使用全过

程。无论哪种项目管理模式，此阶段的材料和设备认质、认价管理均应由三方参与管理。对于进入现场的材料、设备，监理单位应严格把关，工程施工单位应按照有关材料、设备的具体规定和样品进行验收，并办理相关报验及验收手续。

1. 认质认价的适用范围

施工阶段需要认质认价的材料和设备主要出现在以下情况：

1）招标文件中规定以暂估价进入工程量清单报价的材料、设备。

2）按合同约定由发包人采购供应的材料、设备，因某种原因改为施工方采购供应的材料、设备。

3）工程变更中原合同没有的材料、设备，且工程造价管理机构发布的信息价格缺失的材料、设备。

2. 认质认价流程

（1）认质认价申请　承包人填报"材料、设备认质认价申请单"，申请单须列明材料和设备名称、规格型号、数量、（计划）进场时间、使用部位、质量技术要求等信息，不得漏填。

（2）材料、设备的认质　根据材料、设备的名称、品牌、规格、型号、质量等级、数量、价格、售前售后服务以及各方面信誉等，进行深入细致的市场调研，掌握材料和设备质量及市场价格，查看产品合格证、检验报告、质量体系认证等。材料、设备的规格型号、材质、质量等级、品质等对价格有影响的参数由监理人、发包人、设计单位等有关技术人员审核并签署认质意见。

合同约定只认质不认价的材料和设备由监理人、发包人等有关技术人员共同完成，并下发"材料、设备认质意见单"。

材料、设备的质量在监理人、发包人认可后，由承包人填报"材料、设备认质核定单"。

（3）材料、设备的认价　认质通过后，发包人、监理人、承包人根据材料、设备供应商的信息，对材料、设备生产商（多家）进行考察，核定材料、设备品牌及价格。对产品的价格共同认定，并出具"材料、设备认质认价核定单"。

5.4.8　工程造价会议

项目实施过程中，涉及造价确定分歧时，往往以工程造价会议的形式协商解决。会议一般由监理或过控单位（如果有）主持，发包方、承包方、设计单位均到场。如果涉及专业性很强的造价分歧，还可以邀请相关的造价专家。

就造价分歧进行会议讨论时，会议形成的记录需要参会代表签字。工程造价会议记录不能直接作为付款依据，但是可以作为合同变更或追加的依据。

5.4.9　工程造价资料管理

为了使工程造价管理工作顺利开展，提高资料的完整性和有效性，便于资料的查询、引用、归档，需要进行规范的工程造价资料管理。造价资料管理专业人员在项目施工过程中应及时地进行工程造价资料的收集、整理和分类归档，保证为项目结算书的编制提供真实有效的依据。工程造价资料管理工作的好坏直接影响工程结算工作质量的好坏，同时也是衡量工程结算合理性的重要标准之一。

（1）工程造价资料的种类　施工现场的工程造价资料一般包括：①合同协议书及其附属文件；②投标书；③来往信函；④会议记录；⑤施工现场记录；⑥现场收方单；⑦认质认价单；⑧市场信息资料；⑨技术核定单；⑩现场签证单；⑪索赔报告；⑫政策法令文件等。

（2）资料数据库建立和网络化管理　为了便于工程造价资料的传输、储存和使用，应积极推广使用计算机建立工程造价的资料数据库，开发通用的工程造价资料管理信息系统，以此提高工程造价资料的适用性与可靠性。建立造价资料数据库需要将工程进行分类和编码，编制统一的标准和规范，进而搜集数据，整理和输入系统，从而得到不同层次的造价资料数据库。

（3）工程造价资料信息化建设　工程造价资料信息化建设是以工程造价资料数据库为基础，以计算机技术、通信技术等现代信息技术在工程造价活动中的应用为主要内容，以工程造价信息部门的专业技术研发和专门人才培训为支撑，实现工程造价活动由传统信息获取、加工、处理和纸上信息等方式向现代电子、网络方式转变，实现工程造价信息资源深度开发和利用的过程。

5.5　合同价款调整

发承包双方以合同形式确定的工程承包价格被称为签约合同价，通常情况下签约合同价不一定是最终的工程造价，在工程实施过程中会根据合同约定对签约合同价中的合同价款进行调整。

5.5.1　合同价款调整的概念

合同价款调整是指施工过程中出现合同约定的价款调整事项，发承包双方提出和确认的行为。竣工结算价是在承包人完成施工合同约定的全部工程内容，发包人依法组织竣工验收合格后，由发承包双方按照合同约定的工程造价条款，即已签约合同价、合同价款调整（包括工程变更、索赔和现场签证）等事项确定的最终工程造价。

合同价款调整可以理解为施工过程中的变化所导致的利益重新分配。因此，在施工过程中出现合同约定的合同价款调整因素时，发承包双方应根据合同约定对合同价款进行调整。

经发承包双方确认调整的合同价款，作为追加（减）合同价款应与工程进度款同期支付，如在工程结算期间发生的，应在竣工结算款支付。因此，合同价款调整是施工阶段工程造价管理的重要工作。

5.5.2　合同价款调整因素

引起合同价款调整的因素很多，包括：①工程量清单缺陷；②暂列金额；③暂估价；④总承包服务费；⑤计日工；⑥物价变化；⑦法律法规及政策性变化；⑧工程变更；⑨新增工程；⑩工程索赔；⑪发承包双方约定的其他调整事项。

建设项目的合同拟定过程中，对于合同价款调整事项的约定，应该遵守国家相关文件的规定，并结合项目具体特点和业主方项目管理要求，双方商议约定调整事项和调整方法。

上述 11 项合同价款调整因素分为五大类：一是工程变更类（因素①②③④⑤⑧）；二是物价变化类（因素⑥）；三是法规变化类（因素⑦）；四是工程索赔类（因素⑩）；五是其他类（因素⑪）。因素⑨可能归属于工程变更类，也可能归属于索赔类。

5.5.3 合同价款调整的方法

1. 工程变更类引起的合同价款调整

（1）工程变更引起的分部分项合同价款的调整　工程变更对应的分部分项工程的工程量按实计算；分部分项工程的综合单价的确定应按下列原则予以确定：

1）已标价工程量清单中适用于变更工程项目的，应采用该项目的单价；但当工程变更导致该清单项目的工程数量发生变化，且工程量偏差超过 15% 时，该项目单价应按照合同工程计量的相关规定调整。

2）已标价工程量清单中没有适用但有类似于变更工程项目的，可在合理范围内参照类似项目的单价。

3）已标价工程量清单中没有适用也没有类似于变更工程项目的，应由承包人根据变更工程资料、计量规则和计价办法、工程造价管理机构发布的信息价格和承包人报价浮动率提出变更工程项目的单价，并应报发包人确认后调整。浮动率按下列公式计算：

招标的工程

$$承包人报价浮动率 L = (1 - 中标价 / 招标控制价) \times 100\% \tag{5-1}$$

非招标的工程

$$承包人报价浮动率 L = (1 - 报价 / 施工图预算) \times 100\% \tag{5-2}$$

已标价工程量清单中没有适用也没有类似于变更工程项目的，且工程造价管理机构发布的信息价格缺价的，应由承包人根据变更工程资料、计量规则、计价办法和通过市场调查等取得有合法依据的市场价格提出变更工程项目的单价，并应报发包人确认后调整。

上述工程变更引起的分部分项工程综合单价的确定简称为"变更估价三原则"。

（2）工程变更引起的措施项目合同价款的调整　当工程变更引起施工方案改变并使措施项目发生变化时，承包人可以提出调整措施项目费的要求，但是应事先将拟实施的方案提交发包人确认，并详细说明与原方案措施项目相比的变化情况。拟实施的方案经发承包双方确认后执行，并应按照下列规定调整措施项目费：

1）安全生产措施费，按照实际发生变化的措施项目的计算基础（如分部分项定额人工费+单价措施项目定额人工费）予以调整，安全生产措施费费率按规定执行。

2）采用单价计算的措施项目费，按照实际发生变化的措施项目，其工程量及综合单价的确定（工程变更的"变更估价三原则"）与前述分部分项工程费的调整相同。

3）按总价（或系数）计算的措施项目费，除安全生产措施费外，按照实际发生变化的措施项目调整，但应考虑承包人报价浮动因素，即调整金额按照实际调整金额乘以式（5-1）和式（5-2）承包人报价浮动率 L 计算。

如果承包人未事先将拟实施的方案提交给发包人确认，则视为工程变更不引起措施项目费的调整或承包人放弃调整措施项目费的权利。

（3）工程变更引起的其他项目合同价款及规费、税金的调整

1) 其他项目。

①暂列金。工程变更对分部分项工程及措施项目的费用调整，在施工阶段会以现场签证的形式进入工程进度款支付。暂列金额虽然列入合同价款，但并不属于承包人所有，也不必然发生。只有按照合同约定实际发生（如工程变更）后，才能成为承包人的应得金额，纳入工程合同结算价款中。

②计日工。若发包人通知承包人以计日工方式实施变更工程（多为零星工作），则该变更工程根据核实的工程数量和承包人已标价工程量清单中的计日工单价计算应付价款。已标价工程量清单中没有该类计日工单价的，由发承包双方按工程变更的有关规定商定计日工单价计算。

③暂估价。无论是材料和工程设备暂估价还是专业工程暂估价，当确定了实际价格，并经发包人确认后，以此为依据取代暂估价，调整合同价款。若工程变更涉及暂估价，暂估价的结算性质不变。

④总承包服务费。投标时，投标人依据总承包服务的工作范围进行费率及金额的自主报价。若工程变更涉及总承包服务的工作内容，需要发承包双方协商确定工程款的调整。

2）规费、税金。规费的计算基础是"定额人工费"；税金的计算基础是"分部分项工程费+措施项目费+其他项目费+规费+创优质工程奖补偿奖励费-按规定不计税的工程设备金额-除税甲供材料（设备）设备费"。工程变更引起的计算基础的变化会产生规费和税金的调整。

2. 物价变化类引起的合同价款调整

物价变化引起的合同价款调整可以看作是发承包双方的一种博弈。发包人通常倾向于不调价，因为允许调价增大了发包人承担的风险，增加了不确定性。而承包人则希望调价，以保障自身利益不受损害，甚至在物价波动引起的合同价款调整中实现盈利。这时，发承包双方就进入了一种僵持状态，博弈加剧，需要寻找一个双方都可以接受的均衡点。这个均衡点就是双方约定一个涨跌幅度，幅度以内不调价，承包人承担风险，幅度以外予以调价，发包人承担风险。

合同中需要约定主要材料、工程设备价格变化的范围或幅度；当没有约定，且材料、工程设备单价变化超过5%时，超过部分的价格会引起合同价款的调整。有两种调差方法：

（1）价格指数调整价格差额法　因人工、材料、工程设备和施工机械台班等价格波动影响合同价款时，根据发包人提供的"承包人提供主要材料和工程设备一览表（适用于价格指数差额调整法）"及承包人在投标函附录中约定的价格指数和权重数据，按下列公式计算差额并调整合同价款：

$$\Delta P = P_0 \left[A + \left(B_1 \times \frac{F_{t1}}{F_{o1}} + B_2 \times \frac{F_{t2}}{F_{o2}} + B_3 \times \frac{F_{t3}}{F_{o3}} + \cdots + B_n \times \frac{F_{tn}}{F_{on}} \right) - 1 \right] \quad (5-3)$$

式中　　　ΔP——需调整的价格差额；

P_0——约定的付款证书中承包人应得到的已完成工程量的金额。此项金额应不包括价格调整、不计质量保证金的扣留和支付、预付款的支付和扣回。约定的变更及其他金额已按现行价格计价的，也不计在内；

A ——定值权重（即不调部分的权重）；

B_1、B_2、B_3、$\cdots$、B_n ——各可调因子的变值权重（即可调部分的权重），为各可调因子在投标函投标总报价中所占的比例；

F_{t1}、F_{t2}、F_{t3}、$\cdots$、F_{tn} ——各可调因子的现行价格指数，指约定的付款证书相关周期最后一天的前42天的各可调因子的价格指数；

F_{o1}、F_{o2}、F_{o3}、$\cdots$、F_{on} ——各可调因子的基本价格指数，指基准日的各可调因子的价格指数。

以上价格调整公式中的各可调因子、定值和变值权重，以及基本价格指数及其来源在投标函附录价格指数和权重表中约定。价格指数应首先采用工程造价管理机构提供的价格指数，缺乏上述价格指数时，可采用工程造价管理机构提供的价格代替。

在计算调整差额时得不到现行价格指数的，可暂用上一次价格指数计算，并在以后的付款中再按实际价格指数进行调整。

按变更范围和内容所约定的变更导致原定合同中的权重不合理时，由承包人和发包人协商后进行调整。

由于发包人原因导致工期延误的，则对于原约定竣工日期后继续施工的工程，在使用价格调整公式时，应采用原约定竣工日期与实际竣工日期的两个价格指数中较高者作为现行价格指数。

由于承包人原因导致工期延误的，则对于原约定竣工日期后继续施工的工程，在使用价格调整公式时，应采用原约定竣工日期与实际竣工日期的两个价格指数中较低者作为现行价格指数。

（2）造价信息调整价格差额法　合同履行期间，因人工、材料、工程设备和施工机械台班价格波动影响合同价格时，人工、施工机械使用费按照国家或省、自治区、直辖市建设行政管理部门、行业建设管理部门或其授权的工程造价管理机构发布的人工成本信息、施工机械台班单价或机械使用费系数进行调整。需要进行价格调整的材料，其单价和采购数量应由发包人复核，发包人确认需调整的材料单价及数量，作为调整合同价款差额的依据。

材料、工程设备价格变化的价款调整，按照承包人提供主要材料和工程设备一览表（适用于价格指数差额调整法），根据发承包双方约定的风险范围，按以下规定进行调整：

1）如果承包人投标报价中材料单价低于基准单价，施工期间材料单价涨幅以基准单价为基础超过合同约定的风险幅度值，或材料单价跌幅以投标报价为基础超过合同约定的风险幅度值时，其超过部分按实调整。

2）如果承包人投标报价中材料单价高于基准单价，施工期间材料单价跌幅以基准单价为基础超过合同约定的风险幅度值，或材料单价涨幅以投标报价为基础超过合同约定的风险幅度值时，其超过部分按实调整。

3）如果承包人投标报价中材料单价等于基准单价，施工期间材料单价涨、跌幅以基准单价为基础超过合同约定的风险幅度值时，其超过部分按实调整。

4）施工机械台班单价的调整。施工机械台班单价或施工机具使用费发生变化超过省级或行业建设主管部门或其授权的工程造价管理机构规定的范围时，按照其规定调整合同价款。

3. 法规变化类引起的合同价款调整

合同工程实施期间，在合同基准日后发生以下法律法规及政策性变化引起合同价款增减变化和（或）工期延误的，发承包双方应按合同约定和国家、省级或行业建设主管部门及其授权的工程造价管理机构据此发布的规定调整合同价格及（或）工期：

1）新增的法律法规及政策性规定。
2）修改原有的法律法规及政策性规定。
3）废止原有的法律法规及政策性规定。
4）政府对相关法律法规的解释发生了变化。

因承包人原因引起工期延长，在工期延长期间出现上述情形的法律法规及政策性变化的，合同价格调增的不应予调整，合同价格调减的应予以调整。

因发包人原因引起工期延长，在工期延长期间出现上述情形的法律法规及政策性变化的，合同价格调减的不应予调整，合同价格调增的应予以调整。

因非发承包双方原因导致工期延长，在工期延长期间出现上述情形的法律法规及政策性变化的，合同价格应按实调整，合同另有约定或法律法规及政策另有规定的除外。

法律法规及政策性变化引起合同价格调整的，其合同总价及合同单价内的管理费及利润不应做调整。

合同履行过程中，如国家财税政策变化调整增值税税率的，调整税率实施后的工程计价及所支付的工程价款应按调整后的税率计算增值税，并与按原依据合同基准日税率计算的相应增值税的差额调整合同价格。

4. 索赔类引起的合同价款调整

索赔事件发生后，在造成费用损失时，往往会造成工期的变动。当承包人的费用索赔与工期索赔要求相关联时，发包人在做出费用索赔的批准决定时，应结合工程延期综合做出费用赔偿和工期延期的决定。

（1）索赔的费用构成　住建部《建筑安装工程费用项目组成》（建标〔2013〕44号），建筑安装工程费按照费用构成要素划分：由人工费、材料（含工程设备）费、施工机具使用费、企业管理费、利润、规费和税金组成。

索赔也可沿用建筑安装工程费的构成来确定索赔值。

住房和城乡建设部办公厅关于征求《建设项目总投资费用项目组成》《建设项目工程总承包费用项目组成》意见的函（建办标函〔2017〕621号）中规定，建筑安装工程费包括直接费、间接费和利润。若征求意见稿正式发布，索赔沿用最新建筑安装工程费的构成确定索赔值即可。

承包人获得赔偿的方式有：

1）延长工期。
2）要求发包人支付实际发生的额外费用。

3）要求发包人支付合理的预期利润。
4）要求发包人按合同的约定支付违约金。
发包人获得赔偿的方式有：
1）延长质量缺陷修复期限。
2）要求承包人支付实际发生的额外费用。
3）要求承包人按合同的约定支付违约金。
（2）索赔费用的计算

1）人工费。索赔费用中的人工费主要包括：完成合同之外的额外工作的用工量增加费用；由于非承包人责任的工效降低而增加的人工费用；超过法定工作时间的加班费用；工期延误期间的人工单价增长以及非承包人责任造成的工程延误导致的人员窝工费；相应增加的人身保险和各种社会保险支出等。

①用工量增加：

$$索赔值 = 增加的用工量 \times 人工单价 \tag{5-4}$$

其中，增加的用工量根据工人出勤记录等证明资料或索赔事件完成的分部分项工程及措施项目的定额人工予以确定；人工单价根据投标报价文件确定。

②降效导致的用工量增加：

$$索赔值 = 实际用工量下的人工成本 - 正常劳动率下的人工成本 \tag{5-5}$$

其中，正常劳动率是指行业数据、企业定额数据对应的效率。

③超过法定时间的加班：

$$索赔值 = 加班用工量 \times 加班人工单价 \tag{5-6}$$

其中，加班用工量可以根据工人出勤记录、工人工作进出场记录计算确定，加班人工单价执行国家劳动标准或合同约定。

④工期延误期间的人工单价增长：

$$索赔值 = 延误期间的用工量 \times 人工单价上涨幅度 \tag{5-7}$$

其中，延误期间的用工量可以依据延误期间完成的分部分项工程及措施项目的定额人工予以确定，人工单价上涨幅度可依据地方人工调差文件予以确定。

⑤人员窝工：

$$索赔值 = 窝工人工量 \times 窝工单价 \tag{5-8}$$

其中，窝工人工量可以依据工人出勤记录、工人人数等证明以及窝工工日的签认证明予以确定；窝工单价标准可在合同中约定，可采用最低人工工资标准（元/工日）或人工单价的60%~70%等约定。

⑥人身保险和各种社会保险的支出增加：

由于索赔事件导致工期的延长，合同中约定的保险在延长期间的保险费用的增加按实计算。

2）材料（含工程设备）费。可索赔的材料（含工程设备）费主要包括：由于索赔事件导致实际材料（含工程设备）用量超过计划用量部分的费用（即额外材料、工程设备的费用）；由于索赔事件或非承包人原因的工期延误导致的材料（含工程设备）价格大幅度上涨。

①材料（含工程设备）用量增加：

$$索赔值 = 材料（含工程设备）用量增加值 \times 材料单价 \quad (5-9)$$

其中，材料（含工程设备）用量增加量根据建筑材料的领料、退料方面的记录、凭证和报表或者索赔事件完成的分部分项工程及措施项目的定额材料消耗量予以确定；材料单价取自投标文件。

②材料（含工程设备）价格上涨：

$$索赔值 = 价格上涨的材料（含工程设备）用量 \times 材料单价上涨幅度 \quad (5-10)$$

其中，价格上涨的材料（含工程设备）用量可通过采购、订货、运输、进场、使用方面的记录、凭证和报表，每月成本计划与实际进度及成本报告予以确认；材料（含工程设备）单价上涨幅度可采用合同中规定的调价方法（价格指数调整价格差额法或造价信息调整价格差额法）确定，其主要依据包括国家或省、自治区、直辖市的政府物价管理部门或统计部门提供的价格指数或行业建设部门授权的工程造价机构公布的材料价格。材料（含工程设备）单价中应包括运输费、场外运输损耗、仓库保管费等费用，这些费用的上涨以材料（含工程设备）的单价上涨予以反映。

承包人应该建立健全物资管理制度，记录材料（含工程设备）的进货日期和价格，建立领料耗用制度，以便索赔时能准确地分离出索赔事项引起的材料（含工程设备）额外的耗用量。为了证明材料单价的上涨，承包商应提供可靠的订货单、采购单或官方公布的材料价格（信息价）。

3）施工机具使用费。可索赔的施工机具使用费主要包括：由于完成额外工作增加的施工机具使用费；由于非承包人责任导致工效降低而增加的机械费用；由于发包人原因造成的机械设备停工的窝工费；工期延误期间的台班单价增长等。

①机械台班用量增加：

$$索赔值 = 增加的机械台班量 \times 台班单价 \quad (5-11)$$

其中，增加的机械台班量根据索赔事件完成的分部分项工程及措施项目的定额机械台班予以确定；机械台班单价根据投标报价文件确定。

②工效降低的费用增加：

$$索赔值 = 实际台班下的机械费用 - 正常台班效率下的机械费用 \quad (5-12)$$

其中，正常台班效率是指行业数据、企业定额数据对应的效率。

承包人使用自有设备时，需要提供详细的设备运行时间和台数、燃料消耗记录随机工作人员工作记录等。这些证据往往难以齐全准确，因而有时双方会产生争执，因此在索赔计价时往往按照有关的标准手册中关于设备的工作效率、折旧、保养等定额标准进行。

承包人使用租赁设备时，只要租赁价格合理，又有可信的租赁收费单据时，就可以按租赁合同计算索赔款。

为了达到索赔目的，承包人新购设备时要慎重考虑。新购设备的成本高，加上运转费，新增款额巨大。除非发包人的正式批准，承包商不可为此轻率地新购设备，否则，这项新增设备的费用是不会计入索赔款的。

③施工机械的窝工：

承包人使用自有设备时：索赔值 = 机械闲置台班 × 窝工单价　　　　(5-13)

承包人使用租赁设备时：索赔值 = 机械闲置台班 × 租赁单价　　　　(5-14)

其中，机械闲置台班可以依据工期延误记录证明资料予以确认；窝工单价可根据机械台班折旧费计取；租赁单价可以依据租赁合同予以确定。

施工机具使用费也包括小型工具和低值易耗品的费用，这部分费用的数量一般较难准确确定，往往需要合同双方协商确定。

④工期延误期间的台班单价增长：

$$索赔值 = 延误期间的台班量 × 台班单价上涨幅度 \quad (5-15)$$

其中，延误期间的台班量可以依据延误期间完成的分部分项工程及措施项目的定额台班予以确定，台班单价上涨幅度同样区分自有和租赁分别确定。

4）企业管理费。索赔费用中的企业管理费主要是指索赔事件导致的工期延误期间增加的管理费，包括增加的现场组织施工生产和承包人经营管理公司的管理费。

现场组织施工生产增加的管理费可以划分成可变部分和固定部分。可变部分是指在延期过程中可以调到其他工程项目上去的管理设施或人员。固定部分是指在延期过程中一直在施工现场的管理设施或人员。

承包人经营管理公司的管理费是指工程项目组向其公司总部上交的一笔管理费。作为总部对该工程项目进行指导和管理工作的费用，包括总部职工工资、办公大楼折旧、办公用品、财务管理、通信设施以及总部领导人员赴工地检查指导工作等项目开支。

5）利润。不是所有的索赔事件都可以索赔利润。承包人一般可以提出利润索赔的情况包括：因工程变更引起的工程量增加、施工条件变化导致的索赔、文件有缺陷或技术性错误、业主未能提供现场等；由于业主原因终止或放弃合同，承包人有权获得已完成的工程款（包含利润）。

延误工期并未影响削弱项目的实施，并不会导致承包人利润减少，因此，延误的费用索赔中不能再加利润。

索赔利润的款额计算通常与原报价单中的利润百分率保持一致，即在索赔款直接费的基础上，乘以原报价单中的利润率，即作为该项索赔款中的利润额。

6）规费、税金。规费费率和税金税率不以索赔事件发生而改变。索赔事件导致的规费和税金计算基础的改变会导致规费、税金的改变。

7）其他。

①利息。又称融资成本或资金成本，是企业取得使用资金所付出的代价。融资成本主要有两种：额外的利息支出和使用自有资金引起的机会损失。只要因发包人违约（如发包人拖延或拒绝支付各种工程款、预付款或拖延退还扣留的保留金）或其他合法索赔事项直接引起额外贷款，承包人有权向发包人就相关的利息提出索赔。

②分包商索赔。索赔费用中的分包费用是指分包商的索赔款项，一般包括人工费、材料费、施工机具使用费等。因发包人或工程师原因造成分包商的额外损失，分包商首先应向承包人提出索赔要求和索赔报告，然后以承包人的名义向发包人提出分包工程增加费及相应管

理费索赔。

③其他手续费。包括相应保函费、保险费、银行手续费及其他额外费用的增加等。这些费用需要承包人按时提供证据和票据，据实索赔。

5. 新增工程引起的合同价款调整

承包人按发包人要求完成合同约定工程范围外的新增工程，发承包双方可按合同约定的国家及行业工程量计算标准规定的清单项目列项要求、工程量计算规则和补充的工程量计算规则、合同单价及投标报价水平计算新增工程价格，也可重新协商确定新增工程的计量与计价规则计算新增工程价格，并签订相关新增工程合同或补充协议。

承包人应在新增工程实施前将其施工组织设计或实施方案、施工进度计划、自身要求费用的报价单（包括分部分项工程项目清单及措施项目清单等）提交给发包人审核，发包人应在合理时间内予以审定。

新增工程的分部分项工程项目清单采用合同单价的，可按"变更估价三原则"调整合同单价，并满足下列差异因素所引起的价格影响的要求：

1）合同单价内包括的人工费、材料费、施工机具使用费的单价与新增工程实施时市场合理价格的差异。

2）合同单价对应的清单项目工程量与新增工程相关项目工程量的差异引起的批量或少量采购对人工费、材料费的影响。

3）合同单价内存在的偏低或偏高单价的修正。

4）招标市场竞争确定的合同单价与协商确定的新增工程综合单价之间的差异。

新增工程的措施项目费用，应包括承包人完成新增工程所需发生的下列费用：

1）增加的施工机具费，包括延期使用现有相关施工机具及新增施工机具的费用。

2）增加的临时设施费，包括延期使用现有临时设施及新增工程专用临时设施的费用。

3）增加的安全生产、环境保护等措施费用。

4）增加的与措施项目相关的现场管理人员费用。

5）新增工程其他必要的措施项目费用。

新增工程宜在发承包双方协商确定了新增工程的合同工期、合同单价、合同总价，并已签订了新增工程合同或补充协议后实施。

除合同另有约定外，新增工程不应影响合同约定的合同工程工期、缺陷责任期、进度款支付、施工过程结算及其价款支付、竣工结算及其价款支付、误期赔偿费等。

6. 其他类引起的合同价款调整

因发生具有不可抗力性质的下列例外事件引起工期延误的，受影响的工期应相应顺延，发承包双方应各自承担相应的损失：

1）动乱和暴动等类似事件（不包括工地现场发生的）。

2）因国家及地方政府主管部门要求而必需的停工、暂停（暂缓）施工、间断施工或区域性施工管控造成的影响。

3）国家及地方政府主管部门就安全、环保要求停止施工造成的影响。

4）国家及地方政府主管部门就健康卫生防疫管控要求停止施工造成的影响。

不可抗力事件具有自然性和社会性，必须同时满足四个条件：不能预见；一旦发生不能避免；不能克服；是客观事件。因此，发承包双方应当在合同专用条款中明确约定不可抗力的范围以及具体的判断标准。不可抗力造成损失的承担如图5-4所示。

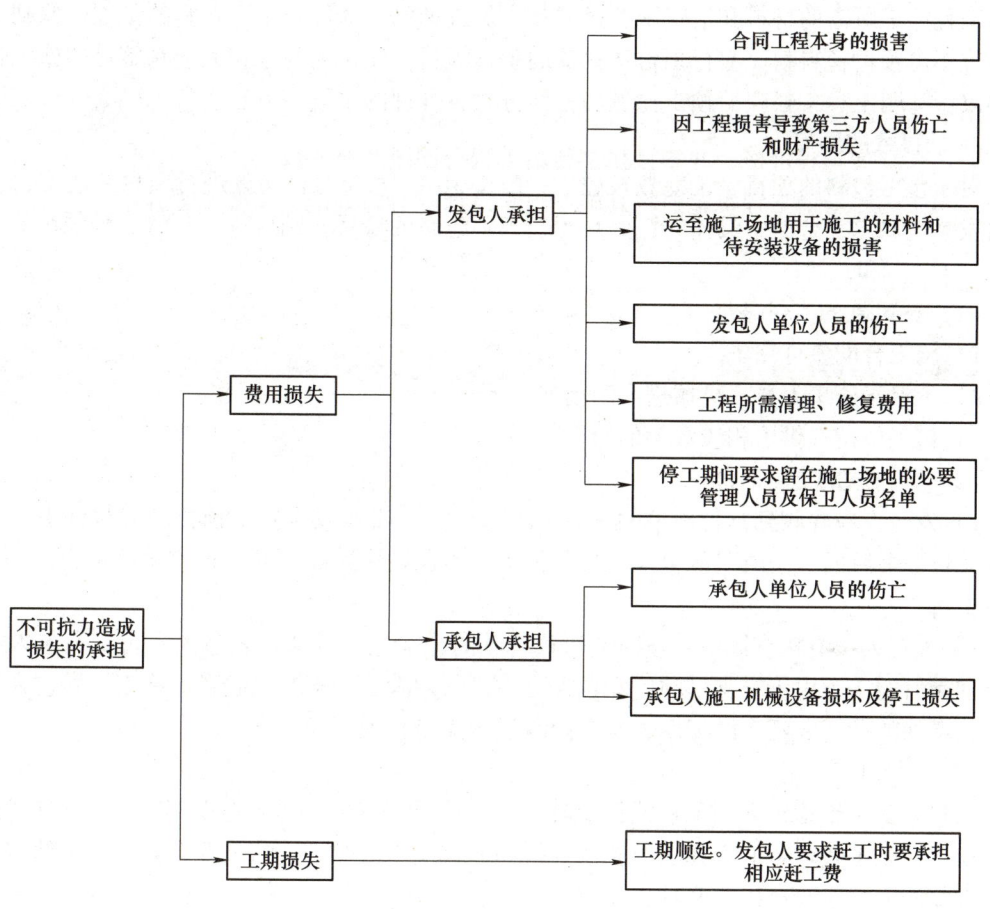

图 5-4　不可抗力造成损失的承担

5.6　合同价款期中结算与支付

建设工程价款结算，即工程结算，是指发承包双方根据有关法律、法规规定和合同约定，对合同工程实施中、终止时、已完工后的工程项目进行的合同价款计算、调整和确认。过程结算分为期中结算、终止结算、竣工结算。期中结算又称为中间结算。

期中结算是指发承包双方根据合同约定，在施工准备及施工过程中承包人完成合同约定的工作内容后，对工程价款的计算和确定。

工程量清单计价方式下的合同价款期中支付包括工程预付款支付、安全生产措施费支付、进度款支付等内容。

5.6.1 工程预付款

1. 预付款的概念

工程预付款是由发包人按照合同约定,在正式开工前由发包人预先支付给承包人,用于购买工程施工所需的材料和组织施工机械和人员进场的价款。包工不包料的工程,原则上建设单位不需预付备料款。实行预付备料款的工程项目,发包人与承包人应在签订的施工合同或协议中写明工程备料款的预支比例、扣回方式、办理的手续和方法。

2. 预付款的额度

对于包工包料的项目,工期较长的,一般按10%~30%的合同款进行预付款的支付,可以由发承包双方在合同中具体约定。对于包工不包料的项目,则可以不支付工程预付款。

3. 预付款的支付

(1) 预付款的支付条件

1) 施工合同签订完毕。

2) 不迟于施工人员、机械进入现场前7天。

3) 施工单位提供了相应数额的银行保函。

(2) 预付款的支付时间

1) 发包人应在收到支付申请的7天内进行核实,向承包人发出预付款支付证书,并在签发支付证书后的7天内向承包人支付预付款。预付款最迟应在开工通知载明的开工日期7天前支付。

2) 发包人没有按合同约定按时支付预付款的,承包人可催告发包人支付;发包人在预付款期满后的7天内仍未支付的,承包人可在付款期满后的第8天起暂停施工。发包人应承担由此增加的费用和延误的工期,并应向承包人支付合理利润。

4. 预付款的扣回

发包人支付给承包人的工程预付款属于预支性质,随着工程的逐步实施,原已支付的预付款应以冲抵工程价款的方式陆续扣回,抵扣方式应当由双方当事人在合同中明确约定。

扣款的方法主要有以下两种:

(1) 按合同约定扣款 预付款的扣款方法由发包人和承包人通过洽商后在合同中予以确定,一般是在承包人完成金额累计达到合同总价的一定比例后,由承包人开始向发包人还款,发包人从每次应付给承包人的金额中扣回工程预付款,发包人至少在合同规定的完工期前将工程预付款的总金额逐次扣回。国际工程中的扣款方法一般为:当工程进度款累计金额超过合同价格的10%~20%时开始起扣,每月从进度款中按一定比例扣回。

(2) 起扣点计算法 从未施工工程尚需的主要材料及构件的价值相当于工程预付款数额时起扣,此后每次结算工程价款时,按材料所占比重扣减工程价款,至工程竣工前全部扣清。该方法对承包人比较有利,最大限度地占用了发包人的流动资金,但是,不利于发包人资金使用。

起扣点的计算公式如下:

$$T = P - \frac{M}{N} \tag{5-16}$$

式中 T——起扣点(即工程预付款开始扣回时的累计完成工程金额);

P——承包工程合同总额；

M——工程预付款总额；

N——主要材料及构件所占比重（双方合同中约定）。

【例 5-1】 某建设项目施工合同 2 月 1 日签订，合同总价为 6000 万元，合同工期为 6 个月，双方约定 3 月 1 日正式开工。物价指数与各月工程款数据见表 5-2。

合同中规定：预付款为合同总价的 30%，工程预付款应从未施工工程尚需主要材料及构配件价值相当于工程预付款数额时起扣，每月以抵充工程款方式陆续收回（主要材料及设备费比重为 60%）。

表 5-2　物价指数与各月工程款　　　　　　　　　　（单位：万元）

项目月份	3月	4月	5月	6月	7月	8月
计划工程款	1000	1200	1200	1200	800	600
实际工程款	1000	800	1600	1200	860	580
人工费指数	100	100	100	103	115	120
材料费指数	100	100	100	104	130	130

问题：预付款是多少？第几个月起扣？如何扣？

解：预付款：6000 万元 × 30% = 1800 万元

起扣点：(6000 − 1800/0.6) 万元 = 3000 万元，因 3、4、5 月累计工程款为 3400 万元，故从 5 月起扣。

5 月扣：(3400 − 3000) 万元 × 60% = 240 万元

6 月扣：1200 万元 × 60% = 720 万元

7 月扣：860 万元 × 60% = 516 万元

8 月扣：[1800 − (240 + 720 + 516)] = 324 万元

5. 预付款的担保

（1）预付款担保的概念及作用　预付款担保是指承包人与发包人签订合同后领取预付款前，承包人正确、合理使用发包人支付的预付款而提供的担保。其主要作用是保证承包人能够按合同规定的目的使用并及时偿还发包人已支付的全部预付金额。如果承包人中途毁约、中止工程，使发包人不能在规定期限内从应付工程款中扣除全部预付款，则发包人有权从该项担保金额中获得补偿。

（2）预付款担保的形式　预付款担保的主要形式为银行保函。预付款担保的担保金额通常与发包人的预付款是等值的。预付款一般逐月从工程进度款中扣除，预付款担保的担保金额也相应逐月减少。承包人的预付款保函的担保金额根据预付款扣回的数额相应扣减，但在预付款全部扣回之前一直保持有效。

预付款担保也可以采用发承包双方约定的其他形式，如由担保公司提供担保，或采取抵押等担保形式。

5.6.2　安全生产措施费

措施项目清单中的安全生产措施费包括的内容和使用范围，应符合合同约定和国家及省级、行业主管部门有关文件及工程量计算标准的规定。

发包人应在工程开工后 28 天内预付不低于安全生产措施费总额的 50%给承包人，其余部分应按照提前安排的原则进行分解，并与工程进度款同期支付。对跨年度实施的重大工程，预付的安全生产措施费总额可按年度工程进度计划分解计算。发承包双方在计算应付工程进度款时，不应扣回预付的安全生产措施费。

发包人未按合同约定的时间支付安全生产措施费的，承包人可催告发包人支付；发包人在催告后的约定时间内仍未支付的；承包人有权暂停施工，发包人应承担违约责任。

承包人对安全生产措施费应专款专用，不得挪作他用，并应在财务账目中单独列项备查，否则发包人有权责令其限期改正；逾期未改正的；可责令其暂停施工，由此增加的费用和（或）延误的工期由承包人承担。

5.6.3　工程进度款

工程进度款是指发包人在合同工程施工过程中，按照合同约定对付款周期内承包人完成的合同价款给予支付的款项，即合同价款期中结算支付。

工程进度款的额度以及支付需通过对已完工程量进行计量与复核来确定并实现。对于单价合同，发包人支付工程进度款之前要先对已完工程进行计量与复核，以确定承包人所完成的工程量，进而确定应支付给承包人的工程进度款；对于总价合同，发承包双方按照支付分解表或者专用条款中的约定对已完工程进行计量并确定工程进度，进而确定应支付的工程进度款。

1. 工程计量

所谓工程计量，就是发承包双方根据合同约定，对承包人完成合同工程的数量进行计算和确认。具体地说，就是双方根据设计图、技术规范以及施工合同约定的计量方式和计算方法，对承包人已经完成的质量合格的工程实体数量进行测量与计算，并以物理计量单位或自然计量单位进行表示、确认的过程。

除专用合同条款另有约定外，工程量的计量按月进行。

（1）工程计量的原则

1）工程量计算规则应以相关的国家标准、行业标准等为依据，由合同当事人在专用合同条款中约定。

2）不符合合同文件要求的工程不予计量。即工程必须满足设计图、技术规范等合同文件对其在工程质量上的要求，同时有关的工程质量验收资料齐全、手续完备，满足合同文件对其在工程管理上的要求。

3）按合同文件所规定的方法、范围、内容和单位计量。工程计量的方法、范围、内容和单位受合同文件所约束，其中工程量清单（说明）、技术规范、合同条款均会从不同角度、不同侧面涉及这方面的内容。在计量中要严格遵循这些文件的规定，并且一定要结合起来使用。

4）因承包人原因造成的超出合同工程范围施工或返工的工程量，发包人不予计量。

(2) 单价合同的计量

1) 承包人应于每月 25 日向监理人报送上月 20 日至当月 19 日已完成的工程量报告,并附具进度付款申请单、已完成工程量报表和有关资料。

2) 监理人应在收到承包人提交的工程量报告后 7 天内完成对承包人提交的工程量报表的审核并报送发包人,以确定当月实际完成的工程量。监理人对工程量有异议的,有权要求承包人进行共同复核或抽样复测。承包人应协助监理人进行复核或抽样复测,并按监理人要求提供补充计量资料。若承包人未按监理人要求参加复核或抽样复测的,则将监理人复核或修正的工程量视为承包人实际完成的工程量。

3) 监理人未在收到承包人提交的工程量报表后的 7 天内完成审核的,承包人报送的工程量报告中的工程量视为承包人实际完成的工程量,据此计算工程价款。

(3) 总价合同的计量

1) 承包人应于每月 25 日向监理人报送上月 20 日至当月 19 日已完成的工程量报告,并附具进度付款申请单、已完成工程量报表和有关资料。

2) 监理人应在收到承包人提交的工程量报告后 7 天内完成对承包人提交的工程量报表的审核并报送发包人,以确定当月实际完成的工程量。监理人对工程量有异议的,有权要求承包人进行共同复核或抽样复测。承包人应协助监理人进行复核或抽样复测并按监理人要求提供补充计量资料。承包人未按监理人要求参加复核或抽样复测的,监理人审核或修正的工程量视为承包人实际完成的工程量。

3) 监理人未在收到承包人提交的工程量报表后的 7 天内完成复核的,承包人提交的工程量报告中的工程量视为承包人实际完成的工程量。

总价合同采用支付分解表计量支付的,仍按上述约定进行计量,但合同价款按照支付分解表进行支付。

(4) 其他价格形式合同的计量 合同当事人可在专用合同条款中约定其他价格形式合同的计量方式和程序。

2. 工程进度款的计算与申请

发承包双方应按合同约定的时间或工程形象进度节点、程序和方法,在每个计量周期进行已完工程进度款计量与支付,计量周期应与支付周期一致。合同中进度款计量周期约定不明的,可以月为单位分期计量与支付。

单价合同工程的分部分项工程项目清单进度款可按合同约定适用的国家及行业工程量计算标准的计算规则及补充的工程量计算规则,重新计量确定累计完成的相应清单项目工程量,乘以合同单价(合同单价发生调整的,按发承包双方确认的调整单价)计算累计进度价款。采用以项总价计价方式的分部分项工程项目清单可按"总价合同"的规定计算。

总价合同工程的分部分项工程项目清单进度款,可依据发承包双方确认的清单项目累计已完成工程量占合同清单中相应的清单项目的总工程量的比例,乘以相应清单项目合价计算分部分项工程项目清单累计进度价款。采用暂定数量单价计价的分部分项工程项目清单可按"单价合同"的规定计算。

进度款的支付比例按照合同约定,按期中结算价款总额计,不低于 60%,不高于 90%。

承包人应在每个计量周期到期后的 7 天内向发包人提交已完工程进度款支付申请,详细说明此周期自己认为有权得到的款额,包括分包人已完工程的价款。除合同另有约定外,进

度付款申请单应包括下列内容:

1) 截至本次付款周期已完成工作对应的金额。
2) 根据变更应增加和扣减的变更金额。
3) 本次应扣减的预付款。
4) 根据质量保证金的约定应扣减的质量保证金。
5) 根据索赔应增加和扣减的索赔金额。
6) 对已签发的进度款支付证书中出现错误的修正,应在本次进度付款中支付或扣除的金额。
7) 根据合同约定应增加和扣减的其他金额。

3. 工程进度款的审核与支付

发包人应在收到承包人进度款支付申请后的14天内根据计量结果和合同约定对申请内容予以核实,确认后向承包人出具进度款支付证书。若发承包双方对有的清单项目的计量结果出现争议,发包人应对无争议部分的工程计量结果向承包人出具进度款支付证书。

发包人应在签发进度款支付证书后的14天内,按照支付证书列明的金额向承包人支付进度款。

若发包人逾期未签发进度款支付证书,则视为承包人提交的进度款支付申请已被发包人认可,承包人可向发包人发出催告付款的通知。发包人应在收到通知后的14天内,按照承包人支付申请的金额向承包人支付进度款。

发包人未如期支付进度款的,承包人可催告发包人支付,并有权获得延迟支付的利息。发包人在付款期满后的7天内仍未支付的,承包人可在付款期满后的第8天起暂停施工。发包人应承担由此增加的费用和(或)延误的工期,向承包人支付合理利润,并承担违约责任。

发现已签发的任何支付证书有错、漏或重复的数额,发包人有权予以修正,承包人也有权提出修正申请。经发承包双方复核同意修正的,应在本次到期的进度款中支付或扣除。

【例 5-2】 某工程施工合同中含有两个分项工程,估计工程量甲项为 2300 m^3,乙项为 3200 m^3,合同单价甲项为 180 元/m^3,乙项为 160 元/m^3。施工合同约定:

1) 开工前发包人应向承包人支付合同价 20% 的预付款。
2) 发包人自第1个月起,从承包人的工程款中,按5%的比例扣留质量保证金。
3) 当分项工程实际工程量超过估计工程量10%时,可进行调价,调整系数为0.9。
4) 根据市场情况,价格调整系数平均按1.2计算。
5) 工程师签发月度付款最低金额为25万元。
6) 预付款在最后两个月扣除,每月扣50%。

承包人每月实际完成并经工程师签证确认的工程量见表5-3。

表5-3 每月实际完成工程量 (单位:m^3)

月份	1	2	3	4	合计
甲项目	500	800	800	600	2700
乙项目	700	900	800	600	3000

试求按月结算情况下的每月付款签证金额。

解：本合同预付金额为：

$$(2300 \times 180 + 3200 \times 160) \text{万元} \times 20\% = 18.52 \text{万元}$$

(1) 第1个月

工程量价款为：$(500 \times 180 + 700 \times 160)$ 万元 = 20.20 万元

应签证的工程款为：20.20 万元 × 1.2 × (1 - 5%) = 23.03 万元

月度付款最低金额为25万元，故本月不予签发付款凭证。

(2) 第2个月

工程量价款为：$(800 \times 180 + 900 \times 160)$ 万元 = 28.80 万元

应签证的工程款为：28.80 万元 × 1.2 × 0.95 = 32.83 万元

本月实际签发的付款凭证金额为(23.03 + 32.83) 万元 = 55.86 万元

(3) 第3个月

工程量价款为：$(800 \times 180 + 800 \times 160)$ 万元 = 27.20 万元

应签证的工程款为：27.20 万元 × 1.2 × 0.95 = 31.01 万元

应扣预付款为：18.52 万元 × 50% = 9.26 万元

应付款为：(31.01 - 9.26) 万元 = 21.75 万元

月度付款最低金额为25万元，故本月不予签发付款凭证。

(4) 第4个月

甲项工程累计完成工程量为2700m^3，比原估算工程量2300m^3超出400m^3，已超过估算工程量的10%，超出部分的单价应进行调整。

超过估算工程量10%的工程量为：$[2700 - 2300 \times (1 + 10\%)]m^3 = 170m^3$

这部分工程量单价应调整为：(180×0.9) 元/m^3 = 162 元/m^3

甲项工程工程量价款为：$[(600 - 170) \times 180 + 170 \times 162]$ 万元 = 10.49 万元

乙项工程累计完成工程量为3000m^3，比原估计工程量3200m^3减少200m^3，不超过估算工程量的10%，其单价不予进行调整。

乙项工程工程量价款为：600m^3 × 160 元/m^3 = 9.60 万元

本月完成甲、乙两项工程价款合计为：(10.49 + 9.60) 万元 = 20.09 万元

应签证的工程款为：(20.09 × 1.2 × 0.95) 万元 = 22.91 万元

本月实际签发的付款凭证金额为：(21.75 + 22.91 - 18.52 × 50%) 万元 = 35.40 万元

5.6.4 施工过程结算

施工过程结算，是指在工程项目实施过程中，发承包双方依据施工合同，对约定结算周期（时间或进度节点）内完成的工程内容（包括现场签证、工程变更、索赔等）开展工程价款计算、调整、确认及支付等的活动。

早在2016年，《国务院办公厅关于全面治理拖欠农民工工资问题的意见》中，就首次明确要求全面推行施工过程结算。2017年，住建部《关于加强和改善工程造价监管的意见》中，再次提出要推行工程价款施工过程结算制度。2019年12月24日住建部发布《关于进

一步加强房屋建筑和市政基础设施工程招标投标监管的指导意见》中提出：严格合同履约管理和工程变更，强化工程进度款支付和工程结算管理，招标人不得将未完成审计作为延期工程结算、拖欠工程款的理由。

相较于竣工结算，推行施工过程结算，主要作用是规范施工合同管理，避免发承包双方争议，节省审计成本，有效解决"结算难"。同时，施工过程结算，是将造价工作重心从竣工结算向期中计量支付转移。

思 考 题

1. 施工阶段影响工程造价的因素有哪些？
2. 资金使用计划的概念是什么？
3. 资金使用计划如何编制？
4. 发包人审查施工组织设计的目的与要点是什么？
5. 什么是工程变更？工程变更产生的原因一般有哪些？
6. 什么是工程索赔？简述索赔处理的程序。

二维码形式客观题

扫描二维码可在线做题，提交后可查看答案。

第5章 客观题

第 6 章
工程竣工阶段工程造价的管理

> **学习提要**
>
> 竣工阶段是合同价格实现的阶段,也是建设项目实际造价最终被确定的阶段。本章主要介绍竣工验收相关知识、竣工结算编制与审查、结算价款确定与支付、竣工结算价与签约合同价的偏差分析、竣工决算的编制内容、竣工决算与设计概算的偏差分析、竣工结算与竣工决算的联系和区别、质量保证金及工程的最终结清等内容。本章涉及一些容易混淆的概念,可进行对比学习,学习的同时应注意本章工程造价管理内容(竣工验收、竣工结算、竣工决算、保修、最终结清)之间的逻辑联系。

6.1 概述

工程竣工阶段是工程建设的最后一个阶段,是建设项目施工阶段和保修阶段的中间过程,是全面检验建设项目是否符合设计要求和工程质量检验标准的重要环节,也是投资成果转入生产或使用的标志。只有经过竣工验收,建设项目才能实现由承包人管理向发包人管理的过渡。

工程竣工验收合格后,承包人编制竣工结算提交发包人审核。审核后的竣工结算也是编制竣工决算的依据。由此可见,竣工阶段是合同价格实现的阶段,也是建设项目实际造价最终被确定的阶段。因此,工程竣工阶段的工程造价管理对工程造价的最终确定是非常重要的。工程竣工阶段工程造价的管理主要包括竣工验收、竣工结算、竣工决算、工程质量保修与质量保修期、工程最终结清等内容。

6.1.1 竣工验收的概念

建设项目竣工验收是指由项目主管部门组织项目验收委员会、发包人、地质勘查单位、设计单位、施工单位和监理单位等责任主体参加,以项目批准的设计文件以及国家或部门颁发的施工质量验收规范和质量检验标准为依据,按照一定的程序和手续,在项目建成并试生产合格后(工业生产性项目),对工程项目的总体进行检验和认证、综合评价和鉴定的活动。

建设工程的竣工验收是建设项目建设全过程的最后一个程序,是全面考核建设工作,检查设计、工程质量是否符合要求,审查投资使用是否合理的重要环节。竣工验收对保证工程质量、促进建设项目及时投产、发挥投资效益、总结经验教训都有重要作用。据此，国家规定：所有建设项目应按批准的设计文件所规定的内容建成，工业项目经负荷运转和试生产考核，能够生产合格产品；非工业项目符合设计要求，能够正常使用，都要及时组织验收。验收合格后，才能交付使用。凡是符合验收条件的工程，又不及时办理验收手续的，其一切费用不准从基建项目投资中支出。

6.1.2 竣工验收的条件和内容

竣工验收主要包括单位工程竣工验收、单项工程竣工验收和全部工程竣工验收。

单位工程竣工验收是指以单位工程或某专业工程内容为对象，独立签订建设工程施工合同的，达到竣工条件后，承包人可单独进行交工，发包人根据竣工验收的依据和标准，按施工合同约定的工程内容组织竣工验收，比较灵活地适应了工程承包的普遍性。按照现行建设工程项目划分标准，单位工程是单项工程的组成部分，有独立的施工图，承包人施工完毕，征得发包人同意，或原施工合同已有约定的，可进行分阶段验收。这种验收方式在一些较大型的、群体式的、技术较复杂的建设工程中比较普遍地存在。

单项工程竣工验收是指在一个总体建设项目中，一个单项工程或一个车间，已按设计图规定的工程内容完成，能满足生产要求或具备使用条件，承包人向监理人提交"工程竣工报告"和"工程竣工报验单"经签认后，应向发包人发出"交付竣工验收通知书"，说明工程完工情况、竣工验收准备情况、设备无负荷单机试车情况，具体约定交付竣工验收的有关事宜。

对于投标竞争承包的单项工程施工项目，则根据施工合同的约定，仍由承包人向发包人发出交工通知书请予组织验收。竣工验收前，承包人要按照国家规定，整理好全部竣工资料并完成现场竣工验收的准备工作，明确提出交工要求，发包人应按约定的程序及时组织正式验收。对于工业设备安装工程的竣工验收，则要根据设备技术规范说明书和单机试车方案，逐级进行设备的试运行。验收合格后应签署设备安装工程的竣工验收报告。

全部工程竣工验收，一般是在单位工程、单项工程竣工验收的基础上进行。对已经交付竣工验收的单位工程（中间交工）或单项工程（已办理了移交手续），原则上不再重复办理验收手续，但应将单位工程或单项工程竣工验收报告作为全部工程竣工验收的附件加以说明。

对一个建设项目的全部工程竣工验收而言，大量的竣工验收基础工作已在单项工程竣工验收中进行。实际上，全部工程竣工验收的组织工作大多由发包人负责，承包人主要是为竣工验收创造必要的条件。不同阶段的工程验收见表6-1。

表6-1 不同阶段的工程验收

类型	验收条件	验收组织
单位工程验收	①按照施工承包合同的约定，施工到某一阶段后要进行中间验收； ②主要的工程部位施工已完成了隐蔽前的准备工作，该工程部位将处于无法查看的状态	由监理单位组织，业主和承包方派人参加，该部位的验收资料为最终验收的依据

（续）

类型	验收条件	验收组织
单项工程验收	①建设项目中的某个合同工程已全部完成； ②合同内的约定有单项移交的工程已达到竣工标准，可移交给业主投入试运行	由业主组织，会同施工单位、监理单位、设计单位及使用单位等有关部门共同进行
全部工程验收	①建设项目按设计规定全部建成，达到竣工验收条件； ②初验结果全部合格； ③竣工验收条件所需资料已准备齐全	大中型和限额以上项目由国家发展改革委或由其委托项目主管部门或地方政府部门组织验收，小型和限额以下项目由项目主管部门组织验收；业主、监理单位、施工单位、监理单位和使用单位参加验收工作

1. 竣工验收的条件

建设工程竣工验收应当具备以下条件：

1）完成建设工程设计和合同约定的各项内容，主要是指设计文件所确定的、在承包合同中载明的工作范围，也包括监理工程师签发的变更通知单中所确定的工作内容。

2）有完整的技术档案和施工管理资料。

3）有工程使用的主要建筑材料、建筑构配件和设备的进场试验报告。对建设工程使用的主要建筑材料、建筑构配件和设备的进场，除具有质量合格证明资料外，还应当有试验、检验报告。试验、检验报告中应当注明其规格、型号、用于工程的哪些部位、批量批次、性能等技术指标，其质量要求必须符合国家规定的标准。

4）有勘察、设计、施工、工程监理等单位分别签署的质量合格文件。勘察、设计、施工、工程监理等有关单位依据工程设计文件及承包合同所要求的质量标准，对竣工工程进行检查和评定，符合规定的，签署合格文件。

5）有施工单位签署的工程保修书。

2. 竣工验收的内容

不同的建设项目竣工验收的内容可能有所不同，但一般包括工程资料验收和工程内容验收两部分。

（1）工程资料验收 包括工程技术资料、工程综合资料和工程财务资料验收三个方面的内容。

（2）工程内容验收 工程内容验收包括建筑工程验收和安装工程验收。

1）建筑工程验收的内容。主要包括：

①建筑物的位置、标高、轴线是否符合设计要求。

②对基础工程中的土石方工程、垫层工程、砌筑工程等资料的审查验收。

③对结构工程中的砖木结构、砖混结构、内浇外砌结构、钢筋混凝土结构的审查验收。

④对屋面工程的屋面瓦、保温层、防水层等的审查验收。

⑤对门窗工程的审查验收。

⑥对装饰工程的审查验收（抹灰、油漆等工程）。

2）安装工程验收的内容。安装工程验收分为建筑设备安装工程、工艺设备安装工程和动力设备安装工程验收：

①建筑设备安装工程是指民用建筑物中的上下水管道、暖气、天然气或煤气、通风、电

气照明等安装工程。验收时应检查这些设备的规格、型号、数量、质量是否符合设计要求，检查安装时的材料、材质、材种，检查试压、闭水试验、照明。

②工艺设备安装工程包括生产、起重、传动、实验等设备的安装，以及附属管线敷设油漆、保温等。验收时应检查设备的规格、型号、数量、质量、设备安装的位置、标高、机座尺寸、质量、单机试车、无负荷联动试车、有负荷联动试车是否符合设计要求，检查管道的焊接质量、清洗、吹扫、试压、试漏、油漆、保温等及各种阀门。

③动力设备安装工程验收是指有自备电厂的项目的验收，或变配电室（所）、动力配电线路的验收。

6.1.3 竣工验收与工程造价的关系

竣工验收阶段的工程造价和竣工验收有密切的关系，弄清楚二者之间的关系对竣工验收阶段的工程造价管理尤为重要。

竣工验收阶段是工程造价中实际工程交易价格和实际投资费用被确定和实现的环节。实际的工程交易价格即工程合同的最终价格，也称为工程的竣工结算价，其价格由施工合同界定的工程项目范围、内容和合同明确的价格形式和价格最终确定方式确定，竣工结算价是工程造价在工程竣工验收阶段的工程造价表现形式之一。竣工决算价即实际的投资费用，其本身是根据工程规划许可界定的建设项目范围、内容和若干次实际投入的费用等综合确定。竣工结算价格是项目实际最终投入的工程费用，是竣工决算价的基础。竣工决算价是工程造价在工程竣工验收阶段的另一种工程造价表现形式之一。

竣工验收合格是竣工验收阶段工程造价被确定的前提。以工程施工合同界定的工程项目竣工验收合格，作为办理其工程竣工结算的前提，是因为工程造价本身是基于一个合格建筑安装产品的价格。以施工合同界定的工程施工项目竣工验收合格后，方可进行以工程规划许可界定范围的建设项目综合验收。综合验收合格后方可办理竣工验收备案和办理竣工决算，同时满足一定条件后方可将建设项目转化为固定资产。

6.2 竣工结算

6.2.1 竣工结算概述

竣工结算是指发承包双方根据国家有关法律、法规规定和合同约定，在承包人完成合同约定的全部工作后，对最终工程价款的调整和确定。竣工结算包括建设项目竣工结算、单项工程竣工结算和单位工程竣工结算。单项工程竣工结算由单位工程竣工结算组成，建设项目竣工结算由单项工程竣工结算组成。

1. 竣工结算的编制依据

工程竣工结算由承包人或受其委托具有相应资质的工程造价咨询人编制，由发包人或受其委托具有相应资质的工程造价咨询人核对。工程竣工结算编制的主要依据有：

1）建设工程工程量清单计价标准以及各专业工程工程量清单计价标准。
2）工程合同。
3）发承包双方实施过程中已确认的工程量及其结算的合同价款。
4）发承包双方实施过程中已确认调整后追加（减）的合同价款。

5）建设工程设计文件及相关资料。
6）投标文件。
7）其他依据。

2. 竣工结算编制的内容

（1）工程竣工结算采用工程量清单计价的应包括的内容

1）工程项目的所有分部分项工程量，以及实施工程项目采用的措施项目工程量。

2）为完成所有工程量并按规定计算的人工费、材料费、设备费、机械费、间接费、利润和税金。

3）分部分项和措施项目以外的其他项目所需计算的各项费用。

4）设计变更或工程变更费用。

5）索赔费用。

6）合同约定的其他费用。

（2）工程竣工结算采用定额计价的应包括的内容

1）套用定额的分部分项工程量、措施项目工程量和其他项目。

2）为完成所有工程量和其他项目并按规定计算的人工费、材料费、设备费、机械费、间接费、利润和税金。

3）设计变更或工程变更费用。

4）索赔费用。

5）合同约定的其他费用。

3. 竣工结算的编制方法

工程竣工结算的编制应根据合同约定的价格方式的不同而采用相应的编制方法，见表6-2。

表6-2 竣工结算的编制方法

序号	类别	编 制 方 法
1	总价合同	采用总价合同的，应在合同价基础上对设计变更、工程洽商以及工程索赔等合同约定可以调整的内容进行调整
2	单价合同	采用单价合同的，应计算或核定竣工图或施工图以内的各个分部分项工程量。依据合同约定的方式确定分部分项工程项目价格，并对设计变更、工程洽商、施工措施以及工程索赔等内容进行调整。 （1）工程结算中涉及工程单价调整时，应当遵循以下原则： 1）合同中已有适用于变更工程、新增工程单价的，按已有的单价结算； 2）合同中有类似变更工程、新增工程单价的，可以参照类似单价作为结算依据； 3）合同中没有适用或类似变更工程、新增工程单价的，结算编制受托人可商洽承包人或发包人提出适当的价格，经对方确认后作为结算依据。 （2）工程结算编制中涉及的工程单价应按合同要求分别采用综合单价或工料单价。工程量清单计价的工程项目应采用综合单价；定额计价的工程项目可采用工料单价。 1）综合单价。把分部分项工程单价综合成全费用单价，其内容包括直接费（直接工程费和措施费）、间接费、利润和税金，经综合计算后生成。各分项工程量乘以综合单价的合价汇总后，生成工程结算价。 2）工料单价。把分部分项工程量乘以单价形成直接工程费，加上按规定标准计算的措施费，构成直接费。直接工程费由人工、材料、机械的消耗量及其相应价格确定。直接费汇总后计算间接费、利润和税金，生成工程结算价

(续)

序号	类别	编 制 方 法
3	成本加酬金合同	采用成本加酬金合同的，应依据合同约定的方法计算各个分部分项工程以及设计变更、工程洽商、施工措施等内容的工程成本，并计算酬金及有关税费
4	其他价格形式合同	按照合同约定的计算方法进行编制

6.2.2 竣工结算的审查

审核竣工结算是竣工阶段的一项重要工作，经审查核定的工程竣工结算是核定建设工程造价的依据，也是建设项目验收后编制竣工决算和核定新增固定资产价值的依据。审核竣工结算是竣工验收投资控制的关键，有利于控制工程造价，克服和防止结算超预算的现象。

1. 竣工结算的审查依据

1）工程结算审查委托合同和完整、有效的工程结算文件。

2）国家有关法律、法规、规章制度和相关的司法解释。

3）国务院建设行政主管部门以及各省、自治区、直辖市和有关部门发布的工程造价计价标准、计价办法、有关规定和相关解释。

4）施工发承包合同、专业分包合同和补充合同，有关材料、设备采购合同；招标投标文件，包括招标答疑文件、投标承诺、中标报价书及其组成内容。

5）工程竣工图或施工图、施工图会审记录，经批准的施工组织设计以及设计变更、工程洽商和相关会议纪要。

6）经批准的开、竣工报告或停、复工报告。

7）建设工程工程量清单计价标准或工程预算定额、费用定额、价格信息和调价规定等。

8）工程结算审查的其他专项规定。

2. 竣工结算的审查程序

工程竣工结算审查应按准备、审查和审定三个工作阶段进行，并实行编制人、校对人和审核人分别署名盖章确认的内部审核制度。

（1）结算审查准备阶段

1）审查工程结算手续的完备性、资料内容的完整性，对不符合要求的应退回限时补正。

2）审查计价依据及资料与工程结算的相关性、有效性。

3）熟悉招标投标文件、工程发承包合同、主要材料设备采购合同及相关文件。

4）熟悉竣工图或施工图，施工组织设计、工程状况，以及设计变更、工程洽商和工程索赔情况等。

（2）结算审查阶段

1）审查结算项目范围、内容与合同约定的项目范围、内容的一致性。

2）审查工程量计算准确性、工程量计算规则与计价标准或定额保持的一致性。

3）审查结算单价时应严格执行合同约定或现行的计价原则、方法。对于清单或定额缺项以及采用新材料、新工艺的，应根据施工过程中的合理消耗和市场价格审核结算单价。

4）审查变更身份证凭据的真实性、合法性、有效性，核准变更工程费用。

5）审查索赔是否依据合同约定的索赔处理原则、程序和计算方法以及索赔费用的真实性、合法性、准确性。

6）审查取费标准时，应严格执行合同约定的费用定额标准及有关规定，并审查取费依据的时效性、相符性。

7）编制与结算相对应的结算审查对比表。

（3）结算审定阶段

1）工程结算审查初稿编制完成后，应召开由结算编制人、结算审查委托人及结算审查受托人共同参加的会议，听取意见，并进行合理的调整。

2）由结算审查受托人单位的部门负责人对结算审查的初步成果文件进行检查、校对。

3）由结算审查受托人单位的主管负责人审核批准。

4）发承包双方代表和审查人应分别在"结算审定签署表"上签认并加盖公章。

5）对结算审查结论有分歧的，应在出具结算审查报告前，至少组织两次协调会。凡不能共同签认的，审查受托人可适时结束审查工作，并做出必要说明。

6）在合同约定的期限内，向委托人提交经结算审查编制人、校对人、审核人和受托人单位盖章确认的正式结算审查报告。

3. 竣工结算的审查要点及内容

（1）竣工结算的审查要点　竣工结算编制后应有严格的审查。通常，工程竣工结算的审查应从以下几个方面着手。

1）核对合同条款。

①应核对竣工工程内容是否符合合同条件要求，工程是否竣工验收合格，只有按合同要求完成全部工程并验收合格才能竣工结算。

②应按合同规定的结算方法、计价定额、取费标准、主材价格和优惠条款等，对工程竣工结算进行审查。

③若发现合同开口或有漏洞，应请建设单位与施工单位认真研究，明确结算要求。

2）检查隐蔽验收记录。所有隐蔽工程均应进行验收，并且由两人以上签证。实行工程监理的项目应经监理工程师签证确认。审查竣工结算时应核对隐蔽工程施工记录和验收签证，手续完整、工程量与竣工图一致方可列入结算。

3）落实设计变更。签证设计修改变更应有原设计单位出具的设计变更通知单和修改的设计图、校审人员签字并加盖公章，经建设单位和监理工程师审查同意、签证。重大设计变更应经原审批部门审批，否则不应列入结算。

4）按图核实工程数量。竣工结算的工程量应依据竣工图、设计变更单和现场签证等进行核算，并按国家统一规定的计算规则计算其工程量。

5）执行定额计价。结算单价应按合同约定或招标规定的计价定额与计价原则确定。

6）防止各种计算误差。工程竣工结算子目多、篇幅大，往往有计算误差，应认真核算，以防因计算误差多计或少计。

（2）竣工结算审查的内容　具体包括：

1）审查结算的递交程序和资料的完备性。

①审查结算资料递交手续、程序的合法性，以及结算资料具有的法律效力。

②审查结算资料的完整性、真实性和相符性。
2）审查与结算有关的各项内容。具体包括：
①建设工程发承包合同及其补充合同的合法性和有效性。
②施工发承包合同范围以外调整的工程价款。
③分部分项措施项目、其他项目工程量及单价。
④发包人单独分包工程项目的界面划分和总包人的配合费用。
⑤工程变更、索赔、奖励及违约费用。
⑥规费、税金、政策性调整以及材料价差计算。
⑦实际施工工期与合同工期发生差异的原因和责任，以及对工程造价的影响程度。
⑧其他涉及工程造价的内容。

4. 竣工结算审查的方法

1）竣工结算的审查应依据施工发承包合同约定的结算方法进行，根据施工发承包合同类型采用不同的审查方法。本节审查方法主要适用于采用单价合同的工程量清单单价法编制竣工结算的审查。

2）审查工程结算，除合同约定的方法外，对分部分项工程费用的审查应按照规定。

3）竣工结算审查时，对原招标工程量清单描述不清或项目特征发生变化，以及变更工程、新增工程中的综合单价应按下列方法确定：
①合同中已有使用的综合单价，应按已有的综合单价确定。
②合同中有类似的综合单价，可参照类似的综合单价确定。
③合同中没有适用或类似的综合单价，由承包人提出综合单价，经发包人确认后执行。

4）竣工结算审查中涉及措施项目费用的调整时，措施项目费应依据合同约定的项目和金额计算；发生变更、新增的措施项目，以发承包双方合同约定的计价方式计算，其中措施项目清单中的安全生产措施费应审查是否按国家或省级、行业建设主管部门的规定计算。施工合同中未约定措施项目费结算方法时，审查措施项目费按以下方法进行：
①审查与分部分项实体消耗相关的措施项目，应依据双方确定的该分部分项工程的实体工程量、合同约定的综合单价进行结算。
②审查独立性的措施项目是否按合同价中相应的措施项目费用进行结算。
③审查与整个建设项目相关的综合取定的措施项目费用是否参照投标报价的取费基数及费率进行结算。

5）竣工结算审查中涉及其他项目费用的调整时，按下列方法确定：
①审查计日工是否按发包人实际签证的数量、投标时的计日工单价，以及确认的事项进行结算。
②审查暂估价中的材料单价是否按发承包双方最终确认价在分部分项工程费中对相应综合单价进行调整，计入相应分部分项工程费用。
③对专业工程结算价的审查应按中标价或发包人、承包人与分包人最终确定的分包工程价进行结算。
④审查总承包服务费是否依据合同约定的结算方式进行结算，以总价形式固定的总承包服务费不予调整，以费率形式确定的总承包服务费应按专业分包工程中标价或发包人、承包人与分包人最终确定的分包工程价为基数和总承包单位的投标费率计算总承包服务费。

⑤审查结算金额是否按合同约定计算实际发生的费用,并分别列入相应的分部分项工程费、措施项目费中。

6)投标工程量清单的漏项、设计变更、工程洽商等费用应依据施工图以及发承包双方签证资料确认的数量和合同约定的计价方式进行结算,其费用列入相应的分部分项工程费或措施项目费中。

7)竣工结算审查中涉及索赔费用的计算时,应依据发承包双方确认的索赔事项和合同约定的计价方式进行结算,其费用列入相应的分部分项工程费或措施项目费中。

8)竣工结算审查中涉及规费和税金的计算时,应按国家、省级或行业建设主管部门的规定计算并调整。

5. 竣工结算审查的注意事项

(1)结算审查依据的完整性与符合性　结算审查人员应审查结算文件和与结算有关的资料的完整性和符合性,按施工发承包合同约定的计价标准或计价方法进行审查。对合同未作约定或约定不明的,可参照签订合同时当地建设行政主管部门发布的计价标准进行审查。在审查过程中,对工程结算内多计、重列的项目应予以扣减;对少计、漏项的项目应予以调增。对工程结算与设计图或事实不符的内容,应在掌握工程事实和真实情况的基础上进行调整。工程造价咨询单位在工程结算审查时发现的工程结算与设计图或与事实不符的内容,应约请各方履行完善的确认手续。对由总承包人分包的工程结算,其内容与总承包合同主要条款不相符的,应按总承包合同约定的原则进行审查。

(2)结算审查采用的方法合理性　严禁采取抽样审查、重点审查、分析对比审查和经验审查的方法,避免审查疏漏现象发生。除非已有约定,对已被列入审查范围的内容,结算应采用全面审查的方法。

(3)不同施工合同结算审查的处理　采用总价合同的,应在合同价的基础上对设计变更、工程洽商以及工程索赔等合同约定可以调整的内容进行审查;采用单价合同的,应审查施工图以内的各个分部分项工程量,依据合同约定的方式审查分部分项工程价格,并对设计变更、工程洽商、工程索赔等调整内容进行审查;采用成本加酬金合同的,应依据合同约定的方法审查各个分部分项工程以及设计变更、工程洽商等内容的工程成本,并审查本金及有关税费的规定。结算审查中涉及工程单价调整时,应遵循以下原则:

1)合同中已有适用于变更工程、新增工程单价的,按已有的单价结算。

2)合同中有类似变更工程、新增工程单价的,可以参照类似单价作为结算依据。

3)合同中没有适用或类似变更工程、新增工程单价的,结算编制受托人可商洽承包人或发包人提出适当的价格,经对方确认后作为结算依据。

6.2.3　竣工结算价款与支付

1. 竣工结算价

竣工结算价是指发承包双方依据国家有关法律、法规和标准规定,按照合同约定确定的,包括在履行合同过程中按照合同约定进行的合同价款调整,是承包人按照合同约定完成了全部承包工作后,发包人应付给承包人的合同总金额。

2. 结算价款支付

1)承包人应根据办理的竣工结算文件向发包人提交竣工结算款支付申请。申请应包括竣工结算合同价款总额、累计已实际支付的合同价款、应预留的质量保证金和实际应支付的竣工结算款金额。

2）发包人应在收到承包人提交的竣工结算款支付申请后 7 天内予以核实，向承包人签发竣工结算支付证书。

3）发包人签发竣工结算支付证书后的 14 天内，应按照竣工结算支付证书列明的金额向承包人支付结算款。

4）发包人在收到承包人提交的竣工结算款支付申请后 7 天内不予核实，不向承包人签发竣工结算支付证书的，视为承包人的竣工结算款支付申请已被发包人认可；发包人应在收到承包人提交的竣工结算款支付申请 7 天后的 14 天内，按照承包人提交的竣工结算款支付申请列明的金额向承包人支付结算款。

5）工程竣工结算办理完毕后，发包人应按合同约定向承包人支付工程价款。发包人按合同约定应向承包人支付而未支付工程款视为拖欠工程款。发包人未按照上述第 3）条和第 4）条的规定支付竣工结算款的，承包人可催告发包人支付，并有权获得延迟支付的利息。发包人在竣工结算支付证书签发后或者在收到承包人提交的竣工结算款支付申请 7 天后的 56 天内仍未支付的，除法律另有规定外，承包人可与发包人协商将该工程折价，也可直接向人民法院申请将该工程依法拍卖。承包人应就该工程折价或拍卖的价款优先受偿。

对于优先受偿，《最高人民法院关于建设工程价款优先受偿权问题的批复》（法释〔2002〕16 号）中规定如下：

1）人民法院在审理房地产纠纷案件和办理执行案件中，应当依照《中华人民共和国民法典》第八百零七条的规定，认定建设工程的承包人的优先受偿权优于抵押权和其他债权。

2）消费者交付购买商品房的全部或者大部分款项后，承包人就该商品房享有的工程价款优先受偿权不得对抗买受人。

3）建设工程价款包括承包人为建设工程应当支付的工作人员报酬、材料款等实际支出的费用，不包括承包人因发包人违约所造成的损失。

4）建设工程承包人行使优先权的期限为 6 个月，自建设工程竣工之日或者建设工程合同约定的竣工之日起计算。

6.2.4　竣工结算价与签约合同价偏差分析

正常情况下，工程项目的竣工结算价应该控制在建设单位和承包单位共同签订的签约合同价格范围内，但在实际施工过程中，不少工程项目的竣工结算价通常高于签约合同价，甚至高出很多。由于合同签订双方各自条件存在差异，尤其是建设单位专业管理能力不足，最终项目竣工后，出现结算价超过签约合同价的情况，从而引起审计、工程款结算等一系列后续问题。因此，应针对引起偏差的因素进行针对性管控，尽量避免或防止偏差情况的发生。引起竣工结算价与签约合同价偏差的主要原因有：

（1）设计文件　在建设过程中，建设单位为了加快开发节奏，招标前设计图还未定稿，就开始招投标。开工前，出现 2 版设计图，招标图与施工阶段的设计图出入较大，图纸范围和招标范围不明确，造成招标工程量清单不准确，甚至出现漏项漏量情况，造成签约合同价与最终工程结算价出入较大。

（2）设计变更　建设单位技术专业能力不足，导致设计图交底会审往往流于形式，施工单位注重自身利益，往往回避有利于自己的设计缺陷，从而导致费用增加。

（3）现场签证　设计图缺陷不能被及时发现，涉及总、分包项目合同较多，结算资料界面划分和认定实施内容模糊，导致施工阶段发生许多现场签证。建设单位往往为了进度，形成签证大多滞后，经常边实施边审批，有些变更先实施后签证，工程造价控制手段弱化，造成工程造价增加。

（4）资料管理　项目工程管理人员变动频繁，造成部分工程资料缺失，许多变更签证资料质量差、不完整、描述模糊，也是间接影响工程造价的因素之一。

（5）合同条款　合同条款不严谨、不规范，存在许多漏洞，这也是造成工程估价过高、计算错误的重要原因。特别是在包干项目中，对合同范围、调整条件、调整方法等没有明确规定，或者措辞不严谨。

（6）其他　例如，各种不可抗力因素、清单漏项引起的变化，物价变化调整引起的变化，索赔和管理不善等引起的变化。

6.3 竣工决算

6.3.1 竣工决算的概念

竣工决算是以实物数量和货币指标为计量单位，由建设单位编制的综合反映竣工项目从筹建开始到竣工交付使用为止的全部建设费用、建设成果和财务状况的总结性文件，是正确核定新增资产价值的依据，是考核分析投资效果、建立健全经济责任制的依据，是反映建设项目实际造价和投资效果的文件。

竣工决算是建设工程经济效益的全面反映，是项目法人核定各类新增资产价值、办理其交付使用的依据。竣工决算是工程造价管理的重要组成部分，做好竣工决算是全面完成工程造价管理目标的关键性因素之一。通过竣工决算，既能够正确反映建设工程的实际造价和投资结果；又可以通过与概算的对比分析，考核投资控制的工作成效，为工程建设提供重要的技术经济方面的基础资料，提高未来工程建设的投资效益。

6.3.2 竣工决算的内容

按照财政部、国家发展改革委、住房和城乡建设部的有关文件规定，竣工决算由竣工财务决算说明书、竣工财务决算报表、竣工图和工程竣工造价对比分析四部分组成。其中竣工财务决算说明书和竣工财务决算报表两部分又称为建设项目竣工财务决算，是竣工决算的核心内容。竣工财务决算是正确核定项目资产价值、反映竣工项目建设成果的文件，是办理资产移交和产权登记的依据。

1. 竣工财务决算说明书

竣工财务决算说明书主要反映竣工工程建设成果和经验，是对竣工决算报表进行分析和补充说明的文件，是全面考核分析工程投资与造价的书面总结；其内容主要包括：

1）建设项目概况。一般从进度、质量、安全和造价方面进行分析说明。进度方面主要说明开工和竣工时间，对照合理工期和要求工期分析是否提前或延期竣工；质量方面主要根据竣工验收委员会或相当一级质量监督部门的验收评定等级、合格率和优良品率；安全方面主要根据劳动工资和施工部门的记录，对有无设备和人身事故进行说明；造价方面主要对照概算造价，说明节约或超支的情况，用金额和百分率进行分析说明。

2）会计账务的处理、财产物资清理及债权债务的清偿情况。

3）项目建设资金计划及到位情况，财政资金支出预算、投资计划及到位情况。

4）项目建设资金使用、项目结余资金等分配情况。

5）项目概（预）算执行情况及分析，竣工实际完成投资与概算差异及原因分析。

6）尾工工程情况。项目一般不得预留尾工工程，确需预留尾工工程的，尾工工程投资不得超过批准的项目概（预）算总投资的5%。

7）历次审计、检查、审核、稽查意见及整改落实情况。

8）主要技术经济指标的分析、计算情况。概算执行情况分析，根据实际投资完成额与概算进行对比分析；新增生产能力的效益分析，说明交付使用财产占总投资额的比例、不增加固定资产的造价占投资总额的比例，分析有机构成和成果。

9）项目管理经验、主要问题和建议。

10）预备费动用情况。

11）项目建设管理制度执行情况、政府采购情况、合同履行情况。

12）征地拆迁补偿情况、移民安置情况。

13）需要说明的其他事项。

2. 竣工财务决算报表

建设项目竣工决算报表包括：基本建设项目概况表；基本建设项目竣工财务决算表；基本建设项目资金使用情况明细表；基本建设项目交付使用资产总表；基本建设项目交付使用资产明细表；待摊投资明细表；待核销基建支出明细表；转出投资明细表等。具体报表格式在《基本建设项目竣工财务决算管理暂行办法》（财建〔2016〕503号）有明确要求。以下对其中几个主要报表进行简单介绍。

（1）基本建设项目概况表　该表综合反映基本建设项目的基本概况，内容包括项目总投资、建设起止时间、新增生产能力、主要材料消耗、建设成本、完成主要工程量和主要技术经济指标，为全面考核和分析投资效果提供依据。

（2）基本建设项目竣工财务决算表　此表用来反映建设项目的全部资金来源和资金占用情况，是考核和分析投资效果的依据。该表反映竣工的建设项目从筹建到竣工为止全部资金来源和资金运用的情况，是考核和分析投资效果，落实结余资金，并作为报告上级核销基本建设支出和基本建设拨款的依据。在编制该表前，应先编制项目竣工年度财务决算，根据编制的竣工年度财务决算和历年财务决算编制项目的竣工财务决算。此表采用平衡表形式，即资金来源合计等于资金支出合计。

（3）基本建设项目交付使用资产总表　该表反映建设项目建成后新增固定资产、流动资产、无形资产和其他资产价值的情况和价值，作为财产交接、检查投资计划完成情况和分析投资效果的依据。

（4）基本建设项目交付使用资产明细表　该表反映交付使用的固定资产、流动资产、无形资产和其他资产及其价值的明细情况，是办理资产交接和接收单位登记资产账目的依据，是使用单位建立资产明细账和登记新增资产价值的依据。编制时要做到齐全完整，数字准确，各栏目价值应与会计账目中相应科目的数据保持一致。

3. 竣工图

各项新建、扩建、改建的基本建设工程，特别是基础、地下建筑、管线、结构、井巷、桥梁、隧道、港口、水坝以及设备安装等隐蔽部位都要编制竣工图。为确保竣工图质量，必须在施工过程中（不能在竣工后）及时做好隐蔽工程检查记录，整理好设计变更文件。国家规定，各项新建、扩建、改建的基本建设工程都要编制竣工图，其具体要求有：

1）凡按图竣工没有变动的，由施工单位（包括总包和分包施工单位）在原施工图上加盖"竣工图"标志后，即作为竣工图。

2）凡在施工过程中，虽有一般性设计变更，但能将原施工图加以修改补充作为竣工图的，可不重新绘制，由施工单位负责在原施工图（必须是新蓝图）上注明修改部分，并附以设计变更通知单和施工说明，加盖"竣工图"标志后，作为竣工图。

3）凡结构形式改变、施工工艺改变、平面布置改变、项目改变以及有其他重大改变，不宜再在原施工图上修改、补充时，应重新绘制改变后的竣工图。由原设计原因造成的，由设计单位负责重新绘制；由施工原因造成的，由施工单位负责重新绘图；由其他原因造成的，由建设单位自行绘制或委托设计单位绘制。施工单位负责在新图上加盖"竣工图"标志，并附有关记录和说明，作为竣工图。

4. 工程竣工造价对比

对控制工程造价所采取的措施、效果及其动态变化需要进行认真的比较对比，总结经验教训。批准的概算是考核建设工程造价的依据。在分析时，可先对比整个项目的总概算，然后将建筑安装工程费、设备工器具费和其他工程费用逐一与竣工决算表中所提供的实际数据和相关资料及批准的概算、预算指标、实际的工程造价进行对比分析，以确定竣工项目总造价是节约还是超支，并在对比的基础上，总结先进经验，找出节约和超支的内容和原因，提出改进措施。在实际工作中，应主要分析以下内容：

1）主要实物工程量。对于实物工程量出入比较大的情况，必须查明原因。

2）主要材料消耗量。考核主要材料消耗量要按照竣工决算表中所列明的主要材料实际超概算的消耗量，查明在工程的哪个环节超出量最大，再进一步查明超耗的原因。

3）考核建设单位管理费、措施费和间接费的取费标准。建设单位管理费、措施费和间接费的取费标准要按照国家和各地的有关规定，根据竣工决算报表中所列的建设单位管理费与概预算所列的建设单位管理费数额进行比较，依据规定查明是否多列或少列费用项目，确定其节约超支的数额，并查明原因。

6.3.3 竣工决算与设计概算偏差分析

1. 对比分析

为真正意义上考核建设项目投资效果，保证建设项目资金的合理使用，为后续项目的投资控制总结经验和教训，需要对建设项目的竣工决算和设计概算的差异进行对比分析。

某工程费用的概算和决算支出对照表见表6-3，计算决算与概算的比较值并分析原因（超支用"+"表示，节约用"-"表示）。

表 6-3　概算及决算支出对照表　　　　　　　　　　（单位：万元）

序号	工程及费用名称	概算额	决算额	决算与概算比较	附注
1	设备购置费	55714	43490	-12224	
2	安装材料及安装费	25362	22948	-2414	
3	土建建筑	12776	35030	+22254	
4	土地（无形资产）	400	4080	+3680	
5	建设期利息	4069	14492	+10423	
6	递延资产投资费用（开办费）	234	8646	+8412	
7	设计、监理及其他固定资产费	7269.8	3547	-3722.8	
8	基本预备费	2897.2	114	-2783.2	
	合计	108722	132347	+23625	

由表 6-3 可知，该项目工程概算额为 108722 万元，决算额为 132347 万元，超支 23625 万元，导致项目增加投资的主要因素有：

（1）工程材料的涨价　钢材概算平均每吨 3500～4200 元，实际平均每吨 4800～6500 元，每吨钢材涨价 2200 元；混凝土概算每立方 260 元，实际每立方 400 元；其他建筑材料也在不同程度涨价，工程材料上涨 70%，涨价约 4000 万元。

（2）人工费、机械费上涨　概算时熟练工 80 元/工日，技工 120 元/工日；实际工程中熟练工 200 元/工日，技工 300 元/工日；机械用具费用上涨 130%，涨价约 8000 万元。

（3）未进入工程概算项目的增加　引水工程 3404 万元，办公宿舍楼工程 2478 万元，场平工程增加 2007 万元，合成压缩机建筑 1250 万元，共计增加 9139 万元。

（4）其他项目超支　无形资产（土地挂牌）超支 3680 万元，项目建设期贷款利息超支 10423 万元，递延资产（项目管理费用）超支 8412 万元。

2. 原因总结

通过以上工程竣工决算与设计概算的差异对比，可总结出工程竣工决算超设计概算的原因可能有以下几个方面：

（1）设计方案不合理，设计后评价不足　方案比选是可行性研究阶段最重要的工作。建设项目的可行与否，设计单位和建设单位要从生产工艺路线、专利技术、重点设备，包括安全卫生、环境保护、建设用地等多方面提出多个比选方案，在保证技术可行性的前提下，实现投资效益的最大化。有些项目由于设计方案论证不充分，后评价深度不够，导致工程造价提高。比如在工程选址上设计不充分，就会使地下排障工作大大增加，土石方工程量增加。在设备规格型号和材料材质的选择上论证不充分，就会导致设备费和材料费的增加。工艺路线设计方案不合理就会导致管线过长、造价过高。

（2）设计深度不够，后续设计变更多　设计深度不够，没有前瞻性，常导致某些预算项目的不可知性，产生工程量偏大或出现意外的投资情况。比如现场勘查不详实，设计没有充分考虑各方面因素，设计深度不够，对施工中可能产生的一些意外情况估计不足，没有合理的应对措施；或建设单位提供的资料不全面，比如地下电缆管道等布置方位不详，导致施工中产生临时变更。此外，施工工期要求紧急经常导致边设计边施工的现象产生，不可预知性大大增加，设计的合理性也难以保障，必然导致投资的增加。

(3) 施工方案和措施欠科学　合理布置施工方案是统筹施工过程、安排施工顺序及有效衔接的非常重要的程序，施工方案设计不合理就会导致不必要的费用增加。施工过程的措施费是一笔不小的开支，大型机具进出场与台班的使用、临时道路的铺设、施工用水电的接引、安全施工和文明施工的必要维护措施、施工现场地上地下排障、土石方外运等，都不属于施工图设计的范畴，需要甲方现场代表签证，这些措施方案设计不合理常常导致不必要的工程费用增加。对已完工程结算进行总结，可以发现存在很多施工方案的制定欠科学，以及施工工程中对方案修正不及时的问题。比如大量铺拆临时道路，大量排障等。

(4) 材料市场价格变化预测不准，增加工程造价的不确定性　甲供材料价格过高是导致工程造价提高的重要因素。在进行概算时，对工期内材料价格的变化预测不准，报价过低，建材和设备市场波动较快，导致结算时材料价差过高。施工图设计选用的材料规格、型号、材质与概算发生很大变化，这些都会导致部分甲供材料价格高于预算价。由此会带来整个工程造价的提高。

6.4　竣工结算与竣工决算的联系与区别

6.4.1　竣工结算与竣工决算的联系

1. 时间上的联系

从二者的概念看出，二者都要以工程项目的竣工为前提。只有工程彻底完工之后，施工单位才能根据施工过程编制详细真实的工程竣工结算书，通过工程竣工结算来评价整个工程施工过程的效果。而建设单位只有在工程施工完成后，才能根据施工中出现的问题进行相应的调整，最终在施工单位给出的工程结算基础上编制工程竣工决算。所以在时间上，这二者存在固定的先后顺序。

2. 竣工结算是编制竣工决算的基础

工程竣工结算只是工程建设施工过程的一个总的统计，而工程竣工决算却是整个工程相关指标的统计。工程竣工结算是工程竣工决算中施工费用的一个组成部分，是工程竣工决算的基础。没有工程竣工结算，建设单位就不可能有正确的工程竣工决算，因为工程竣工结算总额是施工建设阶段的投资总额，少了这一部分，工程竣工决算就相当于少了一个很重要的经济指标。

3. 建设单位是二者的共同主体

毫无疑问，建设单位是工程竣工决算的编制主体。同样地，建设单位在工程竣工结算中起着很重要的作用。在施工单位自己或者委托别人编制工程竣工结算文件后，建设单位必须对其进行审核、复查，对不足之处及时纠正。

除了上述三种比较重要的联系之外，二者之间还存在其他联系。比如工程竣工结算与竣工决算都要使用工程的设计文件，以及国家或行业规定的相关概预算文件等。

6.4.2　竣工结算与竣工决算的区别

1. 编制者不同

工程竣工决算由建设单位编制，也就是由工程合同的投资方编制，工程竣工决算是整个工程建设的最终价格,是建设单位财务部门汇总固定资产的主要依据,所以工程竣工决算的好坏直接影响建设单位的效益高低。而工程竣工结算由施工单位编制,是施工单位财务部门向建设单位进行资金索取的主要依据,它决定了施工单位在该项目上的盈亏效果。只有施工单位的工程竣工结算做好之后,建设单位才会相应地做出工程竣工决算。

2. 编制依据不同

(1)工程竣工结算的编制依据　工程竣工结算由承包人或受其委托具有相应资质的工程造价咨询人编制,由发包人或受其委托具有相应资质的工程造价咨询人核对。工程竣工结算编制的主要依据有:

1)建设工程工程量清单计价标准以及各专业工程工程量清单计价标准。
2)工程合同。
3)发承包双方实施过程中已确认的工程量及其结算的合同价款。
4)发承包双方实施过程中已确认调整后追加(减)的合同价款。
5)建设工程设计文件及相关资料。
6)投标文件。
7)其他依据。

(2)竣工决算的编制依据　项目竣工决算的编制依据主要包括:

1)国家有关法律法规。
2)经批准的可行性研究报告、初步设计、概算及概算调整文件。
3)招标文件及招标投标书,施工、代建、勘察设计、监理及设备采购等合同,政府采购审批文件、采购合同。
4)历年下达的项目年度财政资金投资计划、预算。
5)工程结算资料。
6)有关的会计及财务管理资料。
7)其他有关资料。

3. 包含内容不同

很明显,工程竣工决算所包含内容的范围远远大于工程竣工结算所涉及的内容。工程竣工决算包括从该项目立项到投资使用所有的实际费用,即不仅包括付给乙方的工程施工费用,还包括工程施工之前的设计、征地费用,甲方的管理费用,以及工程施工完成后的安装装修费用、各种设备购置费用以及相应的税费。总之,只要是为了该工程所消耗的任何费用,都要计入工程竣工决算中。

工程竣工结算指的是在工程的施工过程中,按照工程进度、质量、合同等相关情况在工程进行的不同阶段、时段或者竣工时进行的工程价款结算。工程竣工结算包含的主要内容仅有合同价款、合同价款调整额、预付额、已结算额、保修金这五个方面,比工程竣工决算所涉及的内容少得多。

4. 二者的作用不同

工程竣工决算是指通过各种指标,包括经济,技术等指标对工程项目的建设成果及相关经济效益进行完整、综合的反映,它是建设单位评价投资效果以及本单位管理能力的一项重要依据。工程竣工决算的完成是工程正式投入使用的标志,是资产交付使用的依据。工程竣工结算是确定工程造价的主要依据,建设单位通过对工程竣工结算的认真检查复核,能够很好地管理施工进程并控制工程造价，同时，这也是施工单位向建设单位办理工程价款的主要经济技术文件，对双方都至关重要。

6.5 工程质量保修与质量保证金

6.5.1 工程质量保修

《中华人民共和国建筑法》第六十二条规定："建筑工程实行质量保修制度。"《建设工程质量管理条例》第三十九条规定："建设工程实行质量保修制度。建设工程承包单位在向建设单位提交工程竣工验收报告时，应当向建设单位出具质量保修书。质量保修书中应当明确建设工程的保修范围、保修期限和保修责任等。"《房屋建筑工程质量保修办法》第四条规定："房屋建筑工程在保修范围和保修期限内出现质量缺陷，施工单位应当履行保修义务"。上述从法律层面提及的缺陷责任期、质量保修期两个概念，均与工程竣工交付使用后进行工程质量保修紧密相连。

1. 缺陷责任期

一般认为，我国的缺陷责任期制度借鉴于国际咨询工程师联合会发布的《FIDIC 施工合同条件》，除此之外，《英国土木工程师协会（ICE）合同条件》中亦有类似的"缺陷改正期制度"。FIDIC 合同条件规定发包人可于缺陷责任期内扣留一定的保留金，并通知承包人修复相关缺陷，缺陷责任期届满且承包人修复了所有缺陷后，发包人向承包人返还保留金并颁发履约证书。

2005 年建设部、财政部发布的《建设工程质量保证金管理暂行办法》首次在部门规章的层面引入了"缺陷责任期"的概念，用于规范质量保证金（保修金）的返还问题。此后我国的 2007 年版《标准施工招标文件》、2013 年版《建设工程施工合同（示范文本）》、2017 年版《建设工程施工合同（示范文本）》均确立了缺陷责任期制度，并将其与保修期做了区分。

按照 2017 年版《建设工程施工合同（示范文本）》第 1.1.4.4 条款的定义，缺陷责任期是指承包人按照合同约定承担缺陷修复义务，且发包人预留质量保证金（已缴纳履约保证金的除外）的期限，自工程实际竣工日期起计算。除此之外，第 15.2.2 条款规定，缺陷责任期（含延长部分）最长不能超过 24 个月。第 15.2.4 条款规定，发包人应在收到缺陷责任期届满通知后 14 天内，向承包人颁发缺陷责任期终止证书。第 15.1 条款规定，在工程移交发包人后，因承包人原因产生的质量缺陷，承包人应承担质量缺陷责任和保修义务。缺陷责任期届满，承包人仍应按合同约定的工程各部位保修年限承担保修义务。

从缺陷责任期制度在我国的确立历程可以看出：首先，缺陷责任期并不是一种法定制度。2005 年《建设工程质量保证金管理暂行办法》仅在部门规章的层面将缺陷责任期与质量保证金的返还挂钩，但当事人完全可以通过约定的方式予以排除，除此之外，尚无任何法律、行政法规对缺陷责任期的法律效力做出规定；其次，缺陷责任期虽非法定，但依然具有一定法律效力。其效力源于两个方面：第一，源于当事人约定（如当事人约定以缺陷责任期作为质量保证金的返还期限，则缺陷责任期届满，产生返还质量保证金的效果）；第二，源于其他法定期间的准用，即缺陷责任期与《民法典》第六百二十一条规定的异议期间（检验期间、合理期间等）性质相似，在一定条件下其法律效果可准用上述规定。

缺陷责任期从工程通过竣工验收之日起计算，合同当事人应在专用合同条款约定缺陷责任期的具体期限。单位工程先于全部工程进行验收，经验收合格并交付使用的，该单位工程缺陷责任期自单位工程验收合格之日起算。因承包人原因导致工程无法按合同约定期限进行竣工验收的，缺陷责任期从实际通过竣工验收之日起计算。因发包人原因导致工程无法按合同约定期限进行竣工验收的，在承包人提交竣工验收报告90天后，工程自动进入缺陷责任期；发包人未经竣工验收擅自使用工程的，缺陷责任期自工程转移占有之日起开始计算。

2. 工程质量保修期

（1）工程质量保修期的定义　建设工程质量保修期是指在正常使用条件下，建设工程的最低保修期限。

（2）工程质量保修期的期限　《建设工程质量管理条例》第四十条、《房屋建筑工程质量保修办法》第七条规定，在正常使用条件下，建设工程最低保修期限为：

1）基础设施工程、房屋建筑的地基基础工程和主体结构工程，为设计文件规定的该工程合理使用年限。

2）屋面防水工程、有防水要求的卫生间、房间和外墙面的防渗漏，为5年。

3）供热与供冷系统，为2个采暖期、供冷期。

4）电气管线、给排水管道、设备安装和装修工程，为2年。

其他工程的保修期限由发包方与承包方约定。

建设工程的保修期，自竣工验收合格之日起计算。

（3）工程质量保修期的作用　保修期间出现质量问题，承包人要负责保修。除了地基基础和主体结构外，发包人应当先通知承包人，承包人拒绝修复或不能修复的情况下，发包人可以主张赔偿。

关于修复费用的问题，因承包人原因造成工程缺陷损坏的，承包人负责修复，承担修复的费用和人身财产损害责任；因发包人使用不当，可以委托承包人修复，发包人承担修复费用，支付承包人合理利润。

对于承包人未及时承担保修责任的义务时应承担的责任，有关条例规定，因保修人未及时履行保修义务的，导致建筑物毁损或者造成人身、财产损坏的，保修人应承担赔偿责任。

3. 质量保修期与缺陷责任期的联系和区别

（1）二者的联系

1）开始计算时间相同，都是工程竣工验收之后计算。

2）在质量保修期与缺陷责任期内，承包人对质量缺陷都有修复的义务。

3）维修费用都是由造成的责任方承担。

（2）二者的区别

1）起算点的差异。

①质量保修期。《建设工程质量管理条例》第四十条指出：建设工程的保修期，自竣工验收合格之日起计算。

②缺陷责任期。《建设工程质量保证金管理办法》第八条指出：缺陷责任期从工程通过竣工验收之日起计。由于承包人原因导致工程无法按规定期限进行竣工验收的，缺陷责任期从实际通过竣工验收之日起计。由于发包人原因导致工程无法按规定期限进行竣工验收的，

在承包人提交竣工验收报告90天后，工程自动进入缺陷责任期。

2）法定与约定的差异。

①质量保修期。《建设工程质量管理条例》属于行政法规，必须法定遵守最低期限。

②缺陷责任期。《建设工程质量保证金管理办法》不属于法律法规，期限经双方约定遵守。

3）竣工验收的差异。

①质量保修期。《建设工程质量管理条例》第四十条指出：建设工程的保修期，自竣工验收合格之日起计算。换言之，建设工程竣工验收合格是质量保修期开始的先决条件，若建设工程未通过竣工验收，自然谈不上质量保修期。

②缺陷责任期。《建设工程质量保证金管理办法》第八条指出：缺陷责任期从工程通过竣工验收之日起计。由于承包人原因导致工程无法按规定期限进行竣工验收的，缺陷责任期从实际通过竣工验收之日起计。由于发包人原因导致工程无法按规定期限进行竣工验收的，在承包人提交竣工验收报告90天后，工程自动进入缺陷责任期。换言之，建设工程竣工验收不构成缺陷责任期开始的先决条件。

4）维修期限的差异。

①质量保修期。《建设工程质量管理条例》第四十条指出：在正常使用条件下，建设工程的最低保修期限为：a. 基础设施工程、房屋建筑的地基基础工程和主体结构工程，为设计文件规定的该工程的合理使用年限；b. 屋面防水工程、有防水要求的卫生间、房间和外墙面的防渗漏，为5年；c. 供热与供冷系统，为2个采暖期、供冷期；d. 电气管线、给排水管道、设备安装和装修工程，为2年。其他项目的保修期限由发包方与承包方约定。

换言之，上述年限的规定为最低标准，发承包双方可根据实际情况，约定严于最低标准的年限。若双方不约定，则遵守法定的最低年限标准。

②缺陷责任期。《建设工程质量保证金管理办法》第二条指出：缺陷责任期一般为1年，最长不超过2年，具体可由发、承包双方在合同中约定。

换言之，若发承包双方在合同中未约定缺陷责任期，则无缺陷责任期可言。

5）责任的差异。

①质量保修期。《建设工程质量管理条例》第四十一条指出：建设工程在保修范围和保修期限内发生质量问题的，施工单位应当履行保修义务，并对造成的损失承担赔偿责任。

《房屋建筑工程质量保修办法》第九条指出：房屋建筑工程在保修期限内出现质量缺陷，建设单位或者房屋建筑所有人应当向施工单位发出保修通知。施工单位接到保修通知后，应当到现场核查情况，在保修书约定的时间内予以保修。发生涉及结构安全或者严重影响使用功能的紧急抢修事故，施工单位接到保修通知后，应当立即到达现场抢修。第十条指出：发生涉及结构安全的质量缺陷，建设单位或者房屋建筑所有人应当立即向当地建设行政主管部门报告，由原设计单位或者具有相应资质等级的设计单位提出保修方案，施工单位实施保修，原工程质量监督机构负责监督。第十一条指出：保修完成后，由建设单位或者房屋建筑所有人组织验收。涉及结构安全的，应当报当地建设行政主管部门备案。第十二条指出：施工单位不按工程质量保修书约定保修的，建设单位可以另行委托其他单位保修，由原施工单位承担相应责任。

可见，在质量保修期内，施工单位对建设工程在保修范围和保修期限内发生质量问题的，具有保修责任和义务。

②缺陷责任期。《建设工程质量保证金管理办法》第九条指出：缺陷责任期内，由承包人原因造成的缺陷，承包人应负责维修，并承担鉴定及维修费用。如承包人不维修也不承担费用，发包人可按合同约定从保证金或银行保函中扣除，费用超出保证金额的，发包人可按合同约定向承包人进行索赔。承包人维修并承担相应费用后，不免除对工程的一般损失赔偿责任。

6.5.2 质量保证金

1. 工程质量保证金定义

根据《建设工程质量保证金管理办法》的规定，建设工程质量保证金是指发包人与承包人在建设工程承包合同中约定，从应付的工程款中预留，用以保证承包人在缺陷责任期内对建设工程出现的缺陷进行维修的资金。《建设工程质量保证金管理办法》中的"缺陷"指建设工程质量不符合工程建设强制性标准、设计文件，以及承包合同的约定。

2. 工程质量保证金的提供

根据《建设工程施工合同（示范文本）》的规定，在工程项目竣工前，承包人已经提供履约担保的，发包人不得同时预留工程质量保证金。承包人提供质量保证金有以下三种方式：

1）质量保证金保函。
2）相应比例的工程款。
3）双方约定的其他方式。

除专用合同条款另有约定外，质量保证金原则上采用上述第1）种方式。

3. 工程质量保证金的扣留

根据《建设工程施工合同（示范文本）》，质量保证金的扣留有以下三种方式：

1）在支付工程进度款时逐次扣留，在此情形下，质量保证金的计算基数不包括预付款的支付、扣回以及价格调整的金额。
2）工程竣工结算时一次性扣留质量保证金。
3）双方约定的其他扣留方式。

除专用合同条款另有约定外，质量保证金的扣留原则上采用上述第1）种方式。

发包人累计扣留的质量保证金不得超过工程价款结算总额的3%。如承包人在发包人签发竣工付款证书后28天内提交质量保证金保函，发包人应同时退还扣留的作为质量保证金的工程价款；保函金额不得超过工程价款结算总额的3%。发包人在退还质量保证金的同时按照中国人民银行发布的同期同类贷款基准利率支付利息。

4. 工程质量保证金的使用

1）缺陷责任期内，由承包人原因造成的缺陷，承包人应负责维修，并承担鉴定及维修费用。如承包人不维修也不承担费用，发包人可按合同约定从保证金或银行保函中扣除，费用超出保证金额的，发包人可按合同约定向承包人进行索赔。承包人维修并承担相应费用后，不免除对工程的损失赔偿责任。发包人有权要求承包人延长缺陷责任期，并应在原缺陷责任期届满前发出延长通知。但缺陷责任期（含延长部分）最长不能超过24个月。由他人原因造成的缺陷，发包人负责组织维修，承包人不承担费用，且发包人不得从保证金中扣除费用。

2）任何一项缺陷或损坏修复后，经检查证明其影响了工程或工程设备的使用性能，承包人应重新进行合同约定的试验和试运行，试验和试运行的全部费用应由责任方承担。

3）除专用合同条款另有约定外，承包人应于缺陷责任期届满后 7 天内向发包人发出缺陷责任期届满通知，发包人应在收到缺陷责任期满通知后 14 天内核实承包人是否履行缺陷修复义务，承包人未能履行缺陷修复义务的，发包人有权扣除相应金额的维修费用。发包人应在收到缺陷责任期届满通知后 14 天内，向承包人颁发缺陷责任期终止证书。

5. 质量保证金的退还

1）缺陷责任期内，承包人认真履行合同约定的责任，到期后，承包人可向发包人申请返还保证金。

2）发包人在接到承包人返还保证金申请后，应于 14 天内会同承包人按照合同约定的内容进行核实。如无异议，发包人应当按照约定将保证金返还给承包人。

3）对返还期限没有约定或者约定不明确的，发包人应当在核实后 14 天内将保证金返还承包人，逾期未返还的，依法承担违约责任。

4）发包人在接到承包人返还保证金申请后 14 天内不予答复，经催告后 14 天内仍不予答复，视同认可承包人的返还保证金申请。

发包人和承包人对保证金预留、返还以及工程维修质量、费用有争议的，按合同约定的争议和纠纷解决程序处理。

6.6 工程最终结清

6.6.1 工程最终结清的概念

《建设工程施工合同（示范文本）》规定，所谓最终结清，是指合同约定的缺陷责任期终止后，承包人已按合同规定完成全部剩余工作且质量合格的，发包人与承包人结清全部剩余款项的活动。

6.6.2 工程最终结清的程序

最终结清的实质具有最终付款的作用。依据《建设工程施工合同（示范文本）》，工程最终结清的程序如图 6-1 所示。

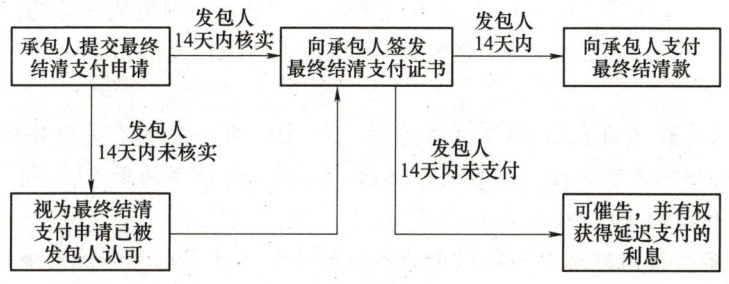

图 6-1 工程最终结清的程序

1. 最终结清申请单

缺陷责任期终止后，承包人已按合同规定完成全部剩余工作且质量合格的，发包人签发缺陷责任期终止证书，承包人可按合同约定的份数和期限向发包人提交最终结清申请单，并提供相关证明材料，详细说明承包人根据合同规定已经完成的全部工程价款金额，以及承包人认为根据合同规定应进一步支付的其他款项。发包人对最终结清申请单内容有异议的，有权要求承包人进行修正和提供补充资料，由承包人向发包人提交修正后的最终结清申请单。

2. 最终支付证书

发包人应在收到承包人提交的最终结清申请单后的 14 天内予以核实，向承包人签发最终支付证书。发包人未在约定时间内核实，又未提出具体意见的，视为承包人提交的最终结清申请单已被发包人认可。

3. 最终结清付款

发包人应在签发最终结清支付证书后的 14 天内，按照最终结清支付证书列明的金额向承包人支付最终结清款。最终结清付款后，承包人在合同内享有的索赔权利也自行终止。发包人未按期支付的，承包人可催告发包人在合理的期限内支付，并有权获得延迟支付的利息。

最终结清时，如果承包人被扣留的质量保证金不足以抵减发包人工程缺陷修复费用的，承包人应承担不足部分的补偿责任。

最终结清付款涉及政府投资资金的，按照国库集中支付等国家相关规定和专用合同条款的约定办理。

承包人对发包人支付的最终结清款有异议的，按照合同约定的争议解决方式处理。

6.6.3 最终结清款的费用组成

1. 发包人原因引起的费用

因发包人使用不当造成工程缺陷、损坏，可以委托承包人修复，但发包人应承担修复的费用，并支付承包人合理利润。因其他原因造成工程缺陷、损坏，可以委托承包人修复，发包人应承担修复的费用，并支付承包人合理的利润。因工程的缺陷、损坏造成的人身伤害和财产损失由责任方承担。

2. 承包人原因引起的费用

保修期内，因承包人原因造成工程缺陷、损坏，承包人应负责修复，并承担修复的费用以及因工程缺陷、损坏造成的人身伤害和财产损失。最终结清款计算如下：

$$最终结清款 = 已预留的质量保证金 + 应增加因发包人原因造成缺陷的修复金额 - 应扣减承包人不修复缺陷、发包人组织修复的金额$$

【例 6-1】 某建设项目在 2012 年开工建设，在 2013 年年底的有关财务核算资料如下：

1）已经完成部分单项工程，经验收合格后，已经交付使用的资产如下：

①固定资产价值为 105000 万元。

②为生产准备的使用期限在一年以内的备品备件、工具、器具等流动资产价值 32000 万元，期限在一年以上、单位价值在 1500 元以上的工具总价为 100 万元。

③建造期间购置的专利权、非专利技术等无形资产为 3700 万元，摊销期为 6 年。

2）基本建设支出的未完成项目如下：

①建筑安装工程支出 30000 万元。

②设备工器具投资 54000 万元。

③建设单位管理费、勘察设计费等待摊投资 3800 万元。

④通过出让方式购置的土地使用权形成的其他投资 200 万元。

3）非经营项目发生的待核销基建支出 60 万元。

4）应收生产单位投资借款 3170 万元。

5）购置需要安装的器材 80 万元，其中待处理器材 20 万元。

6）货币资金 650 万元。

7）预付工程款及应收有偿调出的器材款 50 万元。

8）建设单位自用的固定资产原值 100000 万元，累计折旧 20050 万元。

反映在"资金平衡表"上的各类资金来源的期末余额如下：

1）预算拨款为 50000 万元。

2）自筹资金拨款为 60000 万元。

3）其他拨款为 500 万元。

4）建设单位向商业银行借入的借款为 200000 万元。

5）建设单位当年完成交付生产单位使用的资产价值中，210 万元属于利用投资借款形成的待冲基建支出。

6）应付给器材销售商 50 万元贷款和尚未支付的应付工程款为 1950 万元。

7）未缴税金为 50 万元。

编制该项目竣工财务决算表。

解：根据上述有关资料，编制该项目竣工财务决算表见表 6-4。

表 6-4 某建设项目竣工财务决算表

建设项目名称：某建设项目　　　　　　　　　　　　　　　　　　　　（单位：万元）

资金来源	金额	资金占用	金额
一、基建拨款	110500	一、基本建设支出	228860
1. 预算拨款	50000	1. 交付使用资产	140800
2. 基建基金拨款		2. 在建工程	88000
其中：国债专项资金拨款		3. 待核销基建支出	60
3. 专项建设基金拨款		4. 非经营性项目转出投资	
4. 进口设备转账拨款		二、应收生产单位投资借款	3170
5. 器材转账拨款		三、拨付所属投资借款	
6. 煤代油专用基金拨款		四、器材	80
7. 自筹资金拨款	60000	其中：待处理器材损失	20
8. 其他拨款	500	五、货币资金	650
二、项目资产		六、预付及应收款	50
1. 国家资本		七、有价证券	
2. 法人资本		八、固定资产	79950

(续)

资金来源	金额	资金占用	金额
3. 个人资本		固定资产原价	100000
4. 外商资本		减：累计折旧	20050
三、项目资本公积		固定资产净值	79950
四、基建借款	200000	固定资产清理	
其中：国债转贷		待处理固定资产损失	
五、上级拨入投资借款			
六、企业债券资金			
七、待冲基建支出	210		
八、应付款	2000		
九、未交款	50		
1. 未交税金	50		
2. 其他未缴款			
十、上级拨入资金			
十一、留成收入			
合计	312760	合计	312760

思 考 题

1. 如何理解竣工验收与工程造价的关系？
2. 如何进行竣工结算编制与审查？
3. 竣工结算价款的支付程序是什么？
4. 竣工结算与竣工决算的联系与区别是什么？
5. 竣工决算的组成内容有哪些？
6. 缺陷责任期与工程质量保修期的联系与区别是什么？
7. 承包人提供质量保证金有哪些方式？
8. 工程最终结清的程序是什么？

二维码形式客观题

扫描二维码可在线做题，提交后可查看答案。

第6章
客观题

第 7 章
工程造价信息化管理

> **学习提要**
>
> 住房和城乡建设部发布的《工程造价事业发展"十三五"规划》和《工程造价改革工作方案》等文件要求：工程造价行业要全面推进工程造价信息化，整合工程造价信息资源，建立并逐步完善包括指数指标、要素指标、典型工程案例等在内的工程造价数据库。在工程造价信息化建设方面，应加快建立国有资金投资的工程造价数据库。按地区、工程类型、建筑结构等分类发布人工、材料、项目等造价指标指数，利用大数据、人工智能等信息化技术，为概、预算编制提供依据。本章结合行业的信息化改革发展方向，阐述工程造价信息的概念、特点、内容，对工程造价指标和工程造价指数进行了详细介绍。同时，对信息化发展借助的 BIM 技术进行了详细的介绍。

7.1 工程造价信息

7.1.1 概述

1. 工程造价信息的概念

信息按狭义理解是一种消息、信号、数据或资料；按广义理解是物质的一种属性，是物质存在方式和运动规律与特点的表现。现代社会的信息逐渐被人们认识到其内涵越来越丰富，外延越来越广阔。

在工程造价管理领域，工程造价信息是指一切有关工程造价的特征、状态及其变动的信息的组合。在工程承发包市场和工程建设过程中，工程造价总是在不停地运动着、变化着，并呈现出不同的特征。在工程承发包市场和工程建设中，工程造价主管部门和工程承发包双方等都要接受、加工、传递和利用工程造价信息。工程造价信息作为一种社会资源，在工程建设中的地位日趋明显，特别是推行的清单计量、市场询价、自主报价、竞争定价的工程计价方式，市场在资源配置中起决定性作用。在市场定价的过程中，工程造价信息起着举足轻重的作用，其信息资源开发的意义更为突出。

2. 工程造价信息的特点

工程造价信息资源数据具有动态性，有开放、融合及共享等方面的要求。工程造价信息主要具有区域性、多样性、专业性、系统性、动态性等特点。

1）区域性。工程项目具有非常明显的区域及地区性，相应的工程项目及工程造价信息的交换和流通往往被限制在一定的区域内。

2）多样性。建设工程具有多样性的特点，工程造价信息要满足需求，在信息的内容和形式上应表现出多样化的特点。

3）专业性。建设工程的专业化非常广泛，例如水利、电力、铁道、邮电、建筑安装及市政工程等，工程造价信息有其专业特殊性。

4）系统性。工程造价信息是由若干具有特定内容和同类性质的、在一定时间和空间内形成的一连串信息组成的。一切工程造价的管理活动和变化总是在一定条件下受各种因素的制约和影响。工程造价管理工作同样是多种因素相互作用的结果，并且从多方面反映出来，因而从工程造价信息源发出来的信息不是孤立的、紊乱的，而是大量的、有系统的。

5）动态性。工程造价信息和其他信息一样要保持新鲜度，这就需要不断地收集和补充新的工程造价信息，进行信息更新，真实反映工程造价信息的动态变化。

3. 工程造价信息的主要内容

从广义上讲，对工程造价的确定和控制起作用的所有资料都可以称为工程造价信息，例如各种计价规范、计价标准、政策文件等。但最能体现信息动态性变化特征且在工程价格的市场机制中起重要作用的内容主要包括价格信息、工程造价指标和工程造价指数三大类。

（1）价格信息 主要包括各种建筑材料、装饰装修材料、安装材料、人工工资、施工机具等最新市场价格。这些信息是比较初级的，一般没有经过系统的加工处理，通常称为数据。

1）人工价格信息。我国自 2007 年起开展建筑工程实物工程量与建筑工种人工成本信息（人工价格信息）的测算和发布工作。其成果是引导建筑劳务合同双方合理确定建筑工人的工资水平，是合理支付工人劳动报酬和调解、处理劳动工资纠纷的依据，也是工程招标投标中评定成本提供依据。

2）材料价格信息。材料价格信息主要包括材料类别、规格、单价、供货地区、供货单位以及发布日期等信息。

3）施工机具价格信息。施工机具价格信息包括设备市场价格信息和设备租赁市场价格信息两部分。其价格信息主要包括机械种类、规格型号、供货商名称、租赁单价、发布日期等内容。

（2）工程造价指标 工程造价指标是指根据已完成或在建工程的各种造价信息，经过统一格式及标准化处理后的造价数值。

（3）工程造价指数 工程造价指数是指反映一定时期价格变化对工程造价影响程度的指数，主要包括各种单项价格指数、设备及工器具价格指数、建筑安装工程造价指数、建设项目或单项工程造价指数。

7.1.2　工程造价指标

住房和城乡建设部关于《建立工程造价资料积累制度的几点意见》和《建设工程造价指标指数分类与测算标准》的正式实施，标志着我国建设工程造价指标体系逐步完善，为在宏观决策、行业监管中更好地服务建设工程相关主体发挥了重要作用。

1. 工程造价指标及分类

工程造价指标是指建设工程整体或局部在某一时间、地域一定计量单位的造价水平或人工、材料及机具消耗量的数值。建设工程造价指标应按不同的标准进行分类。

1）按照工程构成的不同，建设工程造价指标可分为建设投资指标、单项工程造价指标及单位工程造价指标。单项工程造价指标按照专业工程类型又可分为房屋建筑与装饰工程、仿古工程、通用安装工程、市政工程、园林绿化工程、矿山工程、构筑物工程、城市轨道交通工程及爆破工程等指标。

2）按照用途不同，建设工程造价指标可以分为工程经济指标，工程量指标，人工、材料及机具指标和消耗量指标。

2. 工程造价指标的预测

（1）工程造价指标测算的要求 工程造价指标测算时，必须采集实际的工程数据，主要包括建设工程投资估算、设计概算、招标控制价（或标底）、合同价及竣工结算价等数据。同时，应区分地区特征、工程类型、造价类型及时间等进行测算。

（2）工程造价指标测算的主要方法 建设工程造价指标测算方法主要包括数据统计法、典型工程法和汇总计算法等。当建设工程造价数据的样本数量达到数据采集相关规定的最少样本数量时，就可以使用数据统计法测算建设工程造价指标。当数据样本达不到最少样本要求时，就采用典型工程法测算，并要求典型工程的特征必须与指标描述保持一致。当需要采用下一层级造价指标汇总计算上一层级造价指标时，一般采用汇总计算法。汇总计算时，应采用加权平均计算法，以权重为指标对应总建设规模。下一层级造价指标宜采用数据统计法得出的各类工程造价指标。

3. 工程造价指标的应用

（1）工程造价分析的重要依据 工程造价指标是对已完成或在建工程进行造价分析及判断数据合理性的重要依据。工程造价分析主要从总体水平分析、构成分析、影响因素与风险分析及变动分析等方面进行。

（2）工程计价的重要依据 工程造价指标是按照工程特征分门别类测算和整理的，是拟建类似项目计价的重要参考依据。工程造价指标在投资估算的编制、初步设计概算的编制、施工图预算的审查、招标控制价的确定及投标报价的参考等方面有十分重要的作用。

（3）工程造价变化规律的重要资料 通过对各种工程造价指标的分析，能及时发现工程造价的变化规律，对编制各类基础定额、估算指标、概算定额及造价指数等有非常大的作用。

7.1.3 工程造价指数

1. 工程造价指数的概念

（1）指数的概念 指数是用来统计研究社会经济现象数量变化幅度和趋势的一种特有的分析方法和手段。指数有广义和狭义之分。广义的指数是指反映社会经济现象变动与差异程度的相对数，如产值指数、产量指数、出口额指数等。从狭义上说，统计指数是用来综合反映社会经济现象复杂总体数量变动状况的相对数。所谓复杂总体，是指数量上不能直接加总的总体。例如不同的产品或商品有不同的使用价值和计量单位，不同商品的价格以不同的使用价值和计量单位为基础，是不同度量的事物，不能直接相加。但通过狭义的统计指数可以反映不同度量的事物所构成的特殊总体变动或差异程度。例如物价总指数、成本总指数等。

（2）工程造价指数的概念　工程造价指数是一定时期的建设工程造价相对某个固定时期工程造价的比值，是以某个设定值为参照得出的同比例数值。工程造价指数反映了一定时期价格变化对工程造价的影响程度，是调整工程造价价差的依据，也反映了报告期与基期相比的价格变动趋势。工程造价指数在分析价格变动趋势及其原因、估计工程造价变化对宏观经济的影响、工程承发包双方进行工程估价和结算等方面有重要的作用。

随着我国经济体制的改革，特别是价格体制改革的不断深化，设备、材料价格和人工费用的变化对工程造价的影响日益增大。在建筑市场供求和价格水平发生经常性波动的情况下，建设工程造价及其各组成部分处于不断变化中，这不仅使不同时期的工程在"量"与"价"两方面都失去了可比性，也给合理确定和有效控制造价造成了困难。根据工程建设的特点，编制工程造价指数是解决这些问题的最佳途径。采用合理方法编制的工程造价指数，不仅能较好地反映工程造价的变动趋势和变动幅度，而且能反映价格水平变化对造价的影响，正确反映建筑市场的供求关系和生产力发展水平。

2. 工程造价指数的分类

建设工程造价指数主要分为人工、材料及机具市场价格指数，单项工程造价指数，建设工程造价综合指数。

（1）人工、材料及机具市场价格指数　它是反映各类工程的人工费、材料费、施工机具使用费报告期价格对基期价格的变化程度的指标。可利用它研究主要单项价格的变化情况及其发展变化的趋势，其计算过程可以简单表示为报告期价格与基期价格之比。

（2）单项工程造价指数　它主要是指按照不同专业类型划分的各类单项工程造价指数。和单项工程造价指标的分类类似，单项工程造价指数可分为房屋建筑与装饰工程、仿古工程、通用安装工程、市政工程、园林绿化工程、矿山工程、构筑物工程、城市轨道交通工程及爆破工程等指数。

（3）建设工程造价综合指数　建设工程造价综合指数通常是按照地区进行编制的，即将不同专业的单项工程造价指数进行加权汇总后，反映该地区某一时期工程造价的综合变动情况。

3. 工程造价指数的编制

1）人工费、材料费、施工机具市场价格指数的编制，可以直接用报告期价格与基期价格相比后得到。

2）单项工程造价指数的编制，可使用已有的各类单项工程造价指标进行编制，通过报告期与基期相应的工程造价指标的比值计算。

3）建设工程造价综合指数的编制是在单项工程造价指数编制结果的基础上，将不同专业类型的单项工程造价指数以投资额为权重加权汇总后编制完成的。

7.2 工程造价信息化管理概述

7.2.1 工程造价信息化管理的概念和现状

1. 工程造价信息化管理的概念

工程造价信息化管理是指充分利用信息技术，对与工程造价相关的信息进行收集、加工整理、储存、传递、分析与应用等一系列工作的总称，其目的是通过有组织的信息流通，使决策者能及时、准确地获得相应的信息，提升工程造价管理的整体水平和效率，实现工程造价管理的现代化和信息化转型。

2. 我国工程造价信息化发展的现状

1）我国工程造价信息化的发展现状，可以通过对目前相关发展战略、政策法规、标准规范、造价信息化建设政府职能、造价信息化平台建设、造价咨询行业信息化发展、造价管理软件与信息系统等几方面的分析得出比较全面的了解。

2）工程造价信息化相关发展战略。住房和城乡建设部组织制定的《建筑业发展"十三五"规划》提出构建多元化的工程造价信息服务方式，明确政府提出的工程造价信息服务清单，鼓励社会力量开展工程在建信息服务，建立国家工程造价数据库，开展工程造价数据积累。住房和城乡建设部制定的《2016—2020年建筑业信息发展纲要》要求全面提高建筑业信息化水平的目标，要求着力增强建筑信息模型（Building Information Model，BIM）、大数据、智能化、移动通信、云计算、物联网等信息技术集成应用能力。

3）工程造价信息化相关政策法规现状。目前我国在国家或行业层级尚未出台专门针对工程造价信息化的法律、法规和部门规章。住房和城乡建设部专门针对工程造价信息化发布的《关于做好建设工程造价信息化管理工作的若干意见》文件，针对我国工程造价信息化管理中的政府部门智能分工、信息化平台建设、工程造价数据管理等问题提出了若干意见。《国务院办公厅关于促进建筑业持续健康发展的意见》明确提出了"加强技术研发应用"，要求加快推进建筑信息模型（BIM）技术在规划、勘察、设计、施工和运营维护全过程的集成应用，实现工程建设项目全寿命周期数据共享和信息化管理，为项目方案优化和科学决策提供依据。

4）工程造价信息化标准建设现状。住房和城乡建设部发布的《建设工程人工材料设备机械数据标准》规定，通过规定工料机编码和特征描述、工料机数据库组成内容、工料机信息库价格特征描述内容、工料机数据交换接口数据元素规定等，规范建设工程工料机价格信息的收集、整理、分析、上报和发布工作。此外，住房和城乡建设部标准定额司发布的《城市住宅建筑工程造价信息数据标准》，用于规范城市住宅建筑工程造价数据的采集、统计、分析和发布；发布的《建设工程造价数据编码规则》建立了针对单项工程整体数据汇总文件的编码体系，用于规范工程造价信息的收集和整理工作；发布的《建设工程造价指标指数分类和测算标准》规范了建设工程造价指标指数的分类、测算方法，加强了建设工程造价指标指数在宏观决策、行业管理中的指导作用。

5）工程造价信息化平台建设现状。住房和城乡建设部标准定额司及信息中心和中国建设工程造价管理协会在中国工程建设信息网的基础上，建立了建设工程造价信息网。该网通过政策法规数据库进行法律法规、部门规章、规范性文件、地方政策法规的汇集和宣贯；通过企业行政许可、人员行政许可和其他行政许可进行工程造价咨询企业和造价工程师的资质认定；通过计价依据数据库，汇集国家统一计价依据和地方计价依据；通过造价信息数据库，汇集全国各省份住宅建安成本和各工种人工成本。

6) 工程造价管理软件与信息系统现状。随着计算机技术、信息技术的不断发展，工程计量、计价软件悄然问世，工程造价的计算条件得到了提升，工程造价软件云技术、项目的寿命周期的整体管理以及工程项目相关配套软件逐步得以研发。

7) 我国工程造价信息化目前存在的主要问题是信息发布、更新不及时，信息准确度不足。由于工程造价信息采集技术欠缺，各地区的工程造价信息系统与智能化数据库没有有机结合，使得信息的收集、整理、加工、发布的工作很多需要人工完成，采样点少，信息量不足，花费时间长，更新滞后，不能真实反映造价信息实际动态，降低了信息的时效性。

建设项目各参与方之间依然不能保证信息标准的统一性，而工程造价信息收集和处理、交流和共享需要相关配套技术标准。目前，由于缺乏信息标准的系统分类依据统一规则，造价信息资源的远程传递和加工处理比较困难，无法达到信息共享的优势，不利于对全国的工程造价信息进行整体全面的分析和研究。工程造价指标指数的分类与测算标准在实践中的成熟使用也需要一段比较长的时间。

工程造价咨询企业对已完工程资料的信息收集不够重视，即使收集了已完工程资料，也未对已完工程资料进行分类整理与分析，导致大量的造价信息得不到整理和加工，使信息的价值不能很好地得到利用，不能对类似工程起到指导或借鉴的作用。

7.2.2 工程造价信息化管理的内涵、主要内容和发展方向

1. 工程造价信息化管理的内涵

住房和城乡建设部标准定额司发布的《关于做好建设工程造价信息化管理工作的若干意见》文中指出：建设工程造价信息化管理是指通过国家、行业、地方设立的建设工程造价信息化平台的建设、维护、运行，及时准确发布工程造价信息。其目标是为政府有关部门和社会提供公共服务，为建筑市场各方主体计价提供造价信息的专业服务，实现资源共享。

工程造价信息化管理，就是通过现代信息技术手段及平台，将工程造价的各要素信息汇总、整理、挖掘，构建关键信息分析体系，并应用于工程造价工作中的投资、设计、施工、运维等各环节，将文件碎片转换为信息生产力，为企业科学决策、降本增效、提高核心竞争力提供有力保障。

我国建设行政主管部门一直高度重视工程造价信息化的培育与建设，早在1993年就发布了《工程造价数据积累》，2007年发布了《造价指标发布》。中国造价工程师协会2017年组织专家编著了《中国造价信息化发展》，2018年发布了《信息化进一步要求》。2020年7月，住房和城乡建设部发布的《工程造价改革工作方案的通知》的文件，进一步提出工程造价改革，开始在全国房地产开发项目及北京等部分地区的国有投资房建、市政项目进行试点，明确了统一计量、计价、费用规则，搭建市场价格信息发布平台，统一发布标准，鼓励企事业发布市场价格信息，完善国有投资数据库建设，发布人工、材料、项目等造价指标指

数，引导建设单位根据造价数据库、指标指数和市场价格信息等编制和确定最高投标限价等主要任务。

2. 工程造价信息化管理的主要内容

（1）工程造价信息分析核算体系　工程造价信息分析核算体系是工程造价信息化管理的主要内容。应从顶层设计入手，充分考虑建设各主体、各阶段需求、地区特性、专业特性，建立相对统一的工程项目分类及信息标准、单项工程分类及信息标准、指标分析核算框架及建造标准及工料机分类等标准。

1）工程项目分类及信息标准，主要规定了项目的分类标准及项目概况信息描述标准。常见的项目工程分类有房建、市政、公路等，确定了项目在信息化管理平台中的归属位置，不同的项目分类对应不同的指标分析核算标准，比如房建分为基础、主体、屋面，市政分为道路、桥梁、管网等。

2）单项工程分类及信息标准，单项工程分类反映的是产品形态，每个产品都有特有的参数信息。以房建为例，单项工程分类体现为业态，分为普通住宅、别墅、宿舍、教学楼等。

3）指标分析核算框架及建造标准，规定了指标的分类汇总规则，统一了各个阶段的造价成果，并明确了建造信息描述规则，是造价信息化数据应用的基础。不同的项目工程分类对应不同的分析框架，一个分类可以有多套分析框架，比如咨询单位有多个开发商业主服务对象时，就会存在多套标准。

4）人工、材料及机具分类汇总标准，其信息化数据用于各造价阶段调价的基础，应与指标分析核算框架紧密结合。

（2）工程量主要指标　指标是整个工程造价信息核算体系的直接体现成果，是单个建设规模下的数据信息。部位或扩大构件的工程量指标及其建造标准是核算体系的综合层级，反映了各部位的单位建设规模含量，比如房屋建筑工程项目中的屋面、外装、内装的面积含量指标等。构件含量指标分为两个层次：一是部位下的构件单位建设规模含量，如主体结构下的钢筋含量、混凝土含量等；二是构件与构件间的量比系数，如单方混凝土的钢筋含量、窗地比例系数等。构件做法及其人工、材料及机具耗量指标不单独存在，依附于构件及构件做法。比如屋面工程、防水工程做一遍防水或两遍防水，其做法不一样，人工、材料及机具耗量也不一样。耗量与资源价格信息一同构成了构件的直接综合单价。

（3）资源价格　资源价格信息是工程造价价格组成的最基本要素，是最直接、最有效、最灵敏的信息，具有地域性、时效性、相对稳定性等特征。主要体现为材料设备价格信息、劳务及专业分包价格信息、机械设备租赁价格信息等。

1）材料设备价格信息，应统一分类，并载明计量单位、规格型号、厂家、品牌、档次、使用日期、单价等信息。

2）劳务及专业分包价格，是根据施工部位、施工工序并结合建筑施工工种划分原则，单独签订分包供需合同确定的综合价格信息，通常反映的是单位实际工程量的人工及辅材或全部人工材料的价格信息，是施工单位确定施工成本计划、施工过程控制、施工成本核算的基础。

3）机械设备租赁价格，应载明机械设备规格型号、品牌厂家、租赁方式、租赁单价及租赁价格时间等信息。

4）供应商信息库，是影响资源采购单价的重要因素，是企业优化采购渠道、节约采购成本的重要依据。

（4）综合指数　指数是工程造价信息核算体系的深层次体现成果。它反映一定时期内时间、地点、外部环境条件等各因素对工程造价的综合影响，是报告期对基期的比例系数，是调价的基本依据。指数按研究对象分为项目综合指数、资源价格指数，按影响因素分为地区指数、时间指数、特殊环境指数等。

项目综合指数综合反映了项目的各报告期相对于基期的工程造价变化趋势；资源价格指数综合反映了资源要素的各报告期相对于基期的价格变化趋势。

（5）工程造价数据库　工程造价数据库的建设主要包括：要素资源价格库、市场清单库、工程量指标库、经济指标库等。对于开发企业和施工企业还需要一个重要的库，就是供应商数据库。

1）要素资源价格库主要包含人工价格、材料设备价格及机械价格。人工价格包括各工种工日单价、计件单价，材料价格包括材料与设备单价，机械单价包括租赁单价及采购价格。

2）市场清单库是数据库的核心，以企业标准为主导，多企业联合可以形成团体标准，协会发布的可以作为地方标准。市场清单库是预算定额的进一步提升。

3）工程量指标库是主要实物工程量与功能规模的比值，当这个比值有明显的线性规律即可作为指标，如果没有明显的线性规律，但是有分段的线性规律，也可以作为指标。工程量指标在做估算、概算时最有用。

4）经济指标库是建设项目、单项工程、单位工程、分部分项工程各个层级的造价与功能规模的比值。这个比值相对不是很稳定，与包含的内容、建造标准、材料的档次、品牌等因素具有很强的相关性。同时，经济指标一旦生成就是历史的数据，用于估算和概算的编制，还需要配合指数进行调整。

（6）BIM技术的应用　建筑信息模型（BIM）是建设工程及其设施的物理和功能特征的数字化表达，可以作为工程项目相关信息的共享知识资源，为建设项目全过程及全寿命周期管理提供可靠的信息支持。BIM作为建筑信息的集成体，可以很好地在项目各主体之间传递信息、降低成本。在提高工程量计算效率、提升设计质量及效率、提供工程造价分析能力及真正实现工程造价全过程管理等方面有重要的作用。具体内容详见本章7.3节。

3. 工程造价信息化管理的基本原则

为实现工程造价信息动态管理的目的，应遵循以下主要基本原则。

1）标准化原则。要求在项目的实施过程中对有关信息的分类进行统一，对信息流程进行规范，力求做到格式化和标准化，从组织上保证信息生产过程的效率。

2）有效性原则。工程造价信息应针对不同层次管理者的要求进行适当加工，针对不同管理层提供不同要求和浓缩程度的信息，满足不同项目参与主体高效信息交换的需求，保证信息产品对决策支持的有效性。

3）定量化原则。工程造价信息不应是项目实施过程中所产生的数据的简单记录，而应是信息处理人员采用定量工具对有关数据进行分析和比较的结果。

4）时效性原则。工程造价计价与控制过程具有时效性，工程造价信息也应具有相应的时效性，以保证信息产品能够及时服务于决策。

5）高效处理原则。通过采用高性能的信息处理工具（如大数据处理及工程造价信息管理系统等），尽量缩短信息在处理过程中的延迟。

4. 工程造价信息化管理的发展方向

住房和城乡建设部发布的《工程造价事业发展"十三五"规划》明确工程造价行业信息化发展的主要目标是建立多元化工程造价信息服务方式，加快工程造价信息化标准体系建设，统一工程交易阶段造价信息数据交换标准，实现互联互通和跨部门信息协同；加强对市场价格信息、造价指标、指数、工程案例信息等各类型、各专业造价信息的综合开发利用，丰富多元化服务种类；鼓励企业及社会个体按照规定的计价规则及技术标准开展细微、精准的工程造价信息服务业务，建立健全合作机制，促进多元化平台良性发展，大力推进BIM技术在工程造价事业中的应用；加强对商业信息服务行为监管，重点防止行业和地方技术壁垒；加强"互联网+"协同发展，促进工程计价方式改革，提高合理确定和有效控制工程造价的精确度。

要做好工程造价信息化管理，主要就以下几方面展开工作。

1）制定工程造价信息化管理的发展规划。坚持一体化行业监管和服务平台，提升数据资源利用水平和信息服务能力。完善建筑行业与企业信息化标准体系和相关的信息化标准，为信息资源共享和深度挖掘奠定基础。制定一整套目标明确、可操作性强的信息化发展规划方案，指定专人负责，做好相关资料收集，信息化技术培训等基础工作。

2）加快有关工程造价软件和网络的发展。为加大信息化建设的力度，全国工程造价信息网与各省信息网、全国造价信息网联成一体，用户可以很容易地查阅全国、各省、各市的数据，从而大大提高各地造价信息网的使用效率。把与工程造价信息化有关的企业组织起来，加强交流、协作，避免低层次、低水平的重复开发，鼓励技术创新，淘汰落后，不断提高信息化技术在工程造价中的应用水平，实现网络资源高度共享及及时处理，从根本上改变信息不对称的滞后状况。

3）推进工程造价信息的标准化工作。组织编制建设工程人工、材料、机具、设备的分类及标准代码、工程项目分类标准代码、各类信息采集及传输标准格式等，为全国工程造价信息化的发展提供基础。

4）加快培养工程造价管理信息化人才。加快工程造价管理人员的信息素质培养，提高工作效率和工作质量。随着信息系统专业化程度的提高，信息系统的运行维护和使用都需要配备专业的人员。大力加强对管理人员和业务人员信息化知识的宣传普及、应用技能的培训，以培养大量可以适应工程造价管理信息化发展的人才，建立一支强大的信息技术开发与应用专业队伍，满足工程造价管理信息化建设的需要。

5）大力发展造价信息咨询行业。目前工程造价信息的提供主要以政府主管部门为主导，工程造价信息咨询行业的发展相对滞后。国外工程造价行业一直十分重视工程造价信息的收集和积累,他们设有专门的机构收集、整理各种工程造价信息,分析、测算各种工程造价指数,并通过工程造价信息平台提供给业界参考使用。如英国有三种层次的造价信息,分别为政府层次、专业团体层次和企业层次。美国也有三种层次的造价信息,由政府部门发布建设成本指南及最低工资标准等综合造价信息,由民间组织负责发布工料价格、建设造价指数、房屋造价指数等方面的造价信息,由专业咨询公司收集、处理、存储大量已完工工程项目的造价统计信息,以供造价工程师在确定工程造价和审计工程造价时借鉴和使用。

可以借鉴国外工程造价信息管理方面成熟的方法、管理体系及实践经验,并结合我国的实际情况,建立我们自己的工程造价信息动态管理体系,推行工程造价全过程咨询,大力发展工程造价信息咨询行业。

6)提升工程造价信息管理的服务效果。工程造价信息的实际应用效果是工程造价信息化管理成功与否的重要评价标准。对于政府职能部门,可以通过信息化手段多渠道收集市场采购价信息,并从已施工项目快速提取历史成交价,按照既有的发布机制,快速形成发布信息,能有效解决发布的科学性、时效性。

通过对项目的各级指标信息分析,结合信息化自动治理技术,按照通用工程造价信息分析核算体系,自动归类、整理,并进行指标信息比对,能快速提升工程造价文件的质量审核工作。可从两方面检查项目漏项:一是通过"标杆"法(可以是已完工典型案例,也可以是被检项目中某个标准单项工程)进行分析、类比,找到项目中是否存在专业分部构件漏项的可能;二是积累大量的同类型构件包含的清单数据,并通过统计、分析、干预,形成构件标准清单内容,以此检查项目中是否存在清单漏项的可能。

通过工程造价信息分析核算体系,将原始造价成果合理分解,形成大量标准化的部位、构件模块,并附带其所有的概况参数、建造标准、构件做法、耗量信息,既保证了造价信息的原始关联性,又满足了标准化模块的相对独立性与组合性,同时不断更新工料机等资源价格信息,实现造价信息化动态管理,进一步为项目预测提供服务。

结合拟建项目的规划概念及参数信息,匹配工程造价信息库中的"标杆"。结合项目本身特性进行模块换算,辅以专业工程师的经验及判断,并换算出最新的资源价格信息,得出更为科学的投资估算结果。同时通过信息化手段得出的估算结果,本身存在强大的内在逻辑,可随时进一步对投资估算进行修正。

将工程造价信息模块化、标准化、参数化、菜单化,在实现设计的同时掌握成本变化。一是通过工程造价信息化成果的统计、分析、干预,得出可靠的结构量指标信息,方便结构设计师随时掌控结构参数变化对成本的影响,以期找到最优的结构设计方案。二是在建筑装饰安装等设计时,方便设计师随时掌控建造标准变化、装饰效果变化、安装子系统变化以及对成本的影响,以期找到按最小的成本花费实现最大的价值、功能或视觉效果的方案。

充分利用工程造价信息化分析核算体系中的构件、做法及构件清单统计信息,根据招投标项目完善的图纸、设计参数信息,快速匹配最大限度满足项目特性的构件信息,并结合企业耗量水平统计信息,套用最新的资源价格信息,确定项目的最高限价及投标报价。

市场调节功能在工程造价工作中的地位越来越高、立足信息化应用,融合人工智能、机器学习、神经网络等信息化技术,打造统一的信息分析、核算体系,是工程造价信息化管理的前提，只有这样，才能提供更落地的工程造价信息化服务。

7.3 BIM 技术与工程造价管理

7.3.1 概述

1. BIM 技术的基本概念

BIM 是建筑信息模型（Building Information Model）的简称。BIM 作为技术术语最早由美国人提出并用于建筑设计上，主要用于解决计算机辅助建筑设计中存在的问题，如 2D 建筑图纸高度冗余、重复画图、设计变更导致图纸不一致、施工图信息获取过程困难等。20 世纪 90 年代，BIM 技术在欧美国家蓬勃发展，计算机网络通信技术的飞速发展以及软件开发商的不断努力，为 BIM 技术的广泛传播和应用奠定了基础。21 世纪初，BIM 概念引入我国被人们熟悉，简单来讲，建筑信息模型可以理解为数字化的建筑三维几何模型。随着 BIM 技术逐渐在大中型项目中的应用，BIM 的含义逐渐被人们理解，并成为我国建筑业信息化技术的代名词。

我国建筑工业行业标准《建筑对象数字化定义》（JG/T 198—2007）把信息模型定义为"建筑信息完整协调的数据组织，便于计算机应用程序进行访问、修改或添加。这些信息包括按照开放工业标准表达的建筑设施的物理和功能特点以及其相关的项目或生命周期信息。"这个定义明确了 BIM 包括建筑设施的物理特性和功能特性，并覆盖建筑全生命周期。

《建筑信息模型应用统一标准》（GB/T 51212—2016）和《建筑信息模型施工应用标准》（GB/T 51235—2017）中关于 BIM 的定义为："BIM 是指在建设工程及设施全生命周期内，对其物理和功能特性进行数字化表达，并进行设计、施工、运营的过程和结果的总称，简称模型。"这里的"BIM"可以指代"Building Information Modeling""Building Information Model""Building Information Management"三个相互独立又彼此关联的概念。在该标准中，将建筑信息模型的创建、使用和管理统称为"建筑信息模型应用"，简称"模型应用"。规范中强调模型应用应能实现建设工程各相关方的协同工作、信息共享；模型应用宜贯穿建设工程全生命周期，也可根据工程实际情况在某个阶段或环节内应用；模型应用宜采用基于工程实践的建筑信息模型应用方式，并应符合国家相关标准和管理流程的规定。

从上述关于 BIM 的定义中可知，BIM 既包含模型本身作为某阶段或者整个项目生命周期的物理载体的描述，也包含作用于模型的一系列应用和管理工作。但它既不等同于一个简单的三维几何模型，也不仅仅是狭义的建模技术，其含义远远超过了其字面的表达。

当然，也可以这样来描述：BIM 技术是一项应用于设施全生命周期的 3D 数字化技术，它以一个贯穿其生命周期的通用数据格式，创建、收集该设施相关的信息并建立信息协调的模型，以此作为项目决策的基础和共享信息的资源，帮助我们虚拟计划、设计、构建和管理整个项目。这里的 BIM 技术则侧重于信息模型的有效形成并应用的过程和行为。

2. BIM 技术的特点

如前所述，关于 BIM 的定义可通过三个层面来理解：当只提"BIM 模型"时，是指"building information model"；提到模型创建和应用时，是指"building information modeling"，即 BIM 技术。因此对 BIM 的理解已经超出了模型本身的含义，结合模型和技术应用，BIM 有如下特点。

(1) 可视化　BIM 可视化首先是三维模型可视化，其次是模型信息以及传递过程可视化，这是 BIM 技术最显著的特点。

相比 CAD 技术下的二维设计图表现方式，BIM 软件所建立的 3D 立体模型即为设计结果。3D 设计能够精确表达建筑的几何特征，相比 2D 绘图，3D 设计不存在几何表达障碍，对任意复杂的建筑造型均能准确表现。传统二维施工图上表达的复杂构件信息不再需要工程人员自行想象，而是通过 BIM 模型直观呈现出来，减少理解错误，提高了施工效率。

BIM 模型能使看不懂建筑专业 CAD 图纸的业主和用户通过模型清楚了解即将建造的建筑物的各类特征。更重要的是，BIM 附带的构件信息（几何信息、关联信息、技术信息等）为可视化操作提供了有力的支持，不但使一些比较抽象的信息（如应力、温度、热舒适性）可以用可视化方式表达出来，还可以将设施建设过程及各种相互关系动态地表现出来。在项目建设过程中，设计、建造、运营过程中各方的沟通、讨论、决策都在 BIM 所呈现的可视化状态下进行，极大提高了沟通和解决问题的效率。

(2) 模型信息的完备性　从 BIM 定义中，可以知道 BIM 是设施的物理和功能特性的数字化表达，信息是 BIM 的核心组成部分。BIM 模型中除了对工程对象进行 3D 几何信息和拓扑关系的描述，还包括实际工程对象完整的工程信息。

1）设计信息：对象名称、结构类型、建筑材料、工程性能等。

2）施工过程信息：施工工序、进度、成本、质量信息等。

3）资源消耗信息：人力、机械、材料等消耗量。

4）维护信息：工程安全性能、材料耐久性能等。

此外，BIM 信息还包括工程对象之间的工程逻辑关系。

完备的信息储存功能可以迅速地为设计师、施工方、业主等各方提供各类所需数据，节约了过去需要查询多种图纸和资料花费的大量时间和精力。

信息的完备性还体现在创建建筑信息模型行为的过程。在这个过程中，设施的前期策划、设计、施工、运营维护各阶段都连接了起来，各阶段产生的信息都被存储进 BIM 模型中，使得 BIM 模型的信息来自单一的工程数据源，包含设施的所有信息。BIM 模型内的所有信息均以数字化形式保存在数据库中，以便更新和共享。

信息的完备性使 BIM 模型能够具有良好的基础条件，支持可视化操作、优化分析、模拟仿真等功能，为在可视化条件下进行各种优化分析和模拟仿真提供了方便条件。

(3) 模型信息的关联性和一致性　工程信息模型中的对象是可识别且相互关联的，模型中某个对象发生变化，与之关联的所有对象会随之更新。源于同一个数字化模型的所有图纸和图表均相互关联，在任何视图（平面、立面、剖面）中对模型的任意修改都被视为对数据库的修改，会立即在其他视图或图表中相应地方反映出来，这避免了传统 CAD 设计方式下在各个图纸上重复多次修改，并且各构件之间可以实现关联显示、智能互动。例如当移动视图中的墙体构件时，墙上附着的门窗构件也会相应移动；删除墙体时，所附着的门窗也会随之删除等，在实际生产中大大提高了项目的工作效率。

模型信息一致性体现在生命周期不同阶段的模型信息是一致的，同一信息无须重复输入。当设计阶段采用 BIM 设计时，工程项目招投标以及施工阶段均在同一模型基础上进行深化和施工，避免重复建模和计算，并在此基础上进行三维交底、进度控制、质量控制、造价控制、合同管理、物资管理、施工模拟等管理工作，确保了施工与 BIM 模型可以更好地对接。

（4）协调性 专业协调是建设过程中的重点内容，BIM 技术在很大程度上克服了以往各专业的协调障碍问题。项目建设过程中各专业之间常常因信息的传递和沟通不顺畅出现各种冲突，如管道与结构冲突、各个房间出现冷热不均、预留的洞口没留或尺寸不对等情况。这些问题大多在施工现场根据已有的安装情况进行调整或改造，常常会增加人工和材料的消耗。

BIM 能提供清晰、高效率地与各系统专业有效沟通的平台，通过其特有的三维模型效果和检测功能，将原来施工中才能发现的问题提前到施工之前；通过建造前期对各专业的碰撞问题进行协调，生成协调数据，提供给参与各方，以便协商讨论解决方案；同时减少不合理变更方案或者问题变更方案，使施工过程顺利进行。

（5）模拟性和优化性 在前述有关 BIM 的定义中提到，BIM 是一个建立设施模型的行为，以解决建设过程每个阶段的各类问题为目标。BIM 技术的模拟功能为解决工程中的疑难问题提供了有效的技术支撑。

BIM 的模拟性在设计阶段主要体现为节能模拟、紧急疏散模拟、日照模拟和热能传导模拟等，以达到优化设计方案的目的。在施工阶段，模拟性体现为通过对施工计划和施工方案进行分析模拟，充分利用时间、空间和资源，消除冲突，以获得最优施工计划和方案，并通过建立模型对新工艺和复杂节点等施工难点进行分析模拟，为顺利施工提供技术方案。在后期运营阶段，还可以进行日常紧急情况处理方式的模拟，如地震人员逃生模拟和消防人员疏散模拟等。

事实上，整个设计、施工和运营的过程是一个不断优化的过程，优化通常受信息、复杂程度和时间的制约。现代建筑物的复杂程度大多超过参与人员本身的设计优化能力的极限，而 BIM 提供的复杂建筑物的完备信息加上配套的各种工具，恰好提供了对项目进行优化的条件。基于 BIM 的优化，可以完成以下两项任务：

1）对项目方案的优化。把项目设计和投资回报分析结合起来，可以实时计算设计变化对投资回报的影响。这样业主对设计方案的选择不会停留在对形状的评价上，而是关注哪种项目设计方案更有利于自身的需求。

2）对特殊项目的设计优化。在大空间随处可看到异型设计，如裙楼、幕墙和屋顶等，这些内容看似占整个建筑的比例不大，但是占投资和工作量的比例却往往很大，而且通常是在施工难度较大和施工问题较多的地方。通过模拟分析，对这些内容的设计施工方案进行优化，为改善工期和减少工程实施的造价提供可能。

（6）生成工程文档 项目生命周期各个阶段都产生了大量的信息，传统 CAD 设计方式下，建筑物的几何物理信息和施工过程中人员、材料、时间、成本等信息处于相互分割的状态，与此不同的是，BIM 及平台集成了这些可用信息，并且通过一定的标准保证了其在各阶段的传输和各专业软件之间的共享和交换，BIM 在各类软件支持下生成预定的设计和施工文档并分类存储以供调用。例如可通过 BIM 直接生成设计阶段施工图；可导入导出结构材料参数数据、声学数据和能耗数据文件；可记录每次的设计变更状态并生成报告；可提供工程量数据并形成工程造价文件，并在施工阶段结合不同专业软件完成工程进度文档和成本文档等。值得注意的是，建筑模型本身作为重要的工程文档，也是 BIM 技术的重要特征之一。

3. BIM 技术的发展现状

在 BIM 技术的引入和发展的最近十年，BIM 技术逐渐受到政府、各行业协会、设计单位、施工企业以及各科研院校的重视。为了更好地实现建筑业的数字化转型升级，政府以及行业机构对 BIM 技术发展的重视力度持续增强。

2011 年，住房和城乡建设部发布的《2011—2015 建筑业信息化发展纲要》第一次将 BIM 纳入信息化标准建设内容；2014 年发布的《住房城乡建设部关于推进建筑业发展和改革的若干意见》中提到推进建筑信息模型在设计、施工和运维中的全过程应用，探索开展白图代替蓝图、数字化审图等工作。

2015 年住房和城乡建设部《关于印发推进建筑信息模型应用指导意见的通知》中特别指出，2020 年末实现 BIM 与企业管理系统和其他信息技术的一体化集成应用，新立项项目集成应用 BIM 的项目比率达 90%；2016 年发布《2016—2020 年建筑业信息化发展纲要》，BIM 成为"十三五"建筑业重点推广的五大信息技术之首。

2017 年，国家和地方加大 BIM 政策与标准落地工作。《国务院办公厅关于促进建筑业持续健康发展的意见》提到，加快推进建筑信息模型技术在规划、勘察、设计、施工和运营维护全过程的集成应用；住房和城乡建设部发布的《建设项目工程总承包管理规范》提到，采用 BIM 技术或者装配式技术的，招标文件中应当有明确要求：建设单位对承诺采用 BIM 技术或装配式技术的投标人应当适当设置加分条件。《工程造价事业发展"十三五"规划》提出大力推进 BIM 技术在工程造价事业中的应用。

2018 年以来，各地纷纷出台了对应的落地政策，BIM 政策呈现出非常明显的地域和行业扩散、应用方向明确、应用支撑体系健全的发展特点。各地方政策制定明确的应用范围和应用内容等，有助于更好地约束 BIM 应用方向，评价 BIM 应用效果。同时更多地区明确了 BIM 应用的相关标准及收费政策，有效地支撑了整体市场的活跃。

2019 年发布的《国家发展改革委 住房城乡建设部关于推进全过程工程咨询服务发展的指导意见》指出：要建立全过程工程咨询服务管理体系。大力开发和利用建筑信息模型、大数据、物联网等现代信息技术和资源，努力提高信息化管理与应用水平，为开展全过程工程咨询业务提供保障。

在国家和地方政策推动下，BIM 应用环境不断完善，BIM 价值逐步显现，建筑业 BIM 技术应用情况有明显提升。BIM 应用范围主要集中在建筑企业的招投标和施工过程中。根据《中国建筑业企业 BIM 应用分析报告（2022）》对国内建筑企业 2022 年 BIM 技术应用的调查：已应用 5 年以上的企业达到 56.86%，较 2021 年增长 9 个百分点（2021 年该数据为 47.83%）；应用 3~5 年的企业占比 28.86%；应用 1~2 年的企业占比 7.14%；应用不到 1 年的企业占比 2%，未应用的企业占比 2.14%，较 2021 年降低近 3 个百分点。14.45% 的企业在项目上全部应用了 BIM 技术；16.64% 的企业在项目上应用 BIM 技术的比例超过 75%；21.17% 的企业在项目上应用 BIM 技术的比例超过 50%；27.01% 的企业在项目上应用 BIM 技术的比例低于 25%。当前，建筑业企业 BIM 应用发展主要呈现以下几方面特征：

(1) 从施工技术管理应用向施工全面管理应用拓展　BIM 技术应用以专业化工具软件为基础，逐步在深化设计、施工组织模拟等技术管理类业务中得到应用。按照项目管理"技术先行"的管理特征，技术管理成果和其他管理融合更有利于 BIM 技术的优势发挥和价值实现。在实践过程中，施工企业已经对 BIM 应用具备了一定的基础，对 BIM 技术的认识也更加全面。在此基础上，企业需要通过 BIM 技术与管理进行深度融合，从而提升项目的精细化管理水平，为企业创造更大的价值。

BIM 应用在不断深入的同时，其应用范围也在不断延伸，逐渐形成从项目现场管理向施工企业经营管理延伸的趋势。企业通过应用 BIM 技术可实现企业与项目基于统一的 BIM 模型进行技术、商务、生产数据的统一共享与业务协同；保证项目数据口径统一和及时准确，可实现公司与项目的高效协作，提高公司对项目的标准化、精细化、集约化管理能力。

(2) 从施工阶段应用向建筑全寿命期辐射　随着 BIM 技术在施工阶段应用价值的凸显，BIM 应用正在形成以施工应用为核心向设计和运维阶段辐射，全寿命期一体化的协同应用。施工企业通过 BIM 技术解决了很多设计阶段影响正常施工进度的问题。如果能在设计阶段将这类问题得以有效解决，将在很大程度上节省项目投入的时间和经济成本。这促使在设计阶段必须充分考虑施工可行性和经济性的需求，进行风险预控、管理前置，便于后期施工安全、有序进行，并且有利于降低项目建造成本，保证按期交付高品质产品。同时，现阶段很多业主单位不但要求在施工阶段应用 BIM，还要求交付 BIM 竣工模型，以便于后期运营维护阶段保证运维的数据和资源的准确和集中管理。

在国家政策引导下，BIM 技术应用有了相关可遵循的标准和依据，国家和各地标准的不断完善推动了 BIM 技术的良性发展。但我国建筑业信息化仍然处于较低的水平，随着以 BIM 为核心，以云技术、大数据、物联网、移动应用以及人工智能为代表的新一代信息技术的引入，为搭建多个数据信息协同的应用平台提供了有力支撑，建筑业信息化还将面临新的变化，同时带来新的机会。

4. 工程造价领域 BIM 软件的发展现状

信息技术的高度发展促进了人们对软件技术的空前要求，BIM 的应用需求催生了一大批与之相关的软件产品。然而，BIM 模型应用于项目建设周期各个阶段，涉及专业众多，每个专业都有其对应的特点。BIM 应用相关软件主要分为三大类：第一类为创建 BIM 模型的软件；第二类为利用 BIM 核心软件开展其他工作的软件，即 BIM 模型应用软件，如 BIM 工程造价管理软件；第三类是各参与方提供共享信息的协同平台软件。

基于 BIM 技术的造价管理软件能利用 BIM 模型提供的信息进行工程量统计和造价分析，并可以根据工程施工计划动态提供造价管理需要的数据。目前常规的工程造价管理软件主要具有工程量计算和工程费用计算两方面的功能，能确定不同建设阶段的项目工程造价。大多数建模软件均能实现构件工程量的统计，但由于工程量计算数据与当前造价确定方法中的计算规则有一定差异，加之各地使用计价定额不尽相同，因此目前国内 BIM 造价软件主要由传统造价软件演化而来，可自动处理工程量计算规则，但在与 BIM 核心建模软件和其他 BIM 应用软件之间的数据接口方面仍亟待完善。

国外的 BIM 造价管理软件有 Innovaya 和 Solibri 等，国内主要有广联达软件、斯维尔软件、晨曦算量软件、鲁班软件和品茗软件等。

(1) 广联达 BIM 造价软件　广联达 BIM 造价软件主要有 Revit GCL 插件、广联达 GDQ

软件等。Revit GCL 插件可将设计软件 Revit 建筑、结构模型导出为广联达土建算量软件可读取的 BIM 模型的应用软件，通过 GFC 直接将 Revit 设计文件转换为算量文件进行工程量计算。广联达 BIM5D 软件以 BIM 平台为核心，以多专业集成模型为载体，关联施工过程中的进度、合同、成本、质量、安全、物料等信息，实现项目的进度控制、成本管控、物料管理。

（2）斯维尔 BIM 造价软件　斯维尔 BIM 造价软件主要有三维算量 For Revit、安装算量 For Revit 以及 BIM5D 软件等。三维算量 For Revit（THS 3DA For Revit）软件和安装算量 For Revit 软件均基于 Revit 软件平台，将建筑装饰工程量计算规则和安装工程量计算规则融入算量模块中，实现直接利用 Revit 模型的算量功能。通过 BIM 算量结果可直接导入"清单计价"软件，实现 BIM 数据传递。斯维尔 BIM5D 软件基于 BIM 的项目管理平台，实现施工过程中的项目进度控制、成本管控、物资管控、安全管理等功能。

（3）晨曦 BIM 造价软件　晨曦 BIM 造价软件是基于 Revit 平台研发的 BIM 算量软件，从创建模型、构件计算到构件出量，将一个项目的土建装饰、钢筋与安装工程的算量流程集中在一款软件的同一模型上，通过自动套用和手动调用清单定额的方式统计构件工程量，构件计算过程同手工习惯一致。

（4）鲁班 BIM 造价软件　鲁班 BIM 造价软件基于 CAD 平台开发，主要侧重于工程量计算，能利用 CAD 设计图快速生成算量模型，并自动进行工程量计算，可将 CAD 模型转成 Revit 平台模型获得工程量。

（5）品茗 BIM 造价软件　品茗 HiBIM 造价软件基于 Revit 平台开发，可利用 Revit 设计模型，根据国标清单标准和全国各地定额工程量计算规则，直接在 Revit 平台上完成工程量计算分析，输出所需的计算结果和统计报表，计算结果可供计价软件直接使用，同时也可通过三维模型的扣减关系和报表中的计算式验证计算的准确性。

7.3.2　BIM 技术在工程造价管理中的运用

全过程的工程造价管理是指项目从投资决策阶段开始，一直到设计阶段、发承包阶段、施工阶段以及竣工验收阶段为止，全过程对工程造价的合理确定和有效控制。

BIM 技术是进行工程项目信息数据采集与数据整合的过程，其处理获得的造价数据为信息的传递共享提供了基础。在建设工程造价控制管理中，应用 BIM 技术能使工程造价管理与投资进入新的阶段。

在项目的全寿命周期，基于 BIM 技术进行的工程造价管理在降低工程项目的投资成本、保证项目施工质量、实现项目综合效益等方面发挥着重要的实际意义。

1. BIM 技术在决策阶段工程造价管理中的运用

在项目的决策阶段，各项技术指标的确定对该项目的工程造价有比较大的影响，尤其是在建设标准水平的确定、建设地点（厂址）的选择、建设工艺的选择以及设备选用等方面，直接关系工程造价的高低。项目的决策是否正确，表明对项目建设是否做出了科学的决断，是否选择了最佳的投资方案，是否达到了合理的资源配置。若项目决策失误，会直接带来资金、人力、物力及财力的损耗浪费，以至于造成不可弥补的损失。因此，若要使工程造价合理，需要事前保证项目决策的正确性，避免决策失误。

据资料统计，在项目建设各个阶段中，投资决策对工程造价的影响程度最高，达到了

80%~90%。所以，决策阶段中项目决策的内容是决定工程造价的基础。而在投资阶段，做好投资决策分析同样极为重要。BIM 在决策阶段的应用主要包括以下内容。

(1) 基于 BIM 的投资造价估算　项目决策阶段是建设项目全过程的第一个阶段，完成投资估算工作，为决策者提供投资决策依据，合理准确地估算投资是此阶段造价管理工作的重中之重。BIM 具有强大的信息库、数据模型及可视化等优点，通过 BIM 技术来构建的数据模型和信息平台能够充分体现信息的可视化及模型的模拟性，能够为项目投资者提供有力的参考依据和数据支持。并且通过历史项目的工程造价 BIM 模型来生成指标信息库，进一步建立并完善企业数据库，从而形成企业定额，支持企业高效、准确地完成项目可行性研究、投资估算、方案比选等。

在投资决策阶段，造价管理人员通过参考 BIM 所构建的数据模型，查找与拟建项目类似的工程造价信息，对造价信息进行查询和模拟，并且依据已完工类似工程进行准确的投资估算，可以使拟建项目的投资估算更加准确，提高投资估算的准确性及可靠性。

(2) 基于 BIM 的投资方案选择　BIM 模型具有丰富的各种工程信息，如构建、技术参数、工程量、成本、进度、材料等信息，在投资方案比选时，以上信息可以完全依照现实复原，且能通过三维的方式展现出来。这可以缩短时间、提高效率，根据新项目的方案特点，对相似的已建项目模型进行抽取、修改、更新，快速形成不同方案的模型。软件根据修改，自动计算不同方案的工程量及造价等指标数据，造价管理人员则能迅速、准确、直观地选择最为经济合理的方案，并减小投资估算的偏差，对经济效益的提高有重大意义。

2. BIM 技术在设计阶段工程造价管理中的运用

建设工程项目的施工进度、成本、工程质量等能否达到标准，建成后能否给业主带来经济效益，都取决于工程设计。建设项目设计阶段对项目进度和项目质量起着至关重要的作用，是工程技术和工程经济相关联的重要环节，直接影响项目在施工后期的造价控制。BIM 在设计阶段的应用主要包括以下内容。

(1) 基于 BIM 的设计优化　当施工图的设计工作完成之后，开展图纸审查及设计交底等相关工作。传统图纸审查将土建与水电等项目分割进行，而 BIM 技术整合了各专业图纸，减少各方设计人员审查图纸的麻烦，加快设计方的出图速度，且避免施工过程中的很多技术变更。同时，设计技术人员能利用 BIM 技术，及时发现设计中的不足和不利于施工之处并加以改进，及时发现可能存在的专业间的碰撞问题，利用模型碰撞检测发现设计中存在的问题，为后续施工的顺利进行提供可靠的技术保障，提高工程的设计质量，加强工程造价管理的控制。由此可见，BIM 技术在建设工程项目造价管理控制上的优势是极其明显的。

(2) 基于 BIM 的限额设计　目前用传统方法做限额设计，有以下难点：①设计院的设计人员人数有限，而且各专业分工不同，专业之间分割较大，需要各专业反复协同。在未完全完成设计之前，造价人员无法快速、及时得出各种造价数据供设计人员比选，因此，限额设计难以覆盖全专业；②传统的设计方式使得设计图缺乏足够的造价信息，造价工作无法和设计工作同步，且无法根据造价指标的限制进行设计方案的及时优化调整，然而方案的优化设计是保证投资限额设计的重要措施和行之有效的重要方法；③设计阶段的造价工作是事后工作，无法与设计过程并行，只能在整体设计方案完成后再进行造价计算，导致限额设计的指标分解难以实现，同时造成限额设计的实施会很被动。

但如果采用 BIM 来测算造价数据，通过 BIM 输出项目的分项工程、单位工程等造价信息,利用 BIM 数据库对各种建设数据(如不同部位的钢筋含量指标、混凝土含量指标、不同区域的造价指标等)进行合理分析,限定造价范围,则可以很好地提高测算的精度与准确度,满足限额设计的要求,从而更好地进行工程造价管理。BIM 模型和标准在设计过程中可以统一制定,使得各专业可以协调设计,不再相互断层。对于成本费用的实时模拟和核算使得设计人员与造价人员能实时、同步地分析计算所涉及的设计单元的造价,且能根据所得的造价信息对设计的细节方案进行优化调整,更好地实现限额设计。并且 BIM 使得设计方案和投资回报分析的财务工具集成,投资方可清楚了解设计方案对项目投资收益的影响。同时,使用 BIM 技术还能进行能耗分析和建造成本分析等,使初期方案决策更具有科学性,避免很多不必要的建造成本浪费,甚至可以为后期的成本控制提供依据。

(3) 基于 BIM 的设计概算和施工图预算　项目的设计阶段一般可分为初步设计和施工图设计两个阶段。设计概算在初步设计阶段确定,施工图预算则在施工图设计阶段确定。

1) 基于 BIM 的设计概算。设计概算的编制主要取决于设计深度、资料完备程度和对概算精度的要求。但在传统施工中,由于各专业是分开设计的,而且各专业之间的冲突问题会带来很多严重的后果。如设计概算不能与成本预算解决方案建立有效连接;设计阶段的设计图、数据以及由此进行的概算数据无法与造价管理进行自动关联,使得整个项目生命周期无法实现设计数据的共享。

BIM 技术的运用可以对建筑信息模型进行修改,进而实现对设计方案的调整与优化。BIM 可以直接提供造价数据,方便建设单位进行方案比选,也方便设计单位进行设计优化,从而更好地控制造价。运用 BIM 确定的设计概算能够实现对成本费用的实时模拟及核算,并能够很好地避免与造价控制脱节。BIM 支持实际造价用数字信息分析项目性能特征,实现项目全寿命周期价值工程的功能分析。

2) 基于 BIM 的施工图预算。在施工图阶段,BIM 模型可直接提取工程信息、进度计划、图纸文件等,BIM 对应的软件计量计价平台中还包含施工图预算阶段的预算定额、工程量计算规则以及预算清单等其他信息,这打破了传统造价软件的文本格式。以上信息之间可以相互关联、相互补充,从而组成一个造价信息数据库。造价人员可以在预算阶段利用 BIM 软件建立的三维图形导入其对应的软件计量平台,准确地根据计算规则计算工程量,再将工程量导入预算信息数据库中并制成相应的工程造价报表,然后 BIM 软件将工程造价报表自动更新到预算造价管理模型中,以保证造价信息的及时性和准确性。此造价信息及报表可多方随时查看,以方便后续施工过程的进度款支付、材料计划、劳动力计划、领料等措施的实施,达到工程造价全过程监控管理的目的。

3) 基于 BIM 的碰撞检查。通过 BIM 技术,可以根据项目图建立三维模型,在虚拟的三维环境下,很容易发现设计中的碰撞冲突(如楼梯碰头、管线打架、风管穿梁、门窗开启等)。在施工前全面、快速、准确地检查出设计图中的错误和遗漏,以及各专业之间的碰撞问题,可以大大减少之后的设计变更或工程洽谈等,极大地提高施工效率,减少返工,节约人力、物力、财力成本,且能缩短工期,提高建筑质量。

3. BIM 技术在招投标阶段工程造价管理中的运用

(1) 基于 BIM 的招标　随着 BIM 技术的应用和推广,招投标的技术水平也得到了强化。建设单位可以通过建立 BIM,结合项目的具体特征将工程分解并细化和计算工程量,形成准确的工程量清单,用以编制招标文件。在招标采购阶段,需要准确地计量并套取工程量清单,基于项目编码、项目名称、项目特征、计量单位和工程量计算规则需要"五统一",则工程量清单可以形成采购"清单",将清单编制完后添加到 BIM 中,招标方或招标代理机构在发出招标文件时,就可以将包含清单信息的模型一起发给投标人,这样就可以保证招标信息与设计信息的完整性和连续性,有利于招标工作顺利进行。

基于 BIM 技术的工程量计算具有以下特点:①算量更加快速。BIM 的算量方法使造价人员不用再在一堆蓝图里慢慢扒量,节省了造价人员的时间和精力,使得他们可以做更有价值的工作,如造价分析等,并且节约的时间用来编制预算可以更加精确。②计量更加准确。众所周知,工程量是编制工程预算的基础,但工程量的计算过程十分烦琐。同一张图纸,不同造价人员可能算出不同的工程量结果。这些人为因素造成的计算错误会影响后续计算的准确性。而 BIM 技术产生以后,自动化算量可以使工程量的计算工作摆脱人为因素的影响,从而得到更加客观准确的数据。③更好地应对设计变更。在 BIM 平台上做图纸改动、设计变更,自动化算量可以直接出量,且变更部位的后续部分工程量会由计算机进行联动调整,极大地减轻造价人员的工作强度,并能迅速得到更加准确的数据。④更好地积累数据。

(2)基于 BIM 的投标 在投标阶段,BIM 的价值体现最为明显。通过 BIM 软件建立模型,可以快速提取工程量以及形成准确的工程量清单。同时,要求投标单位必须建立 BIM 模型并提交,则可提前在模型中发现图纸的问题,并精确统计工程量。另外,BIM 建模算量相对于传统手工算量,甚至相对于 CAD 导图算量大大节约了时间成本。投标方可以利用 BIM 对施工中的重要环节进行可视化模拟分析,避免亏损,以提高准确度和工作效率,制定更优化的投资策略。

在计价方面,通过 BIM 模型信息数据平台获取相关工程预算所需要的信息,然后根据预算定额自动匹配计算各分部分项工程的工程费,最后汇总其他费用,即可获得工程项目的清单费用,编制投标文件。

4. BIM 技术在施工阶段工程造价管理中的运用

建设工程施工阶段具有周期长、涉及面广、影响因素复杂等特点,其工程造价管理工作难度较大。将 BIM 技术合理应用于施工阶段工程造价管理中,可以提高工程造价管理效率。建设项目施工阶段需要将各专业的深化模型集成在一起,形成一个全专业的模型,再进行信息的关联,关联进度、资源、成本等相关信息,以此为基础进行过程控制。

(1)基于 BIM 的 5D 计划管理 建筑信息模型的 5D 应用是指用建筑三维数字模型结合项目建设时间轴与工程造价控制的应用模式,即将 3D 模型、时间与资金结合的应用模式。在此模式下,BIM 为建设项目各方面提供了施工计划与造价控制的所有数据。项目各方在实际施工之前就可以通过 BIM 确定不同时间节点的施工进度和施工成本,而且可以非常直观地按月、周,甚至按日观察项目的具体实施情况,同时可以得到该时间节点的造价数据,做到造价的动态控制。

(2)基于 BIM 的工程计量 对于传统造价模式,所有的建筑信息都是由 CAD 图建立的,工程进度、预算、变更等基础数据分散在工程、预算、设计等各个不同专业。在申请进度款时,难以形成数据的统一和对接,导致工程进度计量工作难以及时准确,巨大的工作量使得各专业管理人员耗费大量的时间。利用 BIM 5D 技术可以将时间与模型进行关联,根据所涉及的时间段,软件可自动统计该时间段内的工程量且自动组价,从而辅助造价人员的工程计量和支付,便于过程造价控制,有利于精细化管理的实现。

(3) 基于BIM的工程变更　在施工阶段，工程变更的次数增加会引起项目工程造价的增加，容易引起甲、乙双方产生矛盾，导致施工进度减慢。根据前文所述，BIM技术可以最大限度地减少设计变更，且可经过碰撞检查，尽可能在最开始就减少变更。这样在设计期间做的工作，会极大减少施工期间的材料、人力、资金的浪费，减少停工、返工等现象的出现，保证工程的顺利开展。

(4) 基于BIM的签证索赔管理　在工程建设中，只有规范并加强现场签证的管理，采取事前动态控制的手段来保证现场签证的质量，才能有效降低项目施工阶段的工程造价。这样才能保证建设单位的资金得以高效利用，发挥最大的投资效益。对于签证内容的审核，可以利用BIM 5D实现模型与现场实际情况的对比分析，通过虚拟三维模拟掌握实际偏差情况，从而确认签证内容的合理性。

(5) 基于BIM的材料成本控制　目前材料、设备、机械租赁、人工与单项分包等过程中的成本拆分十分困难，无法和招投标阶段进行对比。基于BIM 5D施工管理软件，将模型与工程图等详细的工程信息资料集成，形成一个包含成本、进度、材料、设备等多维度的信息模型，可以快速准确地分析工程量数据。再结合相应的定额或消耗量分析系统，可以确定不同构件、不同流水段、不同时间节点的材料计划和目标结果。施工单位可以通过BIM技术进行材料数据信息分析和模拟计算，计算与分析各施工环节实际消耗量，及时了解工程建筑材料的消耗情况，按照合同约定严格控制材料用量，真正实现限额领料。此外，还可以利用BIM模型准确计算当前工程完工情况，合理安排其他施工资源，实现工程成本的动态监控。

(6) 基于BIM的进度款结算　我国工程进度款结算的方式有很多种，如按月结算、竣工后一次性结算、分段结算、目标单位结算等方式。在传统模式下，建筑信息都是基于二维图纸建立的，建设单位、施工单位、设计单位、监理单位等分专业、分阶段检测设计图，无法形成协同与共享，几乎只能看到各自专业的细节问题，很难从项目整体上发现问题，各专业难以形成数据对接，导致工程造价快速拆分难以实现，而且工程进度款的结算工作也较为烦琐。随着BIM技术的推广与应用，尤其在进度款结算方面，可以进行框图出价、框图出量的操作，更快速高效准确地完成工程量的拆分和汇总工作，并形成进度造价文件，为工程进度款的结算工作提供技术支持。

(7) 基于BIM的分包管理

1) 传统模式下的分包管理存在的问题。传统模式下的分包管理无法快速准确地分配任务进行工程量计划，造成数据混乱、重复施工的现象。同时，由于建筑信息都是基于CAD图建立的，各专业单位很难从项目整体发现设计问题、图纸问题，继而导致图纸出现很多变更，施工出现停工、返工等现象，从而造成结算不及时、不准确，分包结算工程量远大于总包与业主的结算工程量。基于以上原因，分包结算导致的争议颇多。

2) 基于BIM的派工单管理。基于BIM的派工单管理系统可以快速准确分析按进度计划进行的工程量清单，提供准确的用工计划，不会重复派工、漏派工。当派工单与BIM关联后，在可视化BIM图形中，按区域开出派工单后，系统会自动区分和控制是否已派过工单，从而减少错漏。

3) 分包结算和分包成本控制。在传统造价模式下，由于施工过程中人工、材料、机械设备的组织形式与传统造价理论中的定额或清单模式的组织形式存在差异，分包计算方式与定额或清单中的工程量计算规则不同，双方结算单价的依据也与一般预结算不同。所以容易造成准确价格的获取有难度。但若用 BIM 模型与分包的合同清单建立联系，可以明确分包的范围及分包工程量清单，按照合同的要求进行过程算量，从而为分包的结算工作提供数据支撑。

5. BIM 技术在竣工阶段工程造价管理中的运用

建设工程竣工结算是建筑施工结算的最后一个环节，是建设项目工程造价的最终体现，直接关系建设单位和施工企业的切身利益。

（1）检查结算依据 竣工阶段要编制竣工结算，结算工作中涉及造价管理过程的资料数量极其庞大，结算工作中单据的不完整会造成工作量计算不准的情况。BIM 技术提供的平台，基于 BIM 三维模型，将工期、价格、合同、变更签字等信息储存在数据库中，可供工程参与方在项目生命周期内及时调用共享。在竣工结算阶段，各参与方及审查方可直接访问 BIM 的数据库，调取项目全部相关资料。BIM 在项目整个生命周期中实现了所有参与单位的数据透明、公开、共享，有效应对工程变更，从而极大节省了各参与方人力、物力。

（2）核对工程量数据 在传统模式下，竣工结算对造价人员来说是相当有挑战性的一项任务，特别是工程量的核对、结算工作主要根据二维平面图、现场签证以及工程量计算书等文件。依靠手工算量或电子表格辅助不仅效率低、费时间，而且数据修改不便。传统方式下完全依照手工查找，建设单位与施工单位的造价人员需要按照每个分部分项工程逐项核对，工作量大，准确性也不能保证，并且造价人员的业务熟悉程度、业务水平十分影响结算的准确度。如果甲乙双方对施工合同或现场签证等产生不一样的理解或产生其他状况，可能导致结算不准确。因此，改进工程量计算方法对于提高结算质量，加速结算速度，减轻结算人员的工作量都具有十分重要的意义。

利用 BIM 技术进行结算工程量的核对主要有以下几种方式：①分区核对。通过 BIM 技术，按照施工段划分将主要工程量区分列出，形成对比分析表。②分部分项工程量核对。主要在工程量总量差异较小的前提下进行。③BIM 模型综合应用查漏。各专业相互协作计算，可以减少不必要的经济损失。④大数据核对。通过大数据的对比报告，对项目结算报告做出分析，得出结论。

综上所述，BIM 技术可以使项目建设在各个阶段都能进行数据的对比分析，检查工程进度和预期是否一致。BIM 技术的应用可以让项目在运营阶段将管理成本降到最低，使得整个项目的造价工作有条不紊地进行，有利于运营维护阶段的造价管理工作顺利进行，真正落实全寿命周期造价管理。

思 考 题

1. 工程造价信息主要包含哪些内容？
2. 工程造价指标的应用主要能解决哪些工程造价管理问题？
3. 工程造价指数是如何分类的？
4. BIM 技术在工程造价管理中有哪些运用？

参 考 文 献

[1] 龙玉峰,丁宏,焦杨.建筑工业化的标准化设计研究[J].混凝土世界,2012(4):48-52.
[2] 付燕燕.政府投资水利项目初步设计概算审查方法和要点分析[J].广东水利水电,2018(7):71-73.
[3] 刘健昕.国家部委直属医院新建项目初步设计概算审查过程解析[J].中国医院建筑与装备,2020,21(5):72-74.
[4] 石蓉.设计概算审查方式及要点探索[J].上海建设科技,2018(3):104-105.
[5] 袁栋.价值工程在园林设计阶段造价控制中的应用研究[D].北京:中国科学院大学,2014.
[6] 中华人民共和国住房和城乡建设部.建设工程造价咨询规范:GB/T 51095—2015[S].北京:中国建筑工业出版社,2015.
[7] 中国建设工程造价管理协会.建设项目设计概算编审规程:CECA/GC 2—2015[S].北京:中国计划出版社,2016.
[8] 中国建设工程造价管理协会.建设项目全过程咨询规程:CECA/GC 4—2017[S].北京:中国计划出版社,2017.
[9] 中国建筑业企业BIM应用分析报告(2022)[M].北京:中国建筑工业出版社,2022.
[10] 李建成.BIM应用·导论[M].上海:同济大学出版社,2015.
[11] 丁烈云.BIM应用·施工[M].上海:同济大学出版社,2015.
[12] 庞红,向往.BIM在中国建筑设计的发展现状[J].建筑与文化,2015(1):158-159.
[13] 刘占省,赵雪锋.BIM技术与施工项目管理[M].北京:中国电力出版社,2015.
[14] 匡施瑶.BIM技术在建设工程招投标中应用[J].吉林建筑大学学报,2017(1):109-112.
[15] 孙彬,栾兵,刘雄,等.BIM大爆炸:认知+思维+实践[M].北京:机械工业出版社,2018.
[16] 仝晓蕊.建设项目工程变更对施工合同价款的影响研究[D].南京:东南大学,2017.
[17] 崔武文,孙维丰.土木工程造价管理[M].北京:中国建材工业出版社,2006.
[18] 赵新平.关于建设工程施工合同签订的探讨[J].经贸实践,2018(11):25-26.
[19] 杨卓琦.签订建设工程施工合同应注意的问题分析[J].四川水泥,2018(4):265.
[20] 黄珊.浅谈高校基建施工合同签订中的注意事项[J].建材与装饰,2018(29):178.
[21] 梁晋.招标控制价、投标价、评标价、签约合同价[J].中国招标,2016(9):26-27.
[22] 邢军.招标投标活动中几种"价格"浅谈[J].招标采购管理,2015(5):51-52.
[23] 王红会.施工合同商务谈判及管理[J].山西建筑,2018,44(35):239-240.
[24] 刘树红,王岩.建设工程招投标与合同管理[M].北京:北京理工大学出版社,2017.
[25] 于洋,杨敏,叶治军.工程造价管理[M].成都:电子科技大学出版社,2018.
[26] 游浩主.甲方代表专业与实操[M].北京:中国建材工业出版社,2015.
[27] 郝永池,刘健娜.建设工程招投标与合同管理[M].北京:北京理工大学出版社,2011.
[28] 刘尊明,张永平,朱锋.建筑工程资料管理[M].北京:北京理工大学出版社,2018.
[29] 梁鸿颉,李晶.工程价款结算原理与实务[M].北京:北京理工大学出版社,2016.
[30] 郝攀,刘芳.工程造价与管理[M].成都:电子科技大学出版社,2016.
[31] 唐明怡,石志锋.建筑工程造价[M].北京:北京理工大学出版社,2017.
[32] 赵来彬.建设工程招投标与合同管理[M].武汉:华中科技大学出版社,2010.
[33] 王晓.建设工程招投标与合同管理[M].北京:北京理工大学出版社,2017.